本书系国家社科基金重大项目

"坚持和发展新时代'枫桥经验'推进法治社会建设"阶段性成果

中国法治指数报告
2024

CHINA RULE OF LAW INDEX REPORT 2024

钱弘道 主编

中国社会科学出版社

图书在版编目（CIP）数据

中国法治指数报告.2024 / 钱弘道主编. -- 北京：中国社会科学出版社，2024.10. -- ISBN 978-7-5227-4527-5

Ⅰ.D920.0

中国国家版本馆 CIP 数据核字第 20243AQ303 号

出 版 人	赵剑英
责任编辑	张　林
特约编辑	田　静
责任校对	杨　林
责任印制	戴　宽

出　　版	中国社会科学出版社
社　　址	北京鼓楼西大街甲 158 号
邮　　编	100720
网　　址	http://www.csspw.cn
发 行 部	010-84083685
门 市 部	010-84029450
经　　销	新华书店及其他书店
印　　刷	北京明恒达印务有限公司
装　　订	廊坊市广阳区广增装订厂
版　　次	2024 年 10 月第 1 版
印　　次	2024 年 10 月第 1 次印刷
开　　本	710×1000　1/16
印　　张	23
插　　页	2
字　　数	251 千字
定　　价	129.00 元

凡购买中国社会科学出版社图书，如有质量问题请与本社营销中心联系调换
电话：010-84083683
版权所有　侵权必究

前　言

"立善法于天下，则天下治；立善法于一国，则一国治。"一百多年来，中国共产党在艰苦卓绝的奋斗中开辟了中国式法治现代化道路。中国式法治现代化既有各国法治现代化的共同特征，更有基于自己国情的中国特色，蕴含法治发展的内在规律。

中国式法治现代化体现了理论和实践的统一。中国在实践中逐步形成了自己的法治方案，走出了一条自己的法治道路。中国法治实践为马克思主义法治思想中国化提供了土壤，发展出了中国特色社会主义法治理论和习近平法治思想。中国法治实践为法学繁荣创造了条件，为构建学科体系、学术体系、话语体系创造了条件。一大批法学家积极参与实践、引领实践、服务实践、观察实践、总结实践，创新了中国法治理论。

中国式法治现代化体现了法治逻辑和政治逻辑的统一。每个国家的法治都体现了一种政治理论、政治逻辑和政治立场。全心全意为人民服务，坚持以人民为中心，既是中国共产党的政治宗旨，也是法治宗旨。坚持中国共产党的领导是中国式法治现代化的本质特征，这是最根本的政治逻辑，也是最根本的法治逻辑。中国特色社会主义制度是中国式法治现代化最坚固的路基、最鲜明的底色、最大的优势。与西方的"宪政""多党制""三权分立"为主要特征的民主法治模式相区别，中国走出了一条党的领导、人民当家作主和依法治国有机统一的民主法治发展道路。在政治逻辑和法治逻辑的统一性问题上，中国共产党从来都不模棱两可，从来都是理直气壮，从来都不屑于隐瞒自己的观点和意图。

中国式法治现代化体现了法治模式和经济模式的统一。中国市场经济模式不同于以美英为代表的"自由市场经济模式"，也不同于以日韩为代表的"东亚模式"。中国法治模式自然也不同于其他国家。中国市场经济模式是国家主导型的，是在共产党的坚强领导下，国家经济的控制力量和政府管理始终发挥主导性作用，坚持公有制为主体、多种所有制经济共同发展。中国法治模式的设计必须适应这种国家主导型的市场经济模式。中国式法治现代化是随着改革开放和市场经济的发展而发展的。一切政策和法律法规的出台都反映了改革开放和市场经济发展的需要。法治和经济互为条件、互相促进，法治增长和经济增长呈正相关关系，法治模式和经济模式实现了高度统一。

中国式法治现代化体现了历史传承和创新发展的统一。中华优秀传统文化是中华民族的基因，是中华民族的精神命脉。马克思主义与中华优秀传统法律文化相结合形塑了中国当代法治文化样式的精神气质。每个国家的法律制度都离不开自身独有的道德精神传统。在历史上，西方国家法律制度立基于宗教信仰，中国则充分体现了德法并举的辩证思维。孟子说："徒善不足以为政，徒法不足以自行。"荀子说："治之经，礼与刑。"明德慎罚、德法共治是中国古代法制文明的主要特征，影响深远。坚持依法治国和以德治国相结合是中国式法治现代化的一个原则。德治和法治组成了一个互补系统。法律是成文的道德，道德是内心的法律。以自治、法治、德治、智治相融合为基本方法的新时代"枫桥经验"是历史传承和创新发展二者辩证统一的范例。

中国式法治现代化体现了立足本国和借鉴域外的统一。一方面，中国法治建设是立足本国实际、实事求是、努力探寻并遵循法治发展规律，根据特有的政治结构、经济社会条件、治国理政的客观需求、法治实际水平等国情党情社情民情展开的，而不是好高骛远，盲目拔高，急于求成，不切实际。另一方面，中国法治建设高度重视吸收借鉴人类法治文明的优秀成果，弘扬和平、发展、公平、正义、民主、自由的全人类共同价值。中国致力于做世界和平的建设者、全球发展的贡献者、国际秩序的维护者，推动"一带一路"建设，推动构建人类命运共同体，推动完善全球治理体系。中国积极倡导以文明交流超越文明隔阂、文明互鉴超越文明冲突、文明共存超越文明优越。中国法律和法学知识谱系中融入了大量域外元素。正是立足本国实际和借鉴域外的有机统一，才成就了当代中国法治的整体风貌。只有继续坚持做到立足实际和借鉴域外的科学统一，中国才能更好地把握人类法治文明的发展规律，更好地为世界法治文明贡献智慧。

全面依法治国基础在基层，工作重点在基层。为记录中国基层法治发展进程，介绍中国基层法治的创新实践，分享中国式法治现代化建设经验，特发布本白皮书。

钱弘道
2024 年 11 月 23 日

Preface

"If a good law is established in the world, the world will be governed. If a good law is established in a country, that country will be governed." Over the past century, the Communist Party of China (CPC) has pioneered the path of Chinese modernization of the rule of law through persistent efforts. While sharing common features with the global modernization of the rule of law, Chinese-style modernization of the rule of law is distinct, shaped by its unique national circumstances and guided by the inherent laws of the development of the rule of law.

The Chinese-style modernization of the rule of law is characterized by the integration of theory and practice. Through practical experience, China has gradually formulated its own approaches to the rule of law forging a distinct path in its development. This practice has nurtured the Sinosization of Marxist thought on the rule of law, giving rise to the theory of socialism rule of law with Chinese characteristics and Xi Jinping's thought on the rule of law.

The practice of the rule of law in China has created conditions for the prosperity of jurisprudence and the construction on disciplinary, academic, and discourse systems. Many jurists have actively engaged in these efforts—participating in practice, guiding practice, serving practice, observing practice, and summarizing practice—while contributing to the innovation of China's rule of law theory.

The Chinese-style modernization of the rule of law embodies the unity of the rule of law and political logic. In every country, the rule of law reflects underlying political theories, logic, and positions. In China, the principle of serving the people whole heartedly and being committed to a people-centered approach is the purpose of both the politics and the rule of law of the Communist Party of China. Upholding the leadership of the Communist Party of China is the defining feature of the Chinese-style modernization of the rule of law, which are the most fundamental political logic and the most fundamental logic of the rule of law. The socialist system with Chinese characteristics is the strongest foundation, the brightest color and the greatest advantage of Chinese-style modernization of the rule of law. Unlike the Western model, which emphasizes "constitutionalism," "multi-party systems," and "separation of powers," China has found a development path of democracy and the rule of law that organically unites Party leadership, popular sovereignty, and the rule of law.

When it comes to aligning political logic with the rule of law, the Communist Party of China has always been clear and unequivocal. The Party has always self-confident in believing it is right. The

Party has never hesitated to express its views or intentions openly.

The Chinese-style modernization of the rule of law demonstrates the integration of its rule of law model with its economic model. Unlike the "free market economy" models of the United States and the United Kingdom or the "East Asian model" exemplified by Japan and South Korea, China's market economy is state-led. Under the strong leadership of the Communist Party, the state economy and government management play a dominant role, maintaining the dominant role of public ownership while allowing for diverse economic activities in diverse forms of ownership.

The design of China's rule of law model must be adapted to this state-led market economy model. The Chinese-style modernization of the rule of law has developed alongside the Reform and Opening up and the development of the market economy. All policies laws, and regulations reflect the needs of Reform and Opening up and the development of the market economy. The relationship between the rule of law and the economy is characterized by interdependence and mutual reinforcement, demonstrating a significant positive correlation between the advancement of the rule of law and economic growth. Consequently, the rule of law model and the economic model have reached a substantial degree of coherence and integration.

The Chinese-style modernization of the rule of law reflects the synthesis of historical heritage and innovative development. The rich traditional culture of China serves as the foundation and spiritual lifeblood of the nation. The integration of Marxism with this esteemed legal culture has cultivated the distinct cultural ethos of contemporary Chinese rule of law. A country's legal system is inherently linked to its unique moral and spiritual traditions. In contrast to Western legal systems, which are often rooted in religious beliefs, China's legal framework exemplifies the dialectical thinking of the combination of Virtue and law.

Mencius asserted, "Goodness alone is not sufficient for governance, nor is law alone adequate." Similarly, Xunzi stated, "The scriptures of governance involve rites and penalties." The harmonious integration of virtue and prudent punishment has characterized the legal system of ancient Chinese civilization, leaving a profound legacy. The principle of combining the rule of law with the rule of virtue is fundamental to the Chinese-style modernization of the rule of law in China. Together, the rule of virtue and the rule of law create a complementary system. Law represents codified morality, while morality embodies an inherent sense of law. The New Era "Fengqiao model" exemplifies the dialectical unity of historical inheritance and innovative development through its fundamental approach, which integrates autonomy, the rule of law, moral governance, and digital governance.

The Chinese-style modernization of the rule of law reflects a synthesis of national and extraterritorial perspectives. On one hand, the construction of the rule of law in China is grounded in the nation's realities, emphasizing a fact-based approach that seeks to explore and adhere to the inherent laws governing the rule of law development. This process unfolds in consideration of the country's unique political structure, economic and social conditions, governance needs, and the actual level of the rule of law, avoiding overly ambitious or impractical pursuits. On the other hand, China has consistently prioritized the absorption and adaptation of the exemplary achievements of global rule of law, promoting universal values such as peace, development, equity, justice, democracy, and freedom.

China is dedicated to being a builder of world peace, a contributor to global development, and a defender of the international order. It has actively promoted initiatives such as the Belt and Road Initiative, the establishment of a community with a shared future for humanity, and the enhancement of the global governance system. Furthermore, China advocates for civilizational exchanges that transcend the separation of civilizations, foster mutual understanding beyond the clash of civilizations, and encourage coexistence that moves beyond notions of civilizational superiority.

A significant number of extraterritorial elements have been integrated into the framework of Chinese law and jurisprudence. The organic unity of grounding legal development in the country's specific realities while incorporating extraterritorial influences has shaped the contemporary landscape of the rule of law in China. Only by maintaining a scientific synthesis of practical and extraterritorial dimensions of the rule of law will China be able to better understand the laws governing the human civilization evolution of the rule of law, and better contribute to the wisdom of the world's rule of law civilization.

The foundation of comprehensive law-based governance lies at the basic level, and so does the key emphasis of the work towards it. To commemorate China's advancements of the rule of law at the basic level, to introduce China's innovative practices of the rule of law at the basic level, and to share the experience in exploring the Chinese-style modernization of the rule of law, this white paper is hereby published.

Qian Hongdao
Nov. 23th, 2024

目 录

1 法治指数综合分析 ………………………………………（1）

2 浙江江山指标分析和信访工作法治化 ………………（50）

3 浙江岱山指标分析和"法治护航特大项目" ………（81）

4 浙江嵊州指标分析和法治新"枫"貌 ……………（119）

5 重庆巴南指标分析和"在线司法确认" ……………（166）

6 四川武侯指标分析和"社区信托制" ………………（195）

7 山东岱岳指标分析和矛盾纠纷化解法治化 …………（235）

8 河北冀州指标分析和基层法治促进机制 ……………（272）

9　浙江台州民营经济司法服务指数 …………………（325）

附录　2024法治指数样本县名单 ……………………（353）

后　记 ………………………………………………（354）

1

法治指数综合分析

法治指数开中国量化法治之先河。自2007年国内首个县域法治指标体系出台、2008年首个县域法治指数①发布以来，量化法治已经从最初的地方实验发展成为全面推进依法治国的抓手，并且进入数字法治阶段。2023年，国家社科基金重大项目"坚持和发展新时代'枫桥经验'推进法治社会建设"课题组和中国法治指数课题组首次开展全国县域法治指数样本县测评，发布了白皮书《中国法治指数报告2023》。2024年，课题组在全国范围内选取10个样本县（市、区）开展法治指数测评。测评指标包括"党委依法执政、政府依法行政、司法公正高效、法治保障有力、全民遵法守法、法治监督健全"6个一级指标，共48个单项指标。数据表明，2023年，样本县（市、区）积极推进法治建设各项工作，法治成效良好，人民群众满意度进一步提升。本部分对测评总体情况进行分析。

---

① 2008年，中国内地首个法治指数——余杭法治指数发布。

一 党委依法执政

依法执政是中国共产党治国理政的基本方式。依法执政，就是党坚持依法治国，领导立法，带头守法，保证执法。各级党组织必须自觉维护宪法法律权威和尊严，把贯彻实施宪法法律贯穿于一切活动的始终。执掌国家政权、开展施政活动，要忠于宪法法律，严格按照法定原则、法定权限、法定程序行使职权、履行职责，为人民掌好权、用好权，保证国家机关统一有效组织各项事业。坚持依法执政，不断完善党的领导方式和执政方式，增强各级干部特别是领导干部这个"关键少数"的依法执政能力，有助于发挥党在法治建设中的根本保证作用，促进党的领导和依法治国有机结合，推进国家各方面工作法治化。课题组围绕"组织学习习近平法治思想覆盖率""党委班子成员学法次数""党委重大决策合法性审查率"等指标进行数据抓取和分析。数据表明，2023年，各样本县（市、区）按照中央统一部署和要求，高度重视党委依法执政各项工作落实，认识到位，措施得力，成效明显。

（一）党委依法执政概括分析

数据表明，2023年，样本县（市、区）党委坚持依法执政，依法履行各项职责，重视通过带头学法、带头知法、带头用法、带头守法推进党委依法执政工作；以往部分基层领导干部法治素养欠缺、运用法治思维和法治方式解决问题的能力不强的情况得到较大改善。样本县（市、区）"党委依法执政"

整体得分情况见表1.1。

表1.1　　　　　　　"党委依法执政"得分情况

指标名称	平均分	最高分	最低分	中位值
党委依法执政	87.75	89.5	86	87.75

从表1.1可知，2023年，样本县（市、区）"党委依法执政"得分最高为89.5分，最低为86分，最高分和最低分相差3.5分，差距较小。样本县（市、区）中半数地区得分超过平均分，排名靠前的包括浙江嵊州市、岱山县、江山市，山东泰安岱岳区、潍坊青州市，重庆巴南区，四川成都武侯区。

从数据和相关材料来看，样本县（市、区）基层党委依法执政方面都有不俗表现，且都有自己的特色。习近平同志在浙江工作期间，谋划布局开展"法治浙江"建设，开启了法治中国建设在省域层面的实践探索，为法治浙江的各项工作打下了良好基础。2023年，浙江省始终坚持习近平法治思想，贯彻全面从严治党，开展高标准高要求的主题教育，定期组织党委班子成员学法，严格禁止形式主义、官僚主义。2018年以来，四川、重庆等省市也相继出台《省委常委会带头进一步增强法治观念深化依法治省实践的意见》《关于进一步加强市县法治建设的意见》。山东全省坚持以习近平新时代中国特色社会主义思想为指导，认真学习贯彻党的二十大报告精神和习近平法治思想，持续深入推进党委依法执政。过去一年，山东省省级党组织带头学习，全省各级党校开展习近平法治思想主题学习共852期。山东省严厉打击违法违纪行为，省纪检监察机关共处分了24277人。

样本县（市、区）的一些做法值得借鉴。各地今后可以根据工作实际情况，适应依法执政的要求，坚持依法执政，积极组织党员干部深入贯彻学习习近平法治思想，不断加强党委重大决策合法性审查力度，严厉惩处教育违法违纪行为，与时俱进提高党委依法执政水平。

（二）党委依法执政单项指标分析

在一级指标总体较好情况下，三级指标的得分情况也普遍较好但略有差异。课题组选取"组织学习习近平法治思想覆盖率""党委班子成员学法次数""党委重大决策合法性审查率"进行分析。

1. 组织学习习近平法治思想覆盖率

习近平法治思想是习近平新时代中国特色社会主义思想的重要组成部分，是对中国特色社会主义法治建设经验和成就的科学总结，是马克思主义法治理论中国化最新成果。[①] 2023年9月，中共中央办公厅、国务院办公厅印发了《关于建立领导干部应知应会党内法规和国家法律清单制度的意见》，明确提出"把学习掌握习近平法治思想作为重要必修课程"。

"组织学习习近平法治思想覆盖率"是衡量一个地区学习习近平法治思想总体情况的基本指标。本次测评，所有样本县（市、区）"组织学习习近平法治思想覆盖率"均达到100%，得分均在90分以上，充分彰显了习近平法治思想的思想伟力，

[①] 参见张文显《习近平法治思想的实践逻辑、理论逻辑和历史逻辑》，《中国社会科学》2021年第3期。

体现了各级党委高度重视对习近平法治思想的核心要义、精神实质、丰富内涵的学习理解，努力做到学思用贯通、知行合一，把学习贯彻习近平法治思想作为重大政治任务。从调研情况来看，样本县（市、区）通过各种方式，结合实际开展多种形式学习习近平法治思想活动，建立常态学习机制，形成浓厚的学习贯彻氛围。

以四川成都武侯区为例。武侯区深入学习习近平法治思想，坚持把习近平法治思想贯彻落实到法治政府建设全过程。一是深入学习习近平法治思想和习近平对四川及成都工作重要指示精神，依托"蓉城先锋"微信公众号和"智慧普法依法治理云平台"组织开展专题学习，有效提升了全体领导干部运用法治思维和法治方式的能力，推动领导干部做尊法学法守法用法的典范。二是建立常态化学习机制，将习近平法治思想作为党组理论学习、会前学法、干部培训的重要内容。精心组织网络学法工作，网络考法参考率100%，达标率100%。三是把习近平法治思想作为全民普法的重要内容，充分运用公众号、微博等网络平台，广泛开展法治宣传工作。2023年全区各层级共开展习近平法治思想专项学习7次，开展习近平法治思想主题宣传3次。[①]

2. 党委班子成员学法次数

"党委班子成员学法次数"是衡量党委依法执政水平的重要指标。深入学习贯彻习近平法治思想，领导干部要带头尊法学法守法用法，不断提高政治能力、理论素养和工作本领，在

---

① 参见《成都市武侯区2023年度法治政府建设情况报告》，武侯区人民政府网，2024年1月9日。

法治之下想问题、作决策、办事情,将学习成果转化为依法办事,依法处理问题解决矛盾,为法治建设提供坚强保障。本次测评,"党委班子成员学法次数"平均得分为90.8分,得分最高为95分,最低为87分,整体得分较高,得分分布情况见图1.1。

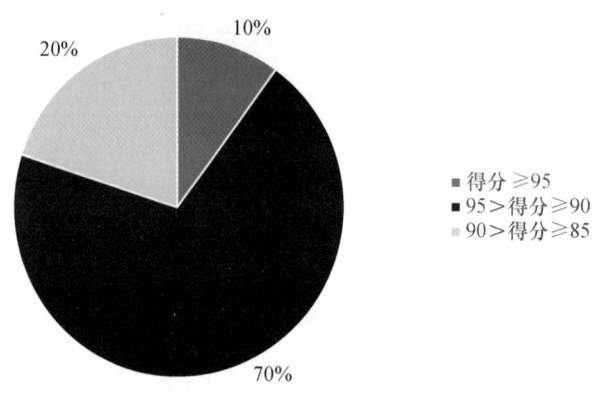

图1.1 "党委班子成员学法次数"得分分布情况

数据显示,各级党委坚持抓住领导干部这个"关键少数",重视"关键少数"法治素养的提升,推动"关键少数"带头尊法学法守法用法,要求领导干部做到"心中高悬法纪明镜,手中紧握法纪戒尺,知晓为官做事尺度"。

参与测评样本县(市、区)中得分最高的为浙江衢州江山市,取得了95分的优异成绩。当前,江山市正在开展第八个五年法治宣传教育(2021—2025年),已经连续五年获评法治浙江建设优秀单位。2023年上半年,江山市依托"多娇江山"平台,探索实行"每日一推、每周一测、每月一考、每季一督"机制,有力推动领导干部整体法治素养提升,已经实现全市600余名基层领导干部100%参与。一是每日一推,"共性+个性"精准覆盖。每日精准推送法律知识,同时根据工作需求,对重点单位实行靶向推送。二是每周一测,"新题+错题"巩固成效。建立领导干部"每周一测"常态化运行机制,每周五组织线上答题,动态检测领导干部法律常识的掌握度。三是每月一考,"抽考+闭卷"模拟实战。每月随机抽取80名领导干部组织线下闭卷考试,着重考察领导干部对法律知识的内化程度和运用能力。四是每季一督,"倒逼+激励"压实责任。建立领导干部学法积分考核机制,将学法结果纳入法治江山考核,进一步浓厚学法氛围。[①] 在全市上下共同努力、齐抓共管之下,这项工作已成为江山市推进中心工作、强化干部管理的重要抓手,已然成为江山市的"金名片"。

3. 党委重大决策合法性审查率

党委重大决策合法性审查是用"治未病、抓前端"的理念,对基层党的执政决策的主体、权限、内容、程序等方面进行合法性审查,避免违法决策、盲目决策,防范政治风险和法律风险,维护党的领导权威,稳步推进法治现代化进程。"党委重大决策合法性审查率"是基层党的执政决策中经过合法性审查的事件数在所有重大决策事件中所占的比例,是衡量基层党的执政决策合法性的重要指标。

参与测评样本县(市、区)"党委重大决策合法性审查率"平均得分为88.4分,最高为92分,最低为84分。其中,半数样本县(市、区)得分在90分以上(见图1.2)。

---

① 参见《江山市司法局推动领导干部法治素养提升》,浙江省司法厅网,2023年7月7日。

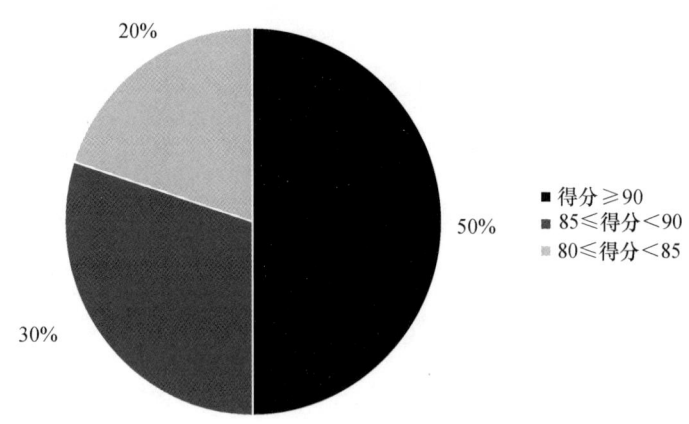

图1.2 "党委重大决策合法性审查率"得分分布情况

数据显示，多数样本县（市、区）高度重视党委重大决策合法性审查工作，表明当前我国党委重大决策审查制度已经取得积极进展。近年来，在党的领导下，中央和地方党委相继建立和完善了重大决策审查机制，党委决策更加注重法律审查，各级党委逐步将合法性审查、法律咨询和风险评估融入重大决策程序，确保重大决策在法律、程序和内容上的合规性。

通过对得分区间的分析也可发现，最高得分与最低得分相差8分，说明一些地方党委对于重大决策事件合法性审查的法治意义认识还很不到位，没有意识到党委重大决策合法性审查制度是典型的预防性法律制度，预防性法治思维不足。部分区县在落实党委重大决策审查时存在审查流于形式、程序不严谨等问题。在一些复杂的专业领域，决策过程中专家论证和评估机制还不够健全，决策后的监督和执行效果评估机制尚不完善，部分决策在实施过程中缺乏有效的监督和跟踪。今后仍需在制度执行、专家参与、公众监督等方面进一步完善，以提高决策的科学性、透明度和执行效果。

（三）相关思考

数据和相关资料显示，样本县（市、区）党委依法执政的单项指标良好，但仍存在不足，其相关工作需要不断优化。以重大决策合法性审查工作为例，党委重大决策合法性审查是确保党委决策符合法律法规、保障决策科学性和民主性的重要环节。如何确保党委的所有重大决策都合法合规是样本县（市、区）党委必须认真面对的问题。

第一，明确审查主体，强化审查职责。目前一些区、县的党委重大决策审查机制缺失，审查机构较为混乱，分工不明，人浮于事，无法将所有重大决策依据法律法规细致公正地研讨、审查，导致一些不合法不合规决策的出台，给党委的公信力造成了极大的不良影响。因此，为避免该项工作机制出现问题，各个区、县应该建立以法制机构为主的合法性审查主体模式，明确其重大决策合法性审查的主导地位，为党委的重大决策行为提供法律保障。同时，需要细化审查职责，明确审查机构的工作内容包括但不限于审查决策事项是否符合法定权限、决策程序是否合法、决策内容是否合法等。明确审查主体可以促使党委在决策过程中严格遵守法律法规，规范行政行为，防止权力滥用和决策失误。

第二，规范审查程序，统一审查标准。缺乏规范的审查程序将导致两个方面的问题：一方面，由于缺乏清晰的标准，审查人员在实际操作中往往面临较大的主观判断空间，可能导致审查结论的不一致性；另一方面，若未能建立健全的监督与评估机制，则即便在审查过程中发现问题，也难以确保这些问题能够得到有效整改，长此以往将会降低合法性审查制度的有效性和权威性。为解决合法性审查中出现的问题，应制定具有高度操作性的审查指南，明确审查步骤、评判标准及责任分配，以减少不确定性，确保审查工作的标准化与规范化。同时，需构建完善的监督体系，动态监控审查流程，及时发现并处罚违规行为，尤其对因审查疏漏导致的重大决策失误，应追究相关人员责任，增强审查的严肃性和权威性。此外，定期开展自查与整改，评估现行制度，及时修正缺陷，并根据社会发展趋势调整策略，确保审查制度与时俱进，满足新时代需求。通过上述措施，提升合法性审查效果，确保决策合法合规，为构建公平正义的社会秩序奠定基础。

第三，完善信息沟通机制，提升政务透明度。在决策过程中，如果信息流通不畅，审查工作将难以得到全面准确的数据支持，从而影响审查的公正性和客观性。此外，政务公开的不足以及公民参与决策渠道的有限性，不仅限制了社会监督力量的形成，还可能引发决策失误。因此，建议各地政府采取以下措施予以改进：一是完善内部信息共享平台建设，确保负责合法性审查的部门能够便捷、高效地获取到全面、准确的信息资料；二是提升政务透明度，利用互联网技术手段，主动公开政策文件及其制定依据，鼓励公众参与政策讨论，积极听取并采纳社会各界的意见与反馈；三是构建多元参与的监督体系，邀请人大代表、政协委员和社会团体参与决策过程的合法性审查，以增强决策透明度和公信力。

二 政府依法行政

"政府依法行政"要求政府及其工作人员必须依法行使职权和管理公共事务。政府依法行政是贯彻依法治国方略、提高行政管理水平的基本要求。依法行政是现代政府普遍奉行的基本原则。课题组围绕"行政规范性文件备案审查率""行政机关负责人出庭应诉率""行政复议决定履行率""行政复议纠错率"等指标进行数据抓取测评。数据显示，各样本县（市、区）在推进依法行政、建设法治政府方面整体水平普遍提高，但仍存在一些问题。比较突出的问题是执法人员下沉数量不足。针对这一问题，课题组提出了相关建议。

（一）政府依法行政概括分析

"政府依法行政"的总体得分情况反映了各样本县（市、区）的法治政府建设成效。测评结果表明，样本县（市、区）按照中央关于法治政府建设规划的要求，积极推进依法行政各项工作，制定依法行政相关措施，整体依法行政水平较高。政府依法行政测评结果见表1.2。

表1.2　　　　　　　"政府依法行政"概括分析

指标名称	平均分	最高分	最低分	中位值
政府依法行政	86.41	88.5	83.6	86.95

从表1.2可知，2023年，各样本县（市、区）政府依法行政的平均得分为86.41分，整体得分较为接近，基本集中在80—90分区间。浙江嵊州市、岱山县、江山市，四川成都武侯区，河北衡水冀州区，重庆渝北区以及山东泰安岱岳区得分排名靠前。所有样本县（市、区）中，"政府依法行政"最高得分为88.5分，最低得分为83.6分。最高分和最低分之间的差距虽然不能绝对反映样本县（市、区）依法行政的优劣，但可以从同一个角度显示样本县（市、区）之间的依法行政水平的差异。得分较低的县（市、区）更需要寻找依法行政工作的不足，发现存在的问题，积极采取切实可行的措施，优化依法行政各项工作。

所有单项指标中，各样本县（市、区）"行政规范性文件备案审查率"平均得分最高，"是/否全国法治政府建设示范区"和"下沉执法人员占比"平均得分最低。但二者之间的差距并不大，仅仅相差3.9分。所有单项指标的各分段比例见图1.3。

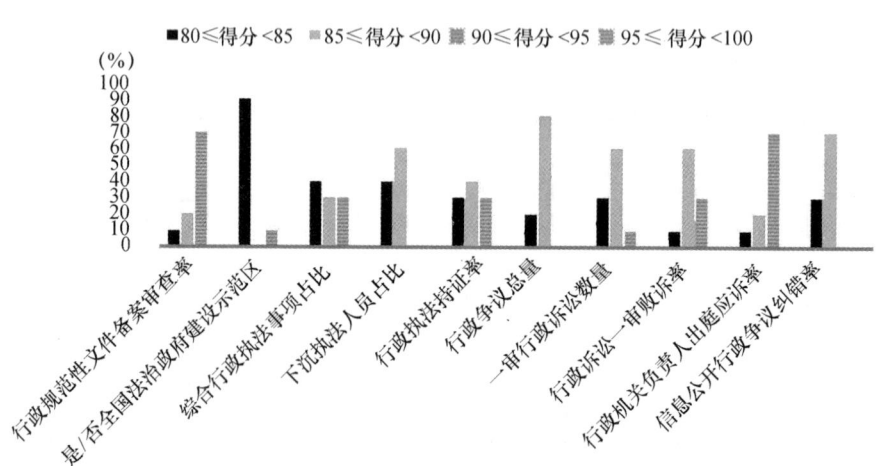

图1.3 所有单项指标各分段比例统计

从统计数据和相关材料来看，样本县（市、区）在政府依法行政方面取得了比较明显的成效，展现了自己的特色。例如，2023年，四川成都武侯区深入推进依法行政，自觉接受人大和政协双重监督，办理近四百份建议与提案，办结率、满意率均为100%；严格贯彻落实重大行政决策程序和"三重一大"事项决策机制，行政规范性文件报备率、及时率、公开率达100%；行政诉讼案件区政府负责人出庭应诉率为100%。河北衡水冀州区将法治政府建设纳入领导干部工作实绩考核指标体系，制定领导干部学法计划，出台重大行政决策程序暂行规定、"三重一大"事项集体决策制度等文件，全年全区行政机关负责人出庭应诉率100%，行政复议决定履行率100%，行政复议纠错率8.3%。

课题组在调研中发现，各地对政府依法行政的认识、态度以及措施存在差异。有的样本县（市、区）的一些做法行之有效，值得借鉴。样本县（市、区）的"关键少数"直接关系到依法行政工作的开展和成效。政府依法行政必须常态化推进。各县（市、区）应当组织政府工作人员学习相关法律法规，严格规范行政规范性文件备案审查工作，合理分配执法资源，鼓励执法人员主动下沉，从多方面提高依法行政水平。

（二）政府依法行政单项指标分析

单项指标能更直观反映政府依法行政的具体情况。课题组选取"行政规范性文件备案审查率""一审行政诉讼数量""行政机关负责人出庭应诉率"进行分析。

1. 行政规范性文件备案审查率

样本县（市、区）"行政规范性文件备案审查率"得分情况见图1.4。"行政规范性文件备案审查率"的平均得分为88.8分，在所有单项指标中得分最高，80—85分占比为10%，85—90分占比为20%，90—95分占比为70%。

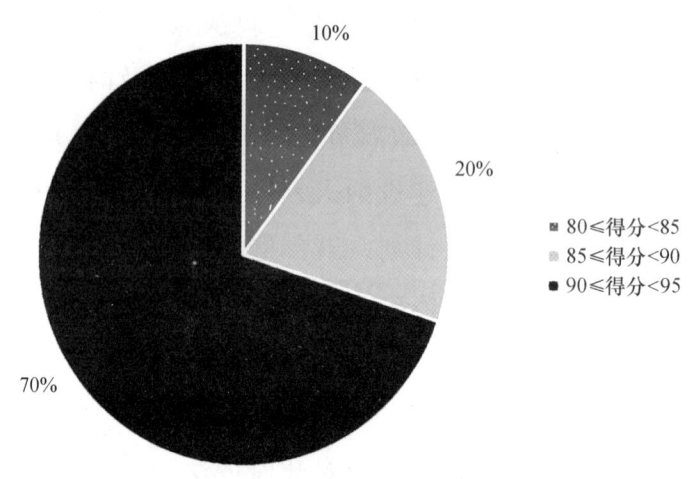

图1.4 "行政规范性文件备案审查率"得分分布情况

数据显示，各样本县（市、区）"行政规范性文件备案审查率"得分较高，反映了政府在积极贯彻落实"备案审查"的要求，并取得了良好的工作成效。浙江省的样本县（市、区）的总体得分排名靠前。得分较高的还有重庆巴南区。2023年，重庆巴南区通过建立规范性文件备案监督通报制度，全面推行规范性文件后评估制度，完成重要事项的合法性审核567件，开展全区行政规范性文件集中清理2次，废止4件。同时，区政府行政规范性文件备案11件。

行政规范性备案审查工作是维护法治统一的重要抓手，也是对权力进行制约、防止权力滥用的一种必要手段。各地应当借鉴工作先进的样本县（市、区）工作经验，通过强化备案审查这个关键环节促进依法行政。这就要求各地建立规范性文件备案监督与评估制度，规范行政规范性文件的备案审查工作，杜绝形式主义，做到有件必备、有错必纠。

2. 下沉执法人员占比

样本县（市、区）"下沉执法人员占比"得分情况见图1.5。"下沉执法人员占比"的平均得分为84.9分，在所有单项指标中得分最低，80—85分占比为40%，85—90分占比为60%。

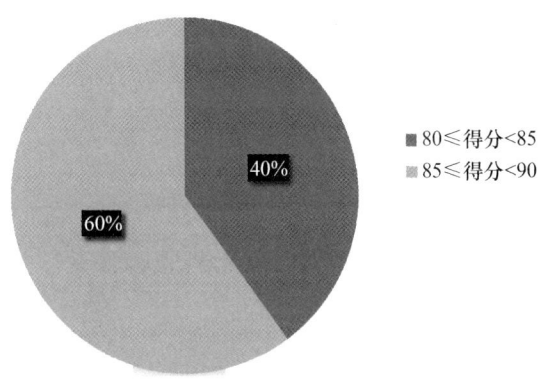

图1.5 "下沉执法人员占比"得分分布情况

数据显示，相比其他单项指标，样本县（市、区）"下沉执法人员占比"得分较低，在推动县级执法力量下沉到乡镇工作方面仍存在不足。重庆渝北区得分较高，说明该区在推动执法力量下沉工作方面更为积极，取得了比较不错的工作成绩。

综合行政执法改革是破解基层治理"小马拉大车"突出问题的重要抓手。各地应当紧扣整合执法资源、下沉执法重心、优化执法模式的工作思路，不断推动县直部门执法力量下沉一线，在基层形成较为完善的管理措施、运转畅通的基层指挥统筹机制，提升基层依法行政法治成效。

3. 行政机关负责人出庭应诉率

"行政机关负责人出庭应诉率"平均得分为88.6分，在所有单项指标中得分相对较高，80—85分占比为10%，85—90分占比为20%，90—95分占比为70%。各样本县（市、区）的得分分布如图1.6所示。

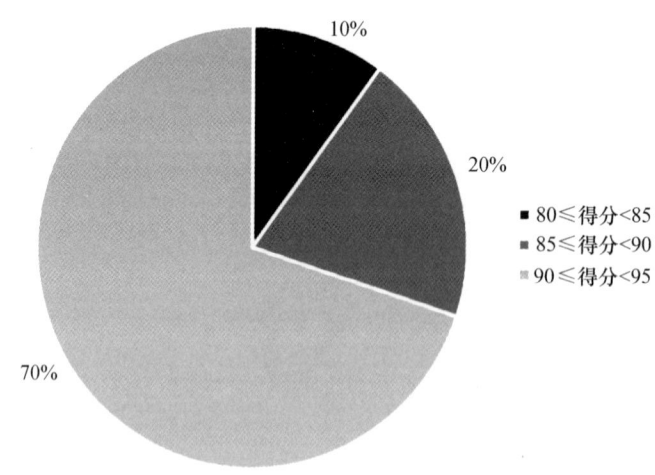

图1.6 "行政机关负责人出庭应诉率"得分分布情况

数据显示，相比其他单项指标，各样本县（市、区）"行政机关负责人出庭应诉率"得分较高，尤其是得分大于90分的占比较高，达到了70%。2023年各样本县（市、区）政府在落实行政机关负责人出庭应诉工作方面，取得了不错的成效。其中，得分超过90分的有山东泰安岱岳区、四川成都武侯区、河北衡水冀州区、山东潍坊青州市等，说明这些样本县（市、区）行政机关负责人应诉出庭已经常态化，也能反映相关省份的行政机关负责人应诉出庭情况。例如，山东省自2015年发布《山东省人民政府办公厅关于行政机关负责人出庭应诉工作的意见》以来，一直高度重视行政机关负责人出庭应诉工作，并坚持在全省范围内推广。2023年，山东省各级政府及职能部门对行政诉讼重视程度进一步提高，在行政复议案件中，行政机关"一把手"出庭已经成为新的政府工作亮点，各级行政机关"一把手"出庭共计1041次，各地市行政机关负责人出庭应诉率已达100%。

（三）相关思考

从数据来看，样本县（市、区）单项指标得分差距不大，综合得分都集中在80—90分这一区间内。相比之下，"下沉执法人员占比"差距较大。各地政府应当找出"下沉执法人员占比"较低的具体原因，对症下药，着力提升下沉执法人员数量，提高其占比。

第一，保障基层执法。基层执法人员的编制数量不足与执法条件简陋是两个普遍存在的问题。一方面，基层执法人员编制数量不足，导致大部分执法人员仅仅是兼职或挂职，存在队伍不稳定、人员流动性大、事权不匹配等问题，难以满足网格化管理需求。另一方面，由于综合资源分配不均衡，基层执法条件比较简陋，如执法办公设备缺少、执法车辆配备不足，导致执法效率较为低下。对此，可适当增加基层执法人员的编制数量，优化资源配置，改善办公条件，购置相当数量的执法设备和出行工具，确保乡镇一线执法人员在资金和物资上获得充分保障。

第二，建立激励机制。基层执法人员除了要面临比较艰苦的执法条件和执法环境，还缺少必要的补贴与福利，有时需要自掏腰包，如驾驶个人车辆进行执法。此外，基层执法人员还可能缺少必要的专业培训，个人能力难以提升，晋升机会有限。这些都可能导致执法人员不愿意下沉到基层。对此，各地政府可以制定激励政策，通过提高基层执法人员的薪酬待遇、增加执法补贴和福利、提供专业培训机会、晋升名额向一线倾斜等，吸引更多执法人员积极主动加入基层执法工作队伍。

第三，加大贯彻力度。执法人员下沉数量的多少，除了要依靠中央和各省政府出台相关文件，给予政策支持，还要依靠基层严格落实。部分样本县（市、区）之所以执法人员下沉数量较少，有可能是对于该项政策的贯彻力度不足，落实不到位。如重庆巴南区政府虽然也着力于推进执法力量下沉工作，但该区夏季常因高温天气需要执法人员参与高温抗旱等工作，这就导致了执法力量被分散，该地在客观上无法完全贯彻落实增加执法人员下沉数量的工作。2023年，渝北区下沉执法人员共48人。为鼓励执法人员下沉到乡镇，该区出台了《渝北区深化镇街综合行政执法改革实施方案》，提出要强化镇街在基层治理中的主体地位，推动执法资源向基层下沉，推动镇街综合行政执法人员下沉到网格，构建第一时间发现、反馈、处置的闭环监管体系。各地区应当加大贯彻力度，推动执法资源向乡镇下沉，鼓励执法人员主动下沉到一线。

三 司法公正高效

司法公正是维护社会公平正义的最后一道防线。"司法公正"要求司法活动严格依法进行,审判过程合法合理,裁判结果体现公平正义。"司法高效"强调司法效率,减少不必要的拖延。课题组围绕"终本合格率""一审服判息诉率""共享法庭矛盾化解率"等指标对样本县(市、区)进行数据收集测评。

(一)司法公正高效概括分析

数据表明,2023年,样本县(市、区)司法公正相关指标得分良好。相关资料也显示,近年来,样本县(市、区)按照司法公正高效目标,积极采取各项措施优化司法各项工作,司法满意度明显提高,司法效率不断提升。"司法公正高效"得分见表1.3。

表1.3   "司法公正高效"得分情况

指标名称	平均分	最高分	最低分	中位值
司法公正高效	86.62	88.2	84.7	86.72

从表1.3可知,2023年,样本县(市、区)最高分为88.2分,最低分为84.7分,整体得分情况较为均衡,集中于85—90分之间。

从县域层面来看,10个样本县(市、区)的合格率为100%,良好率为100%,优秀率为90%。浙江绍兴嵊州市、衢州江山市、舟山岱山县三个样本县(市、区)均表现良好,山东泰安岱岳区、潍坊青州市和重庆巴南区、渝北区表现较好。浙江、山东和重庆均为全国司法体制改革第二批试点地区。2016年,我国所有省份全部启动司法体制改革,各地区不断探索司法人员分类管理制度、司法责任制、司法人员职业保障制度和省以下地方法院、检察院人财物统一管理等具体事项的改革，并在本地开展县区试点，优化司法管理体制。例如浙江省不断完善员额制改革，重点考察入额人员的专业能力和业务水平；山东省进一步推进司法责任制，通过实行办案质量终身制和错案追究制，形成倒逼机制，以不断提高法官、检察官队伍素质；重庆制定《深化人员分类管理改革的指导意见》，细化办案人员职责和管理规范。[①]

从测评结果来看，各样本县（市、区）整体得分比较均衡。区县与区县之间，同一区县的不同指标之间有一定的差异。同为四川的成都武侯区和遂宁射洪市在"司法公正高效"的平均得分上有差距，这与当地的经济发展情况、地理环境、司法改革力度等有关。例如成都武侯区，在工作机制改革之外，还持续总结先进经验和优秀做法，其"科学适用独任制普通程序促进办案质量效率双提升"入选最高人民法院司法改革案例选编[②]、"多元联动化解行政争议的机制构建与优化"入选成都司法改革典型案例，案例典型，具有示范意义。表现良好的样本县（市、区）也并非全方位良好，工作重心存在地区差异，短板也较为突出。例如，四川遂宁射洪市可加强共享法庭的使用以化解矛盾纠纷；山东潍坊青州市还需要提升办案水平，增强各种不同纠纷处理能力；重庆巴南区、河北衡水冀州

[①] 参见《重庆市高级人民法院工作报告》，《重庆日报》2018年2月11日第4版。

[②] 参见《四川省成都市武侯区人民法院 科学适用独任制普通程序 促进办案质量效率双提升》，《人民法院报》2022年9月9日第3版。

市还需要更好把握刑事宽严相济的内涵要求。

（二）司法公正高效单项指标分析

课题组综合考虑具体得分情况，分别就"司法公正高效"指标项下三级指标中的"终本率""一审服判息诉率""共享法庭矛盾化解率"进行分析。

1. 终本率

"终本率"平均得分为89.7分，在司法公平正义的所有三级指标中位列第一，所有样本县（市、区）得分均超过85分，处于优秀区间，为优秀区间样本县（市、区）数量最多的单项指标，得分分布如图1.7所示。各县区"终本率"得分较高，反映了近几年各地化解执行难的工作取得显著成效。

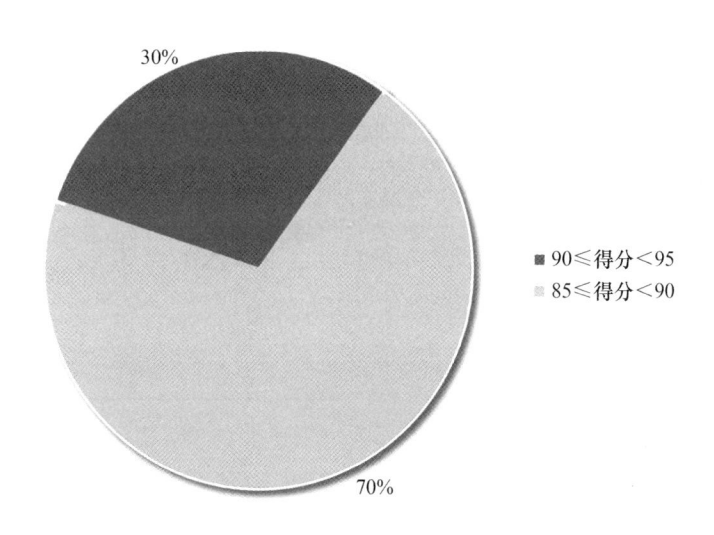

图1.7 "终本率"得分分布情况

在有限的司法资源基础上，各样本县（市、区）不断完善终本案件管理，实现执行程序良性运转。样本县（市、区）中重庆巴南区、重庆渝北区、四川成都武侯区均得分较高，这与其不断完善综合治理执行难改革举措有关。两地注重与社会各界的通力协作，签订了《四川、重庆法院执行工作联动协作协议》，不断拓宽执行联动机制的宽度和广度。① 浙江衢州江山市在执行方面同样强调和各单位的联动，并优化执行方式，充分发挥"共享法庭+执行""网格+执行"模式作用，常态化开展终本案件"回头看"，不放弃对可供执行财产线索的查找。②

2. 一审服判息诉率

"一审服判息诉率"的平均得分为 87.4 分，90% 样本县（市、区）分数处于优秀区间，得分分布如图 1.8 所示。"一审服判息诉率"方面的成效，反映出各样本县（市、区）对"案结事了人和"司法理念的贯彻。

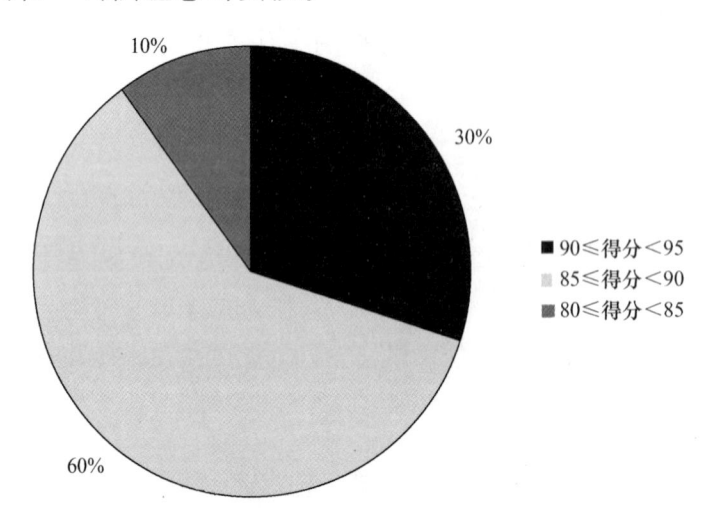

图 1.8 "一审服判息诉率"得分分布情况

---

① 参见何文翟、夏菲妮《2023 年执行到位 1644 亿元 排名全国第三》，《四川法治报》2024 年 1 月 23 日第 5 版。

② 参见《衢州江山市深化执行"一件事"综合集成改革 大幅压降黑名单比例》，淳安县人民政府网，2024 年 8 月 23 日。

样本县（市、区）一直在不断探索新举措，化解当事人的"心结"，防止"一判了之"，实现真正的息诉止争。样本县（市、区）中的河北衡水冀州区人民法院得分较高，源于其审判机制改革。自 2023 年 8 月起，该法院坚持预防和化解共同发力，全面推行规范化、专业化的"判后答疑·释法明理"工作机制。[①] 要求承办法官主动对双方就证据、事实、理由、法律等方面的疑问进行答疑说明，避免当事人因对法律文书的不解或误解而上诉，从而浪费上一级法院的司法资源。将涉诉未成信、未成访的当事人疑惑消解在各个流程节点，推动社会矛盾实质性化解。该法院还搭建了线上线下多维度答疑平台，畅通线上答疑渠道，实现答疑过程可查证、可追溯。[②]

3. 共享法庭矛盾化解率

"共享法庭矛盾化解率"平均得分为 85.6 分，60% 样本县（市、区）得分处于优秀区间，部分地区"共享法庭"的建设质量和使用频率有待提高，得分分布如图 1.9 所示。

浙江绍兴嵊州市、衢州江山市、舟山岱山县得分较高，与浙江省在省级层面部署推行"共享法庭"建设有关。如绍兴嵊州市依托行业协会服务站、消费者权益保护委员会服务站、知识产权局服务站等搭建"共享法庭"，建立联络会商机制，结合专业专班建议化解行业纠纷。实证材料显示，"共享法庭"被多地复用。各样本县（市、区）结合本地特色，探索类似的

---

① 参见王敬照、吴艳霞《判后答疑，让当事人赢得明白输得服气》，《人民法院报》2024 年 4 月 2 日第 2 版。

② 参见吴艳霞《衡水冀州区法院"判后答疑"化解"一案变多案"魔咒》，《人民法院报》2024 年 5 月 1 日第 4 版。

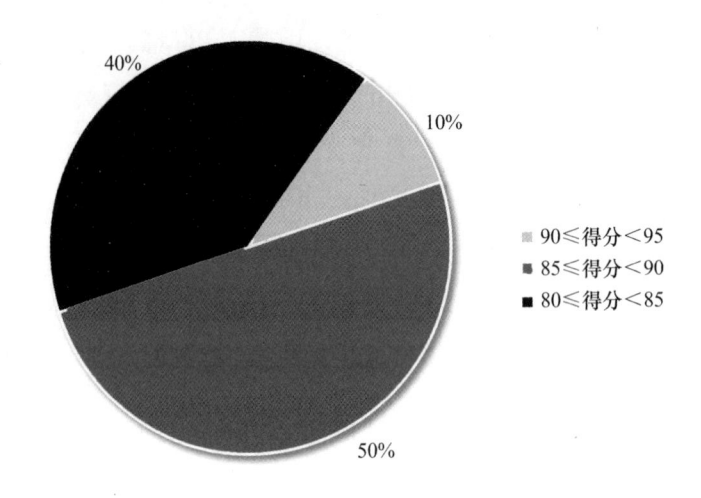

图1.9 "共享法庭矛盾化解率"得分分布情况

智慧司法模式,如重庆依托多家机构建立的"云上共享法庭",①重庆巴南区整合公、法、司的力量,建立"在线司法确认"机制,实现智治。②

(三) 相关思考

数据和相关资料表明,样本县(市、区)"终本率""一审服判息诉率""共享法庭矛盾化解率"各单项指标总体良好,但仍存在不足,尤其是"一审服判息诉率"指标存在问题较多。结合上述三个指标得分情况,在此重点评析思考"一审服

---

① 参见刘阳《重庆:"云上共享法庭"畅通司法为民高速路》,《人民法院报》2022年4月7日第1版。

② 参见姜佩杉、刘洋《将矛盾纠纷化解在"家门口""手指尖"——重庆市巴南区人民法院联动联调"在线司法确认"机制破译基层治理密码》,《人民法院报》2023年11月15日第1版。

判息诉率"的价值意蕴及其实践完善路径。

第一,服判息诉体现司法公正和效率价值。服判息诉就是指服从法院的判决,不再上诉。"一审服判息诉率"的高低直接反映了人民群众对法院裁判案件的认同程度,进而反映人民群众感受司法公平正义的程度;当事人对裁判认可度高而服判息诉,有助于进一步减少上诉和申诉的需求,节约司法资源,提高司法效率。近年来,我国司法审判工作总体情况显示,民商事、刑事、行政案件的一审服判息诉率均同比上升,其中行政案件进步空间较大。[①] 多数样本县(市、区)案件"服判息诉率"整体为上升趋势,但在部分时段内出现波动。

第二,优化基层司法资源配置和审判机制,提升司法服务能力,降低上诉率。一方面,基层司法系统面临"案多人少"的现实矛盾,容易出现为追求形式结案率而导致质效失衡的问题。各地应结合本地法院案件结构、审级职能变化情况、收案数、法官平均办案数等因素,合理调整审判队伍,促进为民司法职能的有效提升。另一方面,部分司法工作为追求效率而忽视当事人对正义、安全的追求,致使其不理解法律和判决而上诉。对此,各地应加强全流程诉讼引导机制,即在诉前、立案、审判等各个环节,主动提供诉讼辅导、释法答疑。提高释法答疑的语言规范性,繁简适度,做到专业性与通俗性相结合,使法理清晰易懂,让当事人认识到司法的公正性、合法性,尽可能消除一审当事人对案件证据、判决内容、判决依据

---

① 最高法公布的2023年1—9月司法审判工作主要数据显示:民商事一审服判息诉率为89.22%,同比上升0.43个百分点;刑事一审服判息诉率为88.7%,同比上升1.72个百分点;行政一审服判息诉率43.7%,同比上升3.76个百分点。

的不理解而引发的不满情绪。

第三,完善立、审、执具体环节的工作机制并加强各环节的协同联动,促进纠纷实质性化解,促进服判息诉。立案环节,落实随机立案基本原则,使其分配更加公平合理,促进立案廉政;积极引导当事人申请财产保全、防止财产转移。审判环节,加快建立标准化、流程化、智能化繁简案件筛选识别机制,优化配置速裁快审资源,减轻诉累;提高庭审质量,引导当事人充分举证、质证,有理说在庭上,有证据摆在庭上;在审理、调解过程中,注重当庭履行支付,实现案结事了人和。执行环节,推进执行工作社会化、执行信息化。引入网格员等社会资源以发挥其人熟、地熟、事熟的优势作用,缓解办案资源稀缺问题;引入信息科技以实现执行管理监督、保障、查控、财产变现的智能化,提升执行效率。立审执环节协调配合更有利于将执行落到实处,实现案结事了,定纷止争。

四 全民尊法守法

法律的权威源自人民的内心拥护和真诚信仰。全面推进依法治国,需要充分调动人民群众投身依法治国实践的积极性和主动性,使全体人民都成为社会主义法治的忠实崇尚者、自觉遵守者、坚定捍卫者。[①] 对全民尊法守法相关指标进行测评和分析,可以了解法治社会建设推进中社会治理法治化、公民法治观念培育、公民权利保护的整体状况。课题组围绕"万人犯

---

① 参见钱弘道等《中国法治指数报告——余杭的实验(2012—2018年)》,中国社会科学出版社2020年版,"前言"。

罪率""市级以上民主法治村（社区）占比""法律援助万人受援率"等指标开展数据资料收集和测评。数据和资料表明，大多数样本县（市、区）较为重视全民尊法守法相关工作的推进，成效明显。

（一）全民尊法守法概括分析

"全民尊法守法"反映了各地全民普法和守法的基础性工作是否做到位，是否深入开展法治宣传教育、引导全民自觉守法，是否不断提升法律援助与服务能力、保护公民合法权益。样本县（市、区）"全民尊法守法"平均得分为86.66分，整体得分较高。样本县（市、区）最高分为88.3分，最低分为84.96分，相差较小，表明样本县（市、区）能够坚持把全民普法和守法作为推进法治现代化的长期基础性工作，不断加强全民普法的针对性和实效性，积极营造良好法治氛围。

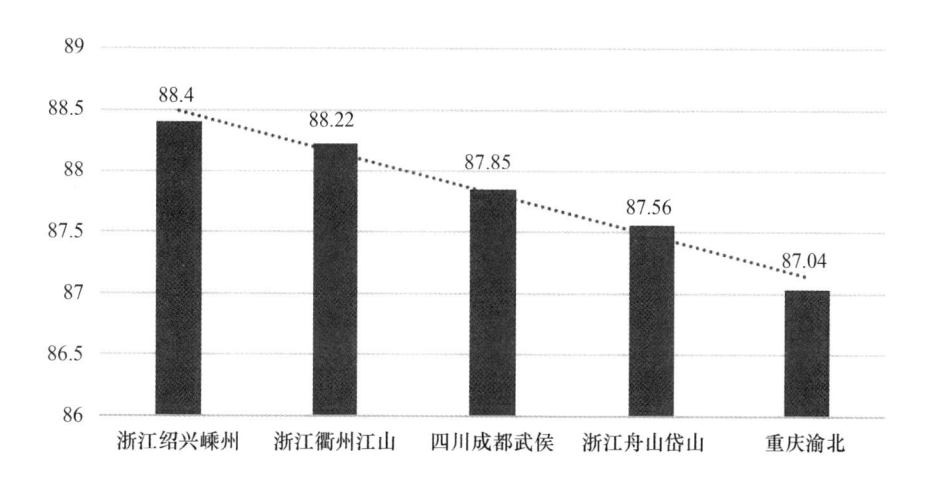

图1.10 "全民尊法守法"得分最高地区数据情况

地区	得分
浙江绍兴嵊州	88.4
浙江衢州江山	88.22
四川成都武侯	87.85
浙江舟山岱山	87.56
重庆渝北	87.04

从县域层面来看，样本县（市、区）"全民尊法守法"得分高于85分的占所有参评区县的70%。图1.10为"全民尊法守法"得分最高的5个样本县（市、区）的得分情况，得分均超过87分。这5个样本县在推进"全民尊法守法"工作中的表现可圈可点，值得借鉴。如浙江绍兴嵊州市深度挖掘地方优秀传统文化在法治领域的价值和运用，甄选嵊州越剧中聪明伶俐、能言善辩、擅长化解矛盾纠纷的"九斤姑娘"担任普法代言人，以"越剧演唱+以案释法"形式，通过"一剧一案一法条"，串联讲述民法典与群众生活息息相关的真实案例，推出各类普法短剧，依托"法治文艺下乡"活动在村社开展演出。[①]各样本县（市、区）通过建立专业普法团队、创新普法宣传模式、扩大法治宣传教育阵地等方式，不断汇聚普法合力提升公民法治素养，营造了良好的法治氛围，提高了人民群众的法治获得感。

（二）全民尊法守法单项指标分析

为进一步分析全民尊法守法的区域情况，给出对策建议，本部分选取"万人犯罪率""市级以上民主法治村（社区）占比""法律援助万人受援率"三个具有代表性的单项指标进行分析。

1. 万人犯罪率

"万人犯罪率"是用来计算某一特定地区犯罪个体数与人口总数的比率。"犯罪个体数"指刑事生效犯罪人数，即触犯

[①] 参见《嵊州市司法局汇聚普法合力提升公民法治素养》，浙江省司法厅网，2023年7月5日。

我国法律的相关规定、依照法律应当受到我国刑罚的并已经发生法律效力的犯罪人数。"万人犯罪率"是全面小康建设的重要指标，用以评估样本县（市、区）普法宣传力度、人民守法意识及基层矛盾纠纷化解能力等多方面法治社会建设水平。

样本县（市、区）测评数据显示，"万人犯罪率"平均得分为85.33分，反映了公民守法意识的普遍良好状况及基层社会秩序的稳定平安。其中大部分样本县（市、区）万人犯罪率呈逐年下降趋势，有较多样本县（市、区）取得了优异的成绩。例如，浙江衢州江山市"万人犯罪率"的得分为91分，排名前三，2023年"万人犯罪率"为14.73‰，优于绝大部分的样本县（市、区）。

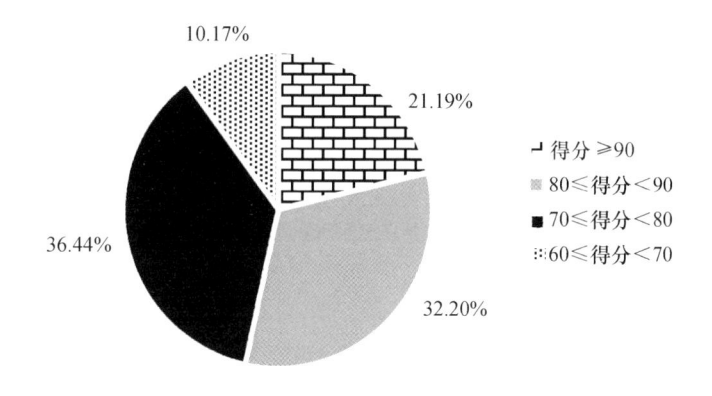

图1.11　"万人犯罪率"得分分布情况

该指标得分高低与样本县（市、区）域内的经济发展水平、教育水平、社会财富分配状况及基层矛盾的就地化解率之间存在一定的相关性。此外，数据显示，通过科学且精准的组织化普法宣传教育，增强宣传力度，提高公众的法律意识与守法行为，对于降低每万人中的犯罪率具有显著的正面效应。

2. 市级以上民主法治村（社区）占比

创建民主法治村（社区）是落实依法治国方略的具体实践，是推进全民尊法守法工作的有效方法，是推进基层法治建设的重要举措。"市级以上民主法治村（社区）占比"，即样本县（市、区）市级以上民主法治村（社区）占当地村（社区）总数的比例。该指标的设立用以考察样本县（市、区）基层普法依法治理工作水平、民主法治示范村（社区）创建活动扎实程度及法治乡村（社区）建设进程。

本次测评中，"市级以上民主法治村（社区）占比"平均得分为88.3分，得分高于90分的样本县（市、区）超过50%，且平均分接近优秀水平，全国样本县（市、区）整体表现良好。这表明全国各地都能够做到把巩固提升"民主法治示范村（社区）"创建成果工作作为全面推进法治乡村建设、实施乡村振兴战略的有效载体，将法治宣传、法律服务和法治保障的"触角"延伸到村组、社区，为广大群众提供精准、精细、优质的法律服务，为人民群众谋幸福、求发展提供良好法治环境。

在本次测评中，浙江省衢州市江山市与山东省潍坊市青州市获得了较高的评分，均为91分。得分较高的样本县（市、区）普遍性在于这些地区能够依托本地特色产业或文化特色，全面贯彻法治思维与法治方式，致力于全面提升法治服务水平与能力。在依法治理的过程中，持续优化营商环境，以法治引领并保障乡村社区经济的发展。经济发展的成果进一步促进了地方财政的健康运行和社会资源的有效配置，从而推动了法治乡村社区的建设。

3. 法律援助万人受援率

法律援助是一项扶助贫弱、保障社会弱势群体合法权益的社会公益事业，同时也是我国实践依法治国方略、促进司法公平正义的必要举措。"法律援助万人受援率"旨在考察样本县（市、区）法律援助惠民工程推进进程，是否采取有效措施保障公民合法权益，帮扶弱势群体，维护司法公平正义，构建社会主义和谐社会。

在本次测评中，法律援助万人受援率全国样本县（市、区）平均得分为86分。其中，四川成都武侯区取得了最高分90分的优异成绩，得分最低的样本县（市、区）也取得了84分。结合调研及测评过程，我们发现一部分地区虽然重视法律援助工作，但"有心无力"，在法律援助上存在较为严重的供需矛盾问题，该问题受到经济发展水平不平衡、法律援助经费短缺、法援工作机制不成熟、规范化建设不到位、队伍建设未加强、法援宣传不到位等因素的影响，解决方案亟待探索。

（三）相关思考

"万人犯罪率"是全面小康建设的重要指标，是衡量一个地区尊法守法情况与社会平安和谐状况的间接数据。本次测评数据中"万人犯罪率"的平均得分相比其他单项指标较低，反映出各地方犯罪率降低仍有较大空间。优化"万人犯罪率"指标，可以从以下三个方面入手。

第一，坚持和发展新时代"枫桥经验"，促进社会平安和谐。"枫桥经验"是中国式现代化的典型案例。"枫桥经验"是发动和依靠人民群众就地化解矛盾的方法。新时代"枫桥经验"在全国各地基层矛盾纠纷化解工作中得到了广泛运用。各地方可以通过新时代"枫桥经验"工作方法推进基层矛盾纠纷化解：加强基层社会治理，构建群防群治体系，动员多方力量参与治安治理；健全矛盾调解机制，化解社会矛盾，避免矛盾激化为刑事犯罪；加强预防犯罪教育，提升法治意识，减少潜在犯罪倾向；完善社会帮教体系，减少犯罪复发率等，有效降低万人犯罪率，营造良好法治氛围。

第二，落实"谁执法谁普法"普法责任制。落实到地的普法责任制是真正降低犯罪率的有效手段。2017年，中共中央办公厅、国务院办公厅印发了《关于实行国家机关"谁执法谁普法"普法责任制的意见》。中央层面成立落实了普法责任制部际联席会议，全国普法办统一编制并公布了两批中央和国家机关普法责任清单，"谁执法谁普法"普法责任制全面实行。各地方可通过明确普法责任，落实考核机制，拓展执法人员的普法能力，强化重点群体的普法工作，使执法部门在执法过程中积极履行普法职责，将普法与执法紧密结合，提升法律威慑力，同时不断提升法律服务的便捷性，增强普法的吸引力和渗透力，让普法工作更具实效性，有效降低犯罪率。

第三，做好领导干部述法工作。从相关资料来看，一些地方的"领导干部述法"取得了明显成效。领导干部述法是发挥"领头雁"作用的有效方法。从法治思维和方式的角度来讲，领导干部述法是提高运用法治思维和法治方式的能力的有效方法。从法治理念和精神角度讲，领导干部述法是自己学法、履行普法责任、培育法治理念和精神的可行途径。从法治效果来讲，领导干部述法是通过效果评价倒逼法治工作的一种机制。

有效提升领导干部的法治意识和执法水平，进而对全社会的法治建设产生积极影响。领导干部在述法过程中不仅要展示自身的法律素养，还需带头依法行政，推动社会各领域的法治建设；同时通过述法问责机制，对在述法中发现的执法不力、普法不到位的现象进行问责，确保各级领导干部对法治工作负起责任，述法过程中发现的管理漏洞和违法犯罪隐患应及时整改。这将间接有助于降低犯罪率。

五　法治监督健全

严密的法治监督体系是中国特色社会主义法治体系不可或缺的重要组成部分。[①] 建立起严密的法治监督体系是从组织制度上给予法律实施以最有力的保证。课题组从党内监督、人大监督、民主监督、行政监督、司法监督、社会监督等六个方面对样本县（市、区）进行数据测评，测评数据客观地呈现了样本县（市、区）在建设与完善严密的法治监督体系过程中所取得的显著成就，包括体现人大监督效能、考察人大代表是否及时反馈人民群众关注热点的"代表议案、建议社会公开度与办理满意度"，反映人民政协履行民主监督职能有效性的"政协提案社会公开度与办理满意度"，以及表征群众的急难愁盼问题是否及时得到解决的"信访案件办结率"，较为直观地展示出各样本县（市、区）积极的工作态度。但同时，各项工作中

---

① 中国特色社会主义法治体系包括五大体系：完备的法律规范体系、高效的法治实施体系、严密的法治监督体系、有力的法治保障体系和完善的党内法规体系。

存在的问题也能在测评数据中窥见一斑,如区域发展不均衡、议案与提案公开程度在个别样本县(市、区)尚存不足等。

(一) 法治监督健全概括分析

本次测评,一级指标"法治监督健全"着重考查样本县(市、区)在人大监督、民主监督、社会监督等方面的监督合力和建设实效。"法治监督健全"各样本县(市、区)综合得分与分布情况见表 1.4 所示。

表 1.4 "法治监督健全"概括分析

指标名称	平均分	最高分	最低分	中位值
法治监督健全	88.72	90.2	85.0	89.7

从县域来看,浙江衢州江山市、绍兴嵊州市、四川成都武侯区、重庆巴南区排名前四,且得分均高于 90 分。这些地区在实际工作中,从立法、执法、司法三个方面进行了一系列的制度建设,从党内、人大、民主、司法、社会等各个方面抓住关键环节和重点内容,在完善法治监督体系建设中的工作成效可圈可点。

从得分分布来看,县域得分相对较为均衡,也存在差异。最高分与最低分的差距超过 5 分,且同省样本县(市、区)出现得分相差较大的情况,如同属山东的泰安岱岳与潍坊青州,在得分上存在一定差距,可见法治监督体系的建设与完善既面临一些共性问题,也需正视源于各地资源禀赋、经济发展、文化传统等因素带来的差异与困难。总体来看,样本县（市、区）法治监督工作比较扎实。如山东泰安市岱岳区强化文件备案审查，严格落实规范性文件备案审查规定要求，主动对"一府一委两院"和乡镇人大报备的文件进行审查；督促区政府履行对规范性文件的备案审查，做到有件必备、有备必审、有错必纠，确保国家法律法规和上位规范性文件在岱岳区的正确实施。岱岳区采取人大代表旁听庭审、参与执行等做法来持续监督司法体系的正常运转，确保公正司法、依法监察。

"法治监督健全"项下单项指标得分结果说明各样本县（市、区）在法治监督体系建设中存在工作重心不同、工作短板有差异的情况。如四川遂宁射洪市需要进一步提升议案、提案的社会公开程度，积极回应社会关注，形成良性互动，重庆渝北区在代表议案、建议办理满意度方面仍存在一定的提升空间，山东潍坊青州市的政协提案办理满意度、信访案件办结率与其他样本县（市、区）相比尚存差距。样本县（市、区）需重视存在的问题，分析其根源，探索解决方案。

（二）法治监督健全单项指标分析

单项指标更能说明具体问题。课题组在"法治监督健全"下选取"代表议案、建议办理满意度""政协提案社会公开度""信访案件办结率"三个单项指标进行进一步分析。

1. 代表议案、建议办理满意度

代表议案、建议承载着民意，蕴含着民智。提出代表议案、建议，是人大代表依法履职的重要方式。办好代表议案、建议是践行全过程人民民主，彰显人民代表大会制度优势的重要途径。样本县（市、区）坚持将代表议案、建议办理工作作为践行全过程人民民主的重要抓手，作为支持和保障代表依法履职的重要举措，聚焦"提、交、办、督"四个环节持续发力，不断提升代表议案、建议的"办成率"和"满意率"，真正做到民有所呼、我有所应。

样本县（市、区）"代表议案、建议办理满意度"在所有单项指标中的平均得分位居第二，具体得分情况见表1.5。其中浙江绍兴嵊州市、四川成都武侯区、浙江衢州江山市得分排名前三，得分均高于90分。

表1.5　　"代表议案、建议办理满意度"得分情况

指标名称	平均分	最高分	最低分	中位值
代表议案、建议办理满意度	88.9	91	84	90

样本县（市、区）整体得分较高，可见样本县（市、区）在代表议案、建议处理方面的工作颇具成效，获得了较高的满意度。例如，为加大代表建议督办力度，推动政府把建议办好办实，更好回应群众诉求，浙江绍兴嵊州市人大常委会创新督办方式，通过"四问"，使建议办理工作更贴近民意、符合民情。其一，当面问：建议办理重面商。督促各承办单位加强与代表面对面的沟通协商，深入了解情况，共商解决办法，切实提高建议答复的针对性和建议办理的实效性。其二，集中问：专题汇报听意见。年中，市人大常委会主任会议专题听取市政府关于重点建议办理情况的汇报，并邀请十件重点建议的领衔代表列席会议，对建议办理工作发表意见。其三，深入问：建

议督办进基层。市人大常委会将代表建议按照法制、财经、城建等归口划分为七大类,由常委会领导带头督办重点建议,各工委分线赴有关部门、乡镇,实施精准监督。其四,跟踪问:建议办理回头看。市人大常委会定期组织代表开展建议办理"回头看",对"正在解决"和"计划解决"的代表建议答复件实行跟踪督办,并将代表高度关切和持续多年反映的突出问题列入次年人大重点监督议题,持续推进,确保建议得到实实在在的解决,群众呼声得到有效回应。①

2. 政协提案社会公开度

政协提案公开,有利于社会监督和参与,有利于推动提案的落实和提升效果。通过公开委员们的提案,可以让社会各界发现问题、指出不足、提出建议,也可以让相关部门及时了解并回应社情民意,在办理过程中加强沟通协调、完善政策措施、创新工作方法。同时,也可以让广大人民群众及时了解办理情况和结果。

"政协提案社会公开度"平均得分为88.2分,最高得分为90分,最低得分为83分,整体得分分布情况见图1.12。"政协提案社会公开度"虽然平均得分较高,但样本县(市、区)之间得分差距较大,这反映出样本县(市、区)在推进政协提案公开方面实际工作成效存在差异。

3. 信访案件办结率

"信访案件办结率"是指信访案件的办结数量与受理数量之比,反映信访机关对信访案件的处理效率和能力。"信访案

---

① 参见《嵊州:"四问"代表意见 提升建议办理满意率》,绍兴人大网,2018年7月31日。

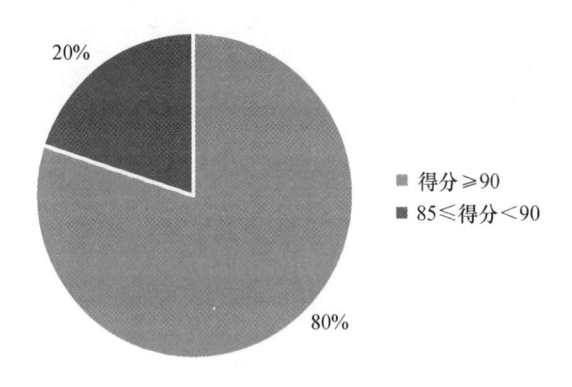

图 1.12 "政协提案社会公开度"得分分布情况

件办结率"样本县（市、区）平均得分为 89.5 分，最高分为 91 分，最低分为 87 分，为本一级指标下平均得分最高的单项指标，具体得分分布情况见图 1.13。80% 的样本县（市、区）得分都在 90 分及以上，各样本县（市、区）之间得分差距较小。

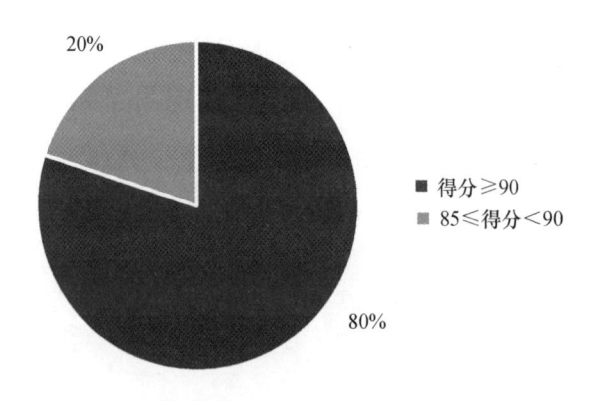

图 1.13 "信访案件办结率"得分分布情况

数据和相关资料显示，自2022年5月1日施行《信访工作条例》以来，各样本县（市、区）在践行"为民解难、为党分忧"信访工作政治责任中不断畅通渠道倾听民意、压实责任化解民忧、创新实践推动发展，信访工作质效得到显著提升。例如，为推动信访举报件办理及时高效，浙江衢州江山市纪委监委开展信访举报件跟踪督办工作，由信访室制作信访举报件办理情况进度表，指派专人在办理满一个月、满一个半月、满两个月等时间节点开展督办，一旦发现基层纪检监察组织在办信办访过程中出现工作拖沓、遭遇"瓶颈"等情况，信访室将及时发送督办提醒，或组织纪检监察室、派驻纪检监察组开展室组地会商，有力破解办信办访难题。① 河北衡水冀州区为推进信访隐患纠纷就地化解，积极探索当前信访模式，以解决群众诉求为核心，从"小"入手，提前介入，狠抓信访矛盾问题化解、信访制度规范、信访工作阵地建设，全区信访工作呈现"接诉即办、群众满意"的氛围。针对部分信访案件时间跨度长、化解难度大、涉及部门多的特点，冀州区成立"冀时语"矛盾隐患调解委员会，由区委、区政府主要负责同志任组长，政法委书记任常务副组长，公安局局长、法院院长、检察院检察长任副组长，各乡镇、区直部门主要负责同志为成员的调解委员会，妥善处理群众诉求，获得群众一致好评。②

---

① 参见《浙江江山：开展信访举报件跟踪督办工作》，中纪委、国家监委网，2022年6月28日。
② 《衡水市冀州区从"小"入手化解信访矛盾问题》，河北新闻网，2023年11月15日。

（三）相关思考

从测评数据和相关资料可知，样本县（市、区）在完善"法治监督健全"方面呈现出稳步提升的态势。课题组通过分析发现，"信访案件办结率"贡献较大。尽管各样本县（市、区）在信访案件处理方面取得了一定成效，但信访工作仍存在一定提升空间。

第一，信访工作系统化。开展信访工作，必须坚持和发展新时代"枫桥经验"，立足预防、立足调解、立足法治、立足基层。信访工作是防范化解重大风险的重要前哨、重要关口，也是"送上门"的群众工作，但是要与时俱进推进这一工作，却非易事。需要将"全周期管理"理念贯穿于信访工作全过程，强化从源头到末梢的全流程、全要素、全方位管控，实现各项措施在政策取向上相互配合、在实施过程中相互促进、在工作成效上相得益彰，并从提高政治站位、加强信访工作队伍建设、健全工作机制、拓宽信访渠道四个方面系统推进，持续用力、精准发力，不断提高信访工作科学化水平。

第二，信访工作法治化。全面推进信访工作法治化，是党中央重大决策部署，是《信访工作条例》明确要求。信访工作的根本要求是把为人民服务落到实处，重点是职能部门履职尽责，关键是强化监督追责，核心是推进信访预防、受理、办理、监督追责、维护秩序法治化，"五个法治化"相得益彰、缺一不可。开展信访工作，要坚持运用法治思维和法治方式，健全社会稳定风险评估机制，推动科学决策、依法行政。开展信访工作，要遵循《信访工作条例》要求，严格按照法律规定程序受理办理群众信访事项。信访工作既要从"块"上统筹，也要从"条"上发力；既注重解决社会治理共性问题，也强调攻克各类新问题，打破"单打独斗"模式，构建党建统领、部门联动、县乡村有机贯通的信访法治化工作格局。

第三，信访工作数字化。实践中，大量的信访工作数据分析仍依靠工作人员手工登记、主观比对分析来实施人工预警，由此出现预测预警不及时或疏漏，导致基层社会治理工作缺乏及时性、科学性。信访工作要快速精准回应百姓需求，需要将各类呼声有效归集、处理、反馈，寻找出一整套数字化解决方案。要实现信访工作数字化，就要健全完善覆盖县乡村三级群众信访诉求综合服务平台，探索实现清单式自动化工作流程、大数据辅助决策、一体化协同共管，形成信、访、网、电渠道全整合、民意全归集、办理全闭环、责任全链条的为民办实事长效机制，全天候受理群众诉求，提供精准化精细化服务，将信访诉求解决在群众家门口。

六　法治保障有力

法治保障体系是确保法治高效运行的重要支撑，关系到全面推进依法治国的总目标的实现，关系到"四个全面"战略布局的协调推进。法治保障体系的建设与完善要求在法律的制定、执行与监督全过程中具备结构完备、机制健全、资源配置充足且运行高效的保障要素。课题组围绕"公职律师覆盖率""涉外法律服务专业人才数""智慧警务网办率"等指标进行数据抓取测评。测评数据表明，各样本县（市、区）在法治保障体系建设与完善方面取得了较好的成效，但仍存在一些问题。其中，涉外法律服务人才的数量积累、发展速度及结构合理性方面，仍面临诸多挑战。

（一）法治保障有力概括分析

"法治保障有力"着重考核样本县（市、区）法律人才队伍建设情况与科技信息、设备经费等各项法治资源的支持力度与资源配置合理性。样本县（市、区）"法治保障有力"平均得分86.3分，最高分88.8分，最低分83.6分；70%的样本县（市、区）得分在85分以上，占较大比例。

从县域一级指标整体得分来看，浙江衢州江山市、绍兴嵊州市、舟山岱山县、四川成都武侯区、重庆巴南区排名前五，且得分都高于87分。这些地区在法治保障体系建设方面的举措成效较为明显。

从得分分布来看，各县域的平均得分相对均衡，但是最高分与最低分之间也存在超过5分的差距。在同一省份内，不同区县之间的得分差异也比较明显，例如四川省内的成都武侯区与遂宁射洪市两地。数据和资料表明，样本县（市、区）用实际行动展示了法治保障工作成绩。以四川成都武侯区为例，为服务好2023年成都大运会，武侯区不断强化法律服务保障，积极进行全区法律服务采购工作，确保各部门法律顾问服务顺利开展，组建法律服务专业团队，全程参与赛区法律事务工作，做好赛时场馆法律服务保障。[①] 武侯区通过法律服务采购

[①] 参见《成都市武侯区司法局关于2023年度法治政府建设情况的报告》，武侯区人民政府网，2024年3月19日。

与法律顾问精细化管理等措施，着力提升全区法治保障水平质量。《打造社区法律顾问精准化管理"武侯样本"》获评成都市"十大法治政府建设创新项目"。

样本县（市、区）一级指标得分相差不大，但通过观察三级指标得分可发现，样本县（市、区）在法治保障体系建设中存在着不同的工作重点和短板。如重庆巴南区在法治人才培养建设方面存在较大优势，但应更加重视数字法治的基础设施建设，为法治发展提供更为坚实的信息化保障；河北衡水冀州区和山东潍坊青州市在法律服务保障和涉外法律服务人才培养方面仍需加大力度创新制度，以更好地满足地方发展需求。

（二）法治保障有力单项指标分析

人才队伍是法治保障体系的核心力量。数字化为法治保障体系提供技术支持。课题组选取"公职律师覆盖率""涉外法律服务专业人才数量""智慧警务网办率"分析样本县（市、区）法治人才队伍建设与科技保障相关情况。

1. 公职律师覆盖率

样本县（市、区）"公职律师覆盖率"的平均得分88.4分，最高分91分，最低分85分。"公职律师覆盖率"为"法治保障有力"下属平均得分最高的单项指标，各样本县（市、区）得分均超过85分，整体得分较高，可见各样本县（市、区）在公职律师制度的实施与完善方面都取得了良好成效。

不断提升公职律师覆盖率是提升政府依法行政能力、保障基层群众合法权益的重要途径。数据和相关资料显示，样本县（市、区）在自身条件和基础上，普遍能做到不断深挖公职律师潜力,优化法治人才培养及聘任机制,为法治发展提供强有力的法治人才支撑。浙江绍兴嵊州市、山东泰安岱岳区、重庆渝北区"公职律师覆盖率"得分排名靠前,与其公职律师制度及其相关配套资源的完善有较大的关系。浙江绍兴嵊州市将公职律师覆盖率纳入部门年度目标责任制考核内容,鼓励符合条件的党政机关工作人员申请担任公职律师,并制定《公职律师管理制度》,明确公职律师职责范围、权利义务等。公职律师覆盖率由2022年的66.67%上升至2024年的85.19%;[①] 重庆市渝北区出台了《渝北区加快推进公职律师工作的实施方案》,大力推进公职律师工作,特别是镇街公职律师培养,强化法治工作力量。各样本县(市、区)积极通过制度完善和资源合理配置的方法,如明确职责规定和绩效评价机制,努力推动公职律师工作从"部分覆盖"到"全面覆盖",从"有形覆盖"到"有效覆盖"转变,为经济社会高质量发展提供坚实的法治保障。

2. 涉外法律服务专业人才数量

"涉外法律服务专业人才数量"平均得分为87.3分,最高得分为91分,最低得分为83分,整体得分分布情况见图1.14。平均得分较高,但样本县(市、区)之间差距较大,反映出了样本县(市、区)当前涉外法治人才培养、引进、机构建设工作发展的不均衡情况。

涉外法律服务人才对于推动地方经济国际化发展、推动国家法治建设和保护企业海外合法权益具有重要作用。观察各样

---

① 参见《嵊州市司法局培育法治人才助力高质量发展》,浙江省司法厅网,2023年4月18日。

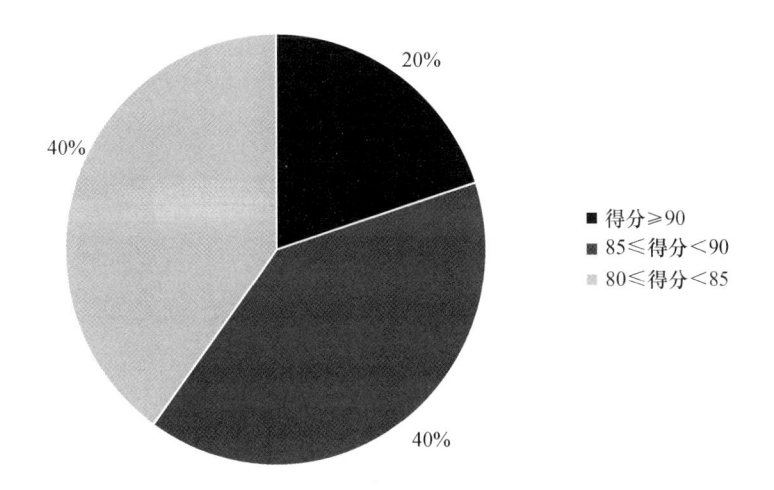

```
            20%
  40%

                      ■ 得分≥90
                      ■ 85≤得分＜90
                      ■ 80≤得分＜85

            40%
```

图1.14　"涉外法律服务专业人才数量"得分分布情况

本县（市、区）"涉外法律服务专业人才数量"数据，浙江省三个样本县（市、区）、重庆市两个样本县（市、区）排名靠前。由此可见，涉外法律服务专业人才数量与样本县（市、区）的经济发展水平、对外开放水平等客观因素有较大关系。相对而言经济发展水平较高的地区，各类法律服务人才的培养和引进措施明显更有成效，包括合适的人才引进政策、激励奖励措施、人才培养及教育机制、政企学研有机结合等机制，以上政策措施可全面提升基层对高水平法律服务人才的培养能力和吸引力，为地方涉外经济发展保驾护航。

3. 智慧警务网办率

"智慧警务网办率"（即"公安一网通办率"）是考核科技与信息化法治保障的工作指标之一，聚焦科技兴警，考察警务科技创新和科技成果应用。"智慧警务网办率"样本县（市、区）平均得分为85.3分，最高分为90分，最低分为83分。得分分布情况见图1.15。数据显示，半数样本县（市、区）得分在85分以下，样本县（市、区）间得分差距较大。

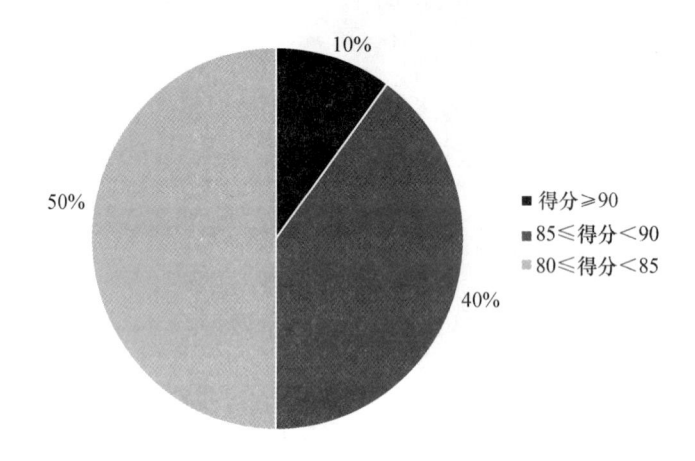

图1.15 "智慧警务网办率"得分分布情况

- 得分≥90：10%
- 85≤得分＜90：40%
- 80≤得分＜85：50%

浙江衢州江山市、四川成都武侯区得分排名靠前，数据表明这两地在构建和运营数字化警务平台方面取得了阶段性成果。例如，江山市公安局通过建立政务服务"网办中心"，利用数据驱动、业务集成与机制融合的方法，实现了公安服务窗口的24小时不间断服务，使得民众能够在家即可完成所需办理的事务。[①] 据统计，2023年江山市的智慧警务网办率达到99.98%，并且群众满意度达到了100%。四川成都武侯区通过创新互联网警务理念，利用"成都公安微户政"平台，实现了服务指南的及时发布和专人在线值守，简化了群众办事流程，提升了满意度。此外，武侯区率先实施"3M"可视化指挥模

---

① 参见《江山公安"网格警务"迭代升级现代"融警务"》，《平安时报》2022年8月2日。

式，促进智慧警务的融合发展。① 高标准融合建设，夯实智慧警务根基。② 2022—2023 年，武侯区智慧警务网办率连续两年保持 100%。

各样本县（市、区）通过不断优化信息系统架构，加强数据整合与共享，推进信息化基础设施建设，同时不断提升警务工作协同和跨部门联动，建立公安机关与政府其他部门（如交通、社区管理、医疗等）的联动机制，形成了整体协同效应，为法治建设提供了坚实的科技与信息保障。

（三）相关思考

法治专业人才的队伍建设是法治保障体系中的关键要素之一。本次测评结果显示，样本县（市、区）在法治人才队伍建设的相关单项指标上整体表现良好，数据表明，各地在法治人才的培养与引进方面已取得一定进展。然而，"涉外法律服务人才数量"这一具体指标显示出平均得分偏低且样本区间得分差异较大的特点，数据表明样本县（市、区）在涉外法治人才的数量积累、发展速度及结构优化方面仍显不足，如何保证涉外法律服务人才的数量充足、质量过硬是样本县（市、区）需要面对的问题。

第一，加快建设地方涉外法治人才阵地。地方政府可通过

---

① "3M"可视化指挥模式：即依托 5G 执法记录仪的基础定位功能，辅以按不同警种岗位设置的个性化标签和指挥调度功能后台，将勤务警力具体到"名"、响应时间控制到"秒"、地理空间精准到"米"，实时感知全区网格化布警情况，实现警力的扁平化、可视化、点对点精准调度。

② 参见《武侯区在全市率先探索创新"3M"可视化指挥模式 助推超大城市深耕善治》，四川省大数据中心官网，2023 年 9 月 5 日。

制度创新、资源整合、平台搭建等多种方式，形成具有持续影响力的人才培养和引进机制。如依托高校、律所和涉外企业，设立专门的涉外法治人才培训基地，提供长期的法治教育与培训。通过基地建设，将理论学习与实务培训相结合，为法治人才提供学习、交流和实践的平台。又如设立涉外法律研究院或智库机构，与高校、研究机构合作，专门开展国际法、国际经济法、国际仲裁等领域的研究。研究院不仅可以作为地方政府决策的智库，还能为涉外法治人才培养提供学术支持和研究平台。

第二，持续深化地方涉外法治交流合作。地方政府可通过加强与国际法律机构、跨国企业、外国政府等多方的合作，提升地方在国际法治事务中的影响力和服务水平。如加强与国际法律组织的合作，与国际法院、国际仲裁中心建立合作关系，参与国际仲裁事务，提升地方在国际法律领域的声望；或通过举办国际法治论坛和国际法律竞赛、交流项目，邀请国内外法律专家、国际法学者、跨国公司法务代表等参加。通过这些平台，地方可以展示其法治成果，建立国际合作网络，推动地方涉外法治合作向更深层次发展。

第三，强化地方涉外法律服务数字化建设。以数字化建设推动涉外法治人才培养的创新与提升，帮助本地法律人才更好地适应国际法律环境和快速变化的技术需求。在人才培育方面，地方政府可建设数字化涉外法治教育平台，与高校、法律机构合作，建立涉外法治人才的在线学习平台，提供包括国际法、国际经济法、跨境商事仲裁等相关的课程。在人才管理方面，可建设涉外法律人才数字化管理平台，汇聚本地及外部的涉外法律人才资源，包括个人信息、专业领域、实践经验等，为本地企业、跨国投资和国际合作项目快速匹配法律人才。在涉外法律服务方面，建设线上涉外法律咨询平台，汇集国际法律专家、本地法律人才，为本地企业和政府提供国际法律事务的在线咨询服务。

浙江江山指标分析和信访工作法治化

推进信访工作法治化,是习近平总书记对新时代信访工作作出的重大决策部署。浙江省江山市坚持"法治信访、最佳生态"的理念,牢牢抓住全国信访工作法治化试点机遇,坚持和发展新时代"枫桥经验",探索推进信访工作法治化,组建专班、谋深落细、压茬推进,深化运用法治思维、法治方式解决群众各类信访诉求,信访生态得到进一步优化。探索形成了"源头化解、精准分流、质效提升、规范有序、依法处置"的"五向聚焦"工作法,着力打造信访工作法治化实践高地。

一 江山市基本情况

江山市地处浙闽赣三省交界,是浙江省西南门户和钱江源头之一,唐武德四年(公元621年)建县,1987年撤县设市,区域面积2019平方公里,户籍人口60.44万人,下辖11镇5乡3街道、292个行政村29个社区。近年来,江山市坚持以习近平新时代中国特色社会主义思想为指导,忠实践行"八八战略",始终锚定"两个先行",全面对标衢州打造"四省边际中心城市"战略部署,按照"衢州当龙头、全省争上游"的目标,加快打造"三省边际中心县城"。2023年实现地区生产总值405.77亿元,增长6.8%;一般公共预算收入36.78亿元,增长27%。城镇、农村常住人口人均可支配收入分别达到62980元和36786元,增长5.1%和7.4%;固定资产投资180.68亿元,增长21.5%;全部社会零售品销售额204.87亿元,增长11.4%。

江山市是工业新城,是全省老工业基地、首批20个工业强市建设试点县之一。现有规模以上企业415家,其中亿元以上企业89家,10亿元企业3家。成功打造高能级产业平台,形成"经济开发区+贺村、峡口、四都三个乡镇工业功能区"的"一主三副"平台格局。拥有近20万在外创业大军,实现全国副省级以上城市异地商会全覆盖。

江山市是旅游胜地,是中国优秀旅游城市、首批国家全域旅游示范区、2023年全国县域旅游综合实力百强县。高等级景区数量众多,拥有江浙沪唯一的世界自然遗产——江郎山,国家5A级景区1处、4A级景区3处、3A级景区15处,居全省各县(市、区)前列,全年接待游客量约1000万人次。江山市是山水家园,是国际花园城市、全球绿色城市、全国绿化模范市、国家级生态示范区、国家卫生城市、国家森林城市、国家园林城市、中国天然氧吧。境内森林覆盖率达67.97%,全市空气质量优良率达91%,有国家级森林公园1个、省级自然保护区2个。

江山市是文化名市,建县1400多年,历史绵长、人杰地灵,是一个值得探寻的人文故地。区域文化特色彰显,孕育了清漾毛氏文化、江郎山世遗文化、仙霞古道文化、廿八都古镇文化以及村歌文化等"4+1"区域特色文化。文明有礼蔚然成风,"浙江有礼·文润江山"县域文明新实践品牌逐步打响,荣获全国乡风文明示范县、第二批全国村级"乡风文明建设"典型案例和首批全省文化礼堂建设示范县。

二 若干指标数据分析

江山市不断推进法治江山建设,取得良好成效,获评法治浙江建设优秀单位,信访法治化、社区矫正等4项工作获国家级荣誉,公共法律服务、重大行政决策合法性审查等30多项工作获省级荣誉,法治建设社会满意度位列全省第五,衢州第一。部分法治指数指标数据分析如下:

(一) 组织学习习近平法治思想覆盖率

2023年以来,江山市党政机关、乡镇(街道)组织学习习近平法治思想覆盖率达100%。习近平法治思想是引领新时代法治建设的思想旗帜,江山市委高度重视法治建设,始终坚持依法执政,认真贯彻落实"第一议题"制度,将习近平法治思想列入党委理论学习中心组学习计划和"第一议题"必学内容,适时开展学习督查,压实学习任务。推行以考促学,对拟提拔的领导干部组织法治考试,未通过考试的,不予提拔。推动全市各乡镇(街道)、部门单位学好用好习近平法治思想,实现100%覆盖。

(二) 行政规范性文件审查率

2023年，以江山市政府名义制发行政规范性文件为8件，2024年上半年3件，全部严格开展合法性审查，并按照要求悉数向衢州市人民政府和江山市人大常委会报送，备案审查率均达100%。推进依法行政，有助于维护国家法律权威，促使国家法律、法规得到高效执行，有效防范行政乱作为、不作为现象。备案审查制度是推进依法行政的有力抓手，江山市对照《浙江省行政规范性文件管理办法》的要求，专门印发通知，明确行政规范性文件提请合法性审查的文稿质量、程序等要求，从制定主体、权限、内容、程序等方面对行政规范性文件草案进行审查，并在规定时限内出具书面合法性审查意见，统一采用"江政规备字"序号进行报备，防止遗漏。

优化建议：一是配强审查力量，培优育新法审员队伍，提高法审员综合业务能力和水平；二是加强动态管理，建立行政规范性文件效果"跟踪评估机制"，全面掌握行政规范性文件的"活力程度"和"生命周期"，实现从制定、发布、备案到清理的全过程管理；三是提升备案实效，坚持"有错必纠"，落实"有件必备"，切实防止错报、漏报、逾期报备等情况发生。

(三) 认罪认罚从宽制度

实施认罪认罚从宽制度，有助于充分发挥刑罚的教育矫治作用，鼓励促使犯罪嫌疑人、被告人认罪服法，有利于促进犯罪嫌疑人、被告人与被害人之间达成和解、谅解，更好地化解社会矛盾，促进社会和谐。2023年，江山市适用认罪认罚从宽制度办结587例共计800人，分别占同期办理刑事案件总件数和总人数的84.7%和84.84%，服判息诉率为98%；2024年上半年适用认罪认罚从宽制度办结229件341人，分别占同期办理刑事案件总件数和总人数的80.07%和82.97%，服判息诉率为97.8%。

从数据分析来看，认罪认罚从宽适用率略有下降。主要原因：除常见罪名外，其他罪名无统一明确的量刑标准，量刑建议精准度在一定程度上存在参差；辩护人和值班律师主要参与见证签署认罪认罚具结书，不少值班律师在认罪认罚具结时尚未阅卷或会见当事人，导致控辩协商的实质性效果大大削弱等。

江山市贯彻认罪认罚从宽制度的主要做法：一是高标准落实。强化权利保障，认罪认罚具结阶段律师辩护率100%。平衡类案量刑尺度，检察、法院联合出台《常见犯罪量刑指引》，统一量刑指导原则以及盗窃、诈骗等十九种常见犯罪的量刑标准。二是高效能延伸。健全诉前联调机制，合力化解各类矛盾纠纷，促进犯罪嫌疑人、被告人自愿认罪、真诚悔罪。三是高质量履职。落实涉企认罪认罚案件"每案必走访"和涉企风险评估机制，对不诉案件设置前置社会公益服务，引导47名轻罪犯罪嫌疑人自愿参与社会公益服务，作为认定自愿认罪认罚、真诚知错悔过的重要参考。

优化建议：检察机关要持续深化制度建设，通过个案交流、类案比对、定期研判的方式，确保精准量刑，提升办案质效。

(四) 公职律师覆盖率

提升公职律师覆盖率，对机关部门、乡镇（街道）作出行政决策、制定行政规范性文件进行审核把关，避免决策和文件出台引发矛盾纠纷，有利于提升依法行政工作质效。江山市现有公职律师 75 名，覆盖率为 100%，2022 年为 62 名，党政机关公职律师覆盖率提升 13%。

主要原因：江山市出台了公职律师激励考核办法，建立客观公正的考核评价体系，采取"单位＋司法行政"双重评价办法，对报名参加"法考"的同志给予时间、物质等保障措施。

优化建议：要继续强化对公职律师的考核评价，将公职律师履职情况纳入平时考核，提升履职效能；加强对公职律师的学习培训，提升公职律师履职热情。

(五) 市级以上民主法治村占比

推进民主法治村建设，是全面播撒"普法种子"的德治手段，是基层民主法治建设的重要抓手，是维护社会稳定、促进经济发展的重要前提。2023 年，江山市成功创建市级以上民主法治村 299 个，占比 93.1%。

主要做法：江山市大力推进民主法治村建设，将民主法治村建设嵌入到国家治理体系和治理能力的现代化建设中去，以党建为引领、以法治为保障、以自治为助力，组织村（社）干部学法用法，促进懂法守法，强化法治宣传，提升群众法治意识。把创建结果纳入文明村、平安村等考核评定指标，把乡镇（街道）巩固率、新创率纳入法治江山考核。建成社会普法组织队伍2个,分别是"饿了么"外卖小哥法律服务志愿队和"江礼品牌"调解员队伍。建设法治文化阵地329个,目前正新建青少年"循法漫道"法治教育基地。拟评选省级民主法治示范村100个,拟申请创建省级民主法治示范村3个。

优化建议：主动对标,认真学习示范村创建标准,逐条对照提升,抓实抓细各项任务,积极向上对接,确保创建目标高标准落地落实。注重融合,将法治文化建设与优秀民俗文化相结合,将法治与德治、自治相结合,因地制宜培育民主法治示范村,并以创建工作为牵引,推动全市法治工作整体跃升。

(六) 信访案件办结率

提升信访案件办结率是深入践行"以人民为中心"的理念,提升人民群众对信访工作满意度的重要抓手,是信访工作法治化的重要举措,是法治监督健全与否的重要体现。近年来,江山市信访事项的按期办结率均为100%。

主要做法：一是迭代升级《信访事项全链条管理机制》和《"民呼我为"平台12345来电事项闭环管理机制》,实现接诉即办、精准转办、落实反馈、二次交办的全流程闭环办理,切实做到"事事有回应,件件有着落"。二是精准分流交办,建立依法分类联动协调机制,推动分流受理更加精准高效；制定职责争议协调裁决办法,健全完善职责交叉、职责不清信访事项交办规则,由编办和信访局确定主办单位,累计裁决争议事项12件,累计转送司法程序8件、仲裁程序4件、行政履职26件,会商转达、交办下达疑难事项33件。三是聚焦质效提升。创新初信初访规范办理八步工作法,抓实"一把手签批、实地调查核实、不满意案件二次交办"等环节，依法解决群众合理诉求。健全完善联席会议工作规则，市委副书记、政法委书记牵头，坚持每周召开县、乡两级信访联席会议，对不满意、越级走访、疑难事项逐件过堂。四是持续压实责任。针对信访事项办理过程中存在的问题，查源头查过程，刚性行使信访工作"三项建议"，倒逼部门乡镇履职尽责。实施部门乡镇"一把手"信访事项任期盘点、离任交接制度，将信访工作责任履行情况作为人事任免的重要依据。虽然信访办结率已达100%，但仍存在信访人对信访结果不满意的情况，重复访、越级访现象较多。

优化建议：一是用心做好矛盾化解，领导干部要下沉到基层一线，带头开展公开接访、倾听群众呼声，找准问题症结，从根本上定纷止争，做到事心双解。二是深化法治手段运用，用法治来衡量、评价、规范信访工作，确保工作开展于法有据，解决矛盾依法依规，群众信访依法有序，推动信访问题及时就地依法解决。三是不断提升基层治理水平，扎实推进社会治理体制机制创新，筑牢网格堡垒，发挥数字法治功能作用，推动矛盾纠纷全域排查、实时感知、及时化解。

三 信访工作法治化产生背景

近年来，随着社会整体发展水平的提升，无论是党委政府还是人民群众，法治观念都提高到前所未有的高度。党委政府越来越重视在社会治理中推行法治，以法治手段、"枫桥经验"解决各类社会问题，而人民群众也更加重视通过法治手段维护自身权益，这些为信访工作法治化的孕育和发展提供了背景基础。

（一）政策层面，各级高度重视信访工作法治化

推进信访工作法治化是以习近平同志为核心的党中央对新时代信访工作作出的重大决策部署，是经习近平总书记批准，中央依法治国委员会决定的2023年度五项重点专项工作之一。赵乐际常委、蔡奇常委提出重要工作要求，陈文清书记对推进信访工作法治化作出总体安排和部署，对扎实做好信访工作法治化提出明确的要求。2023年9月中央信访工作联席会议办公室下发文件，直接确定江山市为全国试点，10月省委副秘书长方腾高带队到江山召开信访工作法治化推进会。江山市深入学习和贯彻习近平总书记关于加强和改进人民信访工作的重要思想，严格落实上级部署，从2022年提出"法治信访，最优生态"的不等不靠、先试先行，到2023年9月确定为国家试点的积极发现问题，勇于探索实践，再到2024年1月将信访工作法治化全面铺开，坚持在新时代信访工作总体布局中突出法治保障的作用，把信访工作法治化摆到更加突出重要的位置，不断提高应用法治思维和法治方式来深化改革、推动发展、化解矛盾、维护稳定和应对风险的能力，坚持党的领导，坚持人民至上，坚持于法有据，坚持守正创新，努力实现政治效果、法治效果和社会效果的有机统一。

（二）理论层面，法治理念深度融入社会治理

在社会治理中，法治既规范公共权力运行，又调整各类社会关系，规范公民行为，特别是在处理一些复杂的利益关系、解决一些深层次的社会矛盾时，法治往往是最可靠、最管用的依据和手段。党的二十大报告提出"必须更好发挥法治固根本、稳预期、利长远的保障作用，在法治轨道上建设社会主义现代化国家"，"全面推进国家各方面工作法治化"，将"加快建设法治社会"纳入"坚持全面依法治国，推进法治中国建设"的整体布局。随着多年的实践与努力，法治思维、法治方式业已融于社会工作的方方面面。而信访工作是党的群众工作的重要内容，是中国法治现代化进程中的重要一环。深入推进信访工作法治化，是信访工作领域坚持和发展新时代"枫桥经验"、提升社会矛盾纠纷预防化解能力的具体体现。2022年2月25日，中共中央、国务院联合印发《信访工作条例》，优化了信访工作制度，将信访工作政治属性与法律属性相统一，将信访工作纳入法治化轨道。江山市大力加强《信访工作条例》全覆盖宣传，将其纳入"八五"普法重要内容，扎实推进《条例》进乡村、进社区、进单位、进企业，突出干部知责明责、依法行政，让群众知法守法、依法理性信访，促进干部信访工作和群众信访行为自觉同步规范。

（三）实践层面，"枫桥经验"得到大力推广

"枫桥经验"是党领导人民推进中国式社会治理现代化的重要探索，60年来，"枫桥经验"始终聚焦"矛盾不上交，就地解决"这一目标导向，始终坚持"依靠群众就地化解矛盾"这一根本途径，在不同历史时期都发挥了维护社会和谐稳定的重要作用。习近平总书记曾经指出，"我国国情决定了我们不

能成为'诉讼大国'",要求"坚持和发展新时代'枫桥经验',完善社会矛盾纠纷多元预防调处化解综合机制"。党的二十大报告提出,在社会基层坚持和发展新时代"枫桥经验",完善正确处理新形势下人民内部矛盾机制,加强和改进人民信访工作,畅通和规范群众诉求表达、利益协调、权益保障通道,及时把矛盾纠纷化解在基层、化解在萌芽状态。2023年11月6日,在纪念毛泽东同志批示学习推广"枫桥经验"60周年大会上,习近平总书记再次强调,坚持和发展新时代"枫桥经验",提升矛盾纠纷预防化解法治化水平,为信访工作改革发展进一步指明了方向、提供了遵循。当前,深入践行"枫桥经验"已经成为全国各地化解人民内部矛盾、提升社会治理成效的重要路径之一。

(四)问题层面,信访矛盾问题依然严峻

近年来,随着经济体制、社会结构、利益格局的深刻变革和调整,利益主体多样化和价值取向多样化日益凸显,各种新型矛盾、纠纷随之加剧,信访数量上升明显,信访问题成了各级政府不得不重视的社会治理难题。一是越级上访破坏信访生态。一些群体为了更大力度向政府部门施加压力,往往通过越级上访的途径表达诉求。2019年,江山市发生越级上访237批273人次,批次同比上升44.5%、人次上升5.8%,其中,去京上访75批80人次,赴省上访162批193人次。2020年发生越级上访256批270人次,批次同比上升8.1%,其中去京登记118批118人次,赴省上访138批152人次,2021年越级上访322批364人次,批次同比上升25.8%、人次上升34.8%,

其中，去京上访 124 批 126 人次，赴省上访 198 批 238 人次。赴省去京上访高位运行，退役军人、民办教师、农电工、征迁等群体活跃，缠访闹访、滋事扰序等违法行为时有发生，严重影响信访生态甚至社会生态。二是集聚信访现象日益突出。近年来，由于各类矛盾纠纷的产生，在化解过程中，当事人为了引起政府部门的重视，吸引社会关注，增加抗争筹码，力争有利局面，往往采用"低成本高效率"的集聚维权方式。经统计，2022 年以来，江山市共发生 10 人以上较大集聚维权事件 31 起，主要涉及征地拆迁、经济纠纷、政策法规、居所房产、预付消费、事故索赔等方面。征地拆迁方面，共发生 6 起，占 19.35%，主要表现为对征地拆迁安置政策和补偿方案的不满，引发来市集聚、阻拦施工、阻扰创文工作等，意图得到期望的经济补偿。如 2023 年 3 月 6 日，清湖街道路口村 15 名村民在市政府集聚，反映征迁安置政策问题。经济纠纷方面，共发生 7 起，占 22.58%，主要表现为因企业裁员、拖欠薪资等经济纠纷，引发来市集访、到企业集聚、串联拉横幅等，以期在较短的时间内由政府出面解决，获得薪资或经济补偿。如 2024 年 3 月 24 日和 26 日，一批 10 余人四川籍务工人员先后 2 次到市政府门口集聚，要求支付大桥镇湖游村油茶保供项目林木采伐工资。政策法规方面，共发生 11 起，占 35.48%，主要表现为落聘村电工、民办教师等群体迫切要求政府解决养老待遇问题，货车司机群体对非法超限运输违法标准存疑等，引发来市集访、到事权单位走访、签署联名信、滞留集聚等。近三年来，共发生 10 人以上落聘村电工集聚 8 次；2023 年 6 月 21 日上午，90 余名货运司机到交通运输局门口滞留集聚，个别人员企图通过拉横幅制造声势。居所房产方面，共发生3起，占9.67%，主要表现为业主群体对房屋周边企业排放废气和房屋质量、物业费等存在异议，引发的围堵企业、聚集政府部门等情况。如2022年9月16日，"香樟花苑小区"百余名业主因健盛袜业公司排放废气造成空气污染问题集聚在公司门口。预付消费方面，共发生3起，占9.67%，主要表现为在教培机构、健身场馆等预付充值消费后，因场所经营不善导致门店突然关闭，引发线上串联到门店商场集聚等。如2024年1月，城南东方商厦"小帅虎"游泳馆预付卡纠纷，涉及570余人，充值金额86万余元，会员多次煽联到东方商厦集聚要求退费。事故索赔方面，共发生1起，占3.22%，主要表现为突发意外身亡后，家属到亡者生前务工企业索赔，引发的集聚拉横幅、烧黄纸、点香、跪拜等。如2023年3月8日，原贺村镇"博威木业有限公司"员工意外死亡后，家属10人到公司门口集聚，索赔100余万元。三是无理信访问题不容忽视。设置信访制度的初衷是民意的表达与沟通，但在实践过程中，一些个人和群体，为了达到个人目的漫天要价，甚至在要到一些好处后，要求越来越离谱，走上了"信访不信法"的上访之路，这些信访重点对象采取连续恶意登记、哄闹围堵、威胁等非理性手段，意图以访施压，解决其不合理诉求。如被外界称为江山信访"第一人"的徐某宝，2002年以来，向各级信访、政法等部门走访近450次，2010年以来赴省进京上访近230次；重点信访人员姜某英因对法院的判决及鉴定不满，先后多次前往鉴定机构、案件承办法官办公室及其住所等地，以静躺、哭闹、辱骂、损毁他人物品等方式表达不满。上述信访现象对社会公共秩序和信访秩序带来严峻挑战。

四 信访工作法治化主要内容

2022年《信访工作条例》出台后，江山市深入践行"法治信访、最佳生态"理念，在信访工作中深化运用法治思维、法治方式，抓实抓好源头预防、信件分流、信访办理、监督追责、秩序维护五个环节，高质效解决群众信访诉求，信访环境得到明显优化。

（一）向源头化解聚焦，推进预防法治化

江山市注重前端狠抓预防，着力构建"县—乡—村"三级纵向信源治理体系及跨部门、跨区域、跨行业的横向联动控源体系，做到未病先防、小恙防变，最大限度减少矛盾纠纷的发生，最大限度消除可能转化为信访的隐患。2023年受理信访事项同比下降38.93%，县、市、省、国家四级走访同比下降32.37%，信访源头治理成效明显。

1. 构建联动机制，前端调处矛盾纠纷。深入开展矛盾纠纷排查化解，落实江山市矛盾纠纷"早发现、早处置"十四条措施，依托"组团联村"、政法系统"融治理"和"共享法庭"等载体，村（社区）、网格第一时间开展小隐患、小纠纷、小诉求、小矛盾排查化解工作。按照邻里关系、债务纠纷、婚姻关系等将矛盾纠纷分为五大类，并以矛盾复杂程度分流至县、乡、村予以交办。乡镇（街道）、部门、村（社）网格负责本辖区、本领域矛盾纠纷调处化解，严格落实接诉即办服务机

制，做到抓早抓小抓苗头，持续夯实信访源头治理，累计调处各类矛盾纠纷1.1万件，同比翻番，90%以上矛盾纠纷在乡镇（街道）、村（社）两级化解。2023年，江山市获评全省人民调解工作先进县（市、区）。落实江山市矛盾纠纷高效联动大调解工作机制，将调解工作贯穿于信访工作全过程，一般矛盾由村（社）、乡、镇（街道）就地实时调处，重点疑难矛盾由市社会治理中心牵头进行专业调处，建立全域一体的大调解格局，综合警源、诉源、访源治理，确保群众来访先导入社会治理中心分流调处后再进入信访渠道，最大程度将矛盾纠纷解决在进入信访渠道前，信访事项基层化解率达97.41%。如创新"交通伤人事故零跑智处"工作法，2023年，一站式解决交通事故争议3000余起，无一进入信访渠道。

2. 推动依法决策，精准防范转访风险。在村级层面落实村级事项民主决策机制，建立村级重大决策报送乡、镇（街道）党委法治审查和备案机制，健全农村"三资"管理、村级工程项目建设、村集体资产处置民主监督实施办法，降低因政府决策不科学、村务管理不规范等原因产生矛盾纠纷进而转访的风险。在市、乡两级层面扎实落实《江山市重大决策社会风险评估实施细则》，将社会稳定风险评估、合法性审查、人民意见建议征集作为重大决策和事关群众利益政策出台的前置和刚性门槛（详见案例一）。江山市开展风险评估工作较早，至今已有10多年的时间。通过市委、政法委的牵头抓总，全市上下共同实践，形成了比较好的工作态势，把700多个政策调整、征地拆迁、环境保护、企业立项等重大决策项目可能产生的各类矛盾风险消弭于未形成之时，实现了江山社会稳定和经济建设的"双赢"局面。深入开展行政合法性审查改革试点,编制"4+X"审查目录,对115个行政规范性文件、140个合同事项、19项行政决策等是否符合法律法规进行前置审查,修正瑕疵29处,有效预防了"决策一出台,问题跟着来"。

3. 聚焦成果转化,开展人民建议征集。充分发挥信访工作"了解民情、集中民智、维护民利、凝聚民心"的职能作用,分级打造标准化、便利化的人民建议征集站(点),扎实开展人民建议征集工作。制定《江山市人民建议征集标准化建设实施方案》,在市信访局专设人民建议征集办公室,负责组织开展人民建议征集、交办和跟踪反馈工作,推动人民建议征集站(点)全覆盖,统一下发人民建议征集箱、流程图、登记表、二维码,县级、镇街级按照"六个一"、村(社)级按照"四个一"标准做好站(点)硬件配置,组建市、乡镇(街道)、村(社区)三级特邀建议人队伍,聘任30名市"两代表一委员"、退休干部、律师、学校教师、企业管理者等担任人民建议征集特邀建议人,进一步完善市级信访工作专家库。江山市2023年共发布主题征集15条,专题征集23条,民意调查13条,收到日常建议449条,共采纳建议32条,实现"智慧从群众中来,实惠到群众中去"。

(二) 向精准分流聚焦,推进受理法治化

受理是信访事项处理的初始关,是甄别事项处理范围,明确办理责任主体,决定处理途径和程序的关键环节,因此受理法治化是信访部门和事权单位的"自我革命"。江山市按照方案要求,对信访人反映的事实和诉求,进行认真分析甄别,做

到分清性质、明确管辖、精准转送交换。有权处理的职能部门按照依法分离处理信访问题的要求，明确是否受理，并确定处理途径和程序，做到路径清晰、分流准确。

1. "四首"严责任。即首问、首接、首办、首定责任制：首问责任人对群众提出的问题或诉求，认真登记，仔细甄别，对属于本单位或本人职责范围的事项立接立办。对不属于本单位或本人职责范围的事项，第一时间告知或引导到有权处理单位（科室）；首接责任单位热心接待来访群众，认真倾听群众反映诉求，讲清楚政策、道理，耐心解答。对不能当场答复的，一次性向来访群众讲清楚办理途径和适用的程序，以及受理办理时限、需提供的材料等。对接待事项全程跟踪负责，了解处理进度，及时反馈；首办责任单位对群众投诉事项一办到底，明确责任领导和具体承办人，依法按程序办理群众反映事项，同时要对接待、受理、办理、答复等环节及群众信访行为全过程进行记录，收集好相关证据依据；对群众反映事项涉及多个部门、乡镇（街道）的，以市信访局交办的单位为主办单位，牵头负责该事项的受理、办理、答复，不得互相推诿。

2. "四达"抓协调。一是高频即达：梳理应当通过《信访工作条例》第三十一条前五款规定方式办理的高频事项清单，对诉讼、复议、刑事立案、法律监督、仲裁、申诉、行政程序及依法履职等途径处理的事项，直接转送相关单位依照法律规定和程序处理。如涉法涉诉事项、未依法终结事项，直接转送法院办理。二是引导直达：社会治理中心按照一窗登记、前端分流、分案交办的理念，综合受理窗口登记来访群众各类事项，并进行甄别分析、精准分流，引导群众到对应的部门反映问题，减少信访接待的压力。如反映纪检监察问题的，分流至纪委接待窗口；反映法院判决、执行等问题的，分流至法院接待窗口接待；反映劳务纠纷、欠薪等问题的，分流至劳动监察、仲裁窗口。三是会商转达：情况复杂、难以确定责任单位，或诉求繁多、涉及多个单位的投诉事项，市信访局组织相关职能部门、属地乡镇召开协调会，明确责任单位或主办单位。四是交办下达：每日对涉"五大风险"的突出问题及不满意件、重复件、扬言件，研判后纳入三色预警，由市委副书记即批即交即办。2023年以来已交办预警事项522件，办结销号276件，持续跟踪246件。情况特别复杂，相关单位在办理过程中对责任划分、职责范围等存在较大争议、异议的，提交市信访工作联席会议研究后予以交办。试点以来，分类转送司法程序8件、仲裁程序4件、行政履职26件，会商转达、交办下达疑难事项33件。

3. "双向反馈"保实效。机关各部门、乡镇（街道）对群众反映事项，及时向群众反馈受理情况、办理结果。对市信访工作联席会议及市信访局转送交办事项，各承办单位在规定时间内向转送、交办单位反馈处理情况、办理结果及群众评价情况，及时报结销号。同时，探索建立完善法定途径分类处理事项跟踪反馈机制，法定途径处理结果在"民呼我为"平台同步上传反馈。对应通过法定途径分类处理的事项，登记受理后进入法定途径库，不再回流信访途径处理；建立完善涉法涉诉事项跟踪机制，对导入政法机关法律程序处理的事项进行后续跟踪，对存疑事项启动相应监督程序；建立完善行政事项跟踪机制，对导入行政机关行政程序办理的事项进行后续跟踪，对存疑事项启动相应监督程序。

4. 明确承办责任。迭代升级《关于明确部分职责交叉、职责不清信访事项承办单位的通知》，对日常信访事项交办过程中存在推诿扯皮的问题进行梳理，明确相关事项责任单位，同时收集相关案例形成范本汇编，提高办理效率。针对涉及多部门均有相同或不同管理职责，常出现推诿扯皮的情况，制定职责争议协调裁决办法，健全完善职责交叉、职责不清信访事项交办规则，由编办和信访局确定主办单位。

（三）向质效提升聚焦，推进办理法治化

从信访工作实践来看，信访事项的主责单位没有压紧压实责任，没有做到全流程依法办理，是引发初次信访和信访积案的重要原因。江山市以此为重点攻坚阵地，迭代升级信访事项办理全链条质量管控机制，从源头上减少重复信访、越级信访及违法信访的发生。2023年全市信访事项群众满意率99.31%（历年最高），新增积案率0.23%（历年最低）。

1. "八步五查四化"工作法。江山市在信访工作中，通过"八步"工作法抓闭环，"五查"机制提质效，"四化"举措促长效，形成了"八步五查四化"工作法，结合教育疏导、帮扶救助，提升质效，推进办理法治化。通过该工作法迭代升级信访事项办理全链条质量管控机制，从源头上减少重复信访、越级信访及违法信访的发生。

2. 教育疏导见真效。一是逐一挂联结对。由组团联村对每个重点人员逐一挂联结对，常态化开展问题收集、代跑代办、矛盾化解、教育疏导、动态掌握、困难帮扶等工作，引导依法

信访、理性维权。二是开展村民评议。健全完善村民议事制度，推行户主大会，组建评理（议事）会，将邻里纠纷、信访矛盾放到会上评一评、议一议，用村民的办法解决村民自己的问题。如虎山街道江山底村朱某某一直反映原村民小组长王某违纪问题，多次答复不满意。虎山街道通过听证评议形式，将调查情况、依据、结论在会场大屏幕上一一展示，并邀请群众旁听，信访人质证。听证评议结束后，朱某某最终对调查结果认可并承诺息信止访。三是常态有序退出。按照"应报尽报、应退尽退"原则，对签订调解和解协议，复核维持意见，涉法涉诉信访事项依法终结，不合理信访诉求认定等四种信访事项备案退出。2023 年以来已有序退出 14 件，其中复查复核终结 8 件、调解和解备案入库 6 件，开展不良信用评议 35 人。

3. 帮扶救助见真情。对于生产生活确实存在困难，需要给予帮扶救助的，由信访人向属地乡镇（街道）或承办单位提出帮扶救助申请，同时承诺息信止访。经属地乡镇（街道）信访工作联席会议或承办单位班子会议集体商议后实施，引导信访人重新回归社会、回归生活。如新塘边镇毛某某反映其母亲 2022 年 6 月参加村里组织的到镇卫生院的体检，体检过程中自行离开卫生院走失，后于 10 月 7 日确认死亡，要求给予说法，并多次计划赴省上访。该信访事项经江山市信访局、新塘边镇及贺村法庭调解，由市级信访积案化解专项资金给予适当补助，最终得以圆满解决。

（四）向规范有序聚焦，推进监督追责法治化

有效的监督和精准的问责是推动信访工作责任落实的重要

保障，也是确保信访事项化解到位的关键手段。江山市坚持"以信促治"，把明责尽责追责贯穿到信访工作各环节全过程，树立有权必有责、权责相一致、有责要担当、失责要追究的政策导向。

1. 规范使用"三项建议"。在 2022 年出台《江山市初信初访办理工作问责追责办法（试行）》的基础上，制定《江山市信访工作"三项建议"运用规则（试行）》，明确启动条件（提出改进工作建议共 7 种情形，提出完善政策建议共 8 种情形，提出追究责任的建议共四大类 19 种情形），明确提出程序，强化跟踪反馈，将《信访工作条例》监督和追责相关要求具体化、规范化、实操化，倒逼事权单位履职尽责（详见案例二）。2023 年以来累计发出改进工作建议 21 件、完善政策建议 8 件、责任追究建议 15 件，追责 18 人。

2. 实施信访"任期盘点"和"离任交接"。建立健全领导干部信访工作任期盘点和离任交接机制，把信访工作责任落实情况纳入领导干部年度述职报告内容，将初信初访化解、信访积案化解、赴省进京越级访治理等履职情况纳入巡察内容和信访工作和党建工作考核，深入推进"党建＋信访"的深度融合。在干部人事调整过程中，将信访工作任期盘点和离任交接与廉政风险审查同步开展，把信访绩效作为检验干部工作能力和工作作风的重要标准，靶向诊治信访维稳责任落实不到位的顽疾，对于任职期间信访工作实绩突出的干部注重培养使用，对于信访工作出现重大过失的单位"一把手"进行组织处理。

3. 开展重点乡镇挂牌整治。制定《江山市重点乡镇（街道）挂牌整治实施细则》，综合赴省去京越级走访和异动、源头预防、办理质效、积案化解等情况，梳理一批信访重点乡镇（街道）、村（社）挂牌整治，落实领导挂联督办，其中重点村（社）由组织部纳入后进村管理。信访工作联席会议办公室每季度开展督查评估并通报重点乡镇（街道）、村（社）挂牌整治进展情况。信访重点村实行动态销号管理，信访积案全清零、越级走访全化解、无突出信访问题的，由乡镇（街道）提出整转销号申请，报信访工作联席会议审议确定。列入重点信访乡镇（街道）期间党政主要领导不得调动，以此压实信访工作责任。

（五）向依法处置聚焦，推进维护秩序法治化

"双向规范"，既规范机关单位工作人员的信访工作行为，坚持依法按程序办事，又规范信访人的信访行为，引导依法逐级信访，文明理性地表达诉求。通过法律及时解决问题，让信访人不用进京上访；营造依法依规信访的良好氛围，让信访人不想越级访；坚持依法处理违法行为，让信访人不敢缠访闹访，形成良好的信访生态。

1. 依法处置违法信访。健全依法打击违法信访行为联动机制，信访部门及有处置权的机关单位协调公安机关依法及时做好现场处置和责任追究工作，配合做好依法收集证据工作；主动与政法委、公安、法院、检察院、司法等部门加强沟通协调，定期对全市范围内的违法信访案件研判会商，全面推行信访接待、承诺书签订、重要事项公开答复全过程录音录像机制，建立信访权利义务、禁止行为告知制度。制定违法信访行为依法处置标准流程，对依法处置流程规范进行"三定"（定人员、定场所、定时间），常态化梳理汇总违法信访线索。

2. 强化依法信访宣传。常态开展依法打击缠访闹访，对滋事扰序人员教育警示，推送依法打击违规信访的反面典型案例，打造依法信访的对外窗口和宣传阵地。每月开展《信访工作条例》宣传工作，推动学习教育宣传"五进"活动，办信接访全过程做好信访普法宣传，进一步树立办事依法、遇事找法、解决问题用法、化解矛盾靠法的正确导向。

3. 开展诚信信访信用管理工作。坚持把诚信信访贯穿"五个法治化"全过程，健全完善事权单位信用管理机制、信访信用积分动态归集机制、失信行为评议机制、失信信息披露和应用机制、异议和修复机制、信访信用管理推进落实机制等6项机制，细化不良信访行为的纳入规则、界定范围和积分标准，抓实不良信访信息的提醒教育、联合评定、精准惩戒和信用修复四个环节，从根本上促进信访生态持续好转。

五 成效和启示

江山市的信访生态得到持续优化，全市初信初访一次性化解率99.25%、群众满意率99.61%、新增积案率0.28%，创历史最佳，营商环境事项一次性化解率达100%，全省排名第一，推动实现68件省级以上信访积案动态清零成功，争列全国信访工作法治化试点，做法成效获国家、省两级充分认可，圆满召开全省信访工作法治化现场会，法治化试点做法被中央信访联席会议办公室专报刊发，并获得王成国书记和杨青玖副省长的批示肯定。作为全省唯一的信访战线代表在全省坚持和发展新时代"枫桥经验"大会上作典型发言，并在新时代"三民工程"和基层社会治理现代化研讨会暨浙江省法学会社会治理研究会上作主旨演讲。积极推动将"信访工作法治化综合改革"申报2023年度全省改革突破奖，取得铜奖第一名的成绩。

（一）坚持党的领导是信访工作的重要保证

近年来，江山市委、市政府高度重视信访工作，主要领导率先垂范、高位推动，落实市领导带头坐班接访和深入乡镇（街道）开展下访约访活动，严格执行乡镇（街道）、重点信访部门领导随时接访和村（社）干部上门走访机制。坚持领衔包案化解难度最大的积案，阅批群众来信数量名列前茅，大会小会逢会必提信访工作，将信访督查列入市委年度重点工作督查计划，并将信访工作纳入"六抓六比·八大竞赛"乡镇（街道）"8+X"重点工作，作为领导干部特别是党政主要领导综合考评的重要参考，形成三级书记抓信访、以党建统领推动问题实质解决的有效途径。

（二）立足信源治理是信访生态的根本抓手

群众信访的源头在基层，信访工作的起点和基础在基层，解决信访问题的关键更是在基层。很多基层信访事项是由村务管理不规范、监督机制不健全造成的，因此要从规范村务管理入手，健全村务公开制度，保障农民群众的知情权；规范民主决策机制，保障农民群众的决策权；完善民主管理制度，保障农民群众的参与权；强化监督制约机制，保障农民群众的监督权。同时，注重提升基层村（社）干部、网格员主动化解矛盾纠纷等的能力和积极性，实现矛盾不出村（社）和网格。

（三）压实信访责任是保障权益的关键手段

江山市充分运用信访工作联席会议制度在推进信访工作法治化中的作用，通过县、乡两级每周召开信访工作联席会议，同时刚性执行"三项建议"，倒逼责任单位认真履职、依法行政，有效压实了各级各部门信访工作责任，取得了实实在在的效果，办理质效和群众满意率都得到了持续提升。

（四）树立证据意识是公平办理的基础

规范信访工作法治化，最重要也最具有说服力的就是证据要充分。因此信访事项办理过程中，要坚持以解决问题为核心，用公安办案的理念和要求做实调查核实环节，通过调查笔录、证人证言、现场勘验、检验鉴定等方式依法取证，理清群众信访事项的事实，形成环环相扣的证据链条，还原信访事项真相，让当事人心服口服，从而真正实现事心双解、实体化解。

(五) 优化顶层设计是维护秩序的本源要义

维护信访秩序要在顶层设计上进行优化。2023年以来，江山市依法处置违法信访成效显著，关键是六部门意见给基层撑了腰。同时，要建立更加科学的考核体系、通报和交办制度，为基层充分松绑减压，将更多的精力放在发展经济、服务群众上，防止少数信访老户利用制度的漏洞向当地政府施压，以期获取不正当利益。

(六) 鼓励评理自治是法治信访的有益补充

《信访工作条例》规定，信访工作是党的群众工作的重要组成部分。江山市探索开展农村信访问题"大家评、公开议"，把评判权交给村民，通过摆事实、讲道理，以事为据、以理服人，既解决了问题更教育了群众。如清湖街道清泉村是2008年成立的下山搬迁安置新村，安置来自13个乡镇78个行政村的1038户4220人，有118种姓氏、6个民族、9种方言。通过设立"和为贵"评理议事角，实现以和治村、以德润村，从人口多、矛盾多、信访多，无资源、无资产、无收入的"三多三无穷村"蝶变为全国乡村治理示范村、中国淘宝村、省级文明村、四治融合示范村、省民主法治村。

六 典型案例

(一) 案例：找准关键精准发力——江山市虎山街道冯某红积案化解

2020年4月26日晚，在市委、市政府主要领导的推动下，虎山街道店前村冯某红自愿签下息信止访承诺书，一桩跨越3年的信访事项终于圆满化解。

1. 基本情况

2013年10月，冯某红开始租用两亩水田种植苗木。2016年，因上铺通用仓储基地项目建设需要，虎山街道和经济开发区征用冯某红租用的土地。虎山街道、经济开发区管委会会同评估公司对冯某红种植的苗木进行了现场清点评估。经评估，冯某红共165棵的苗木价值为7万余元。

事后，冯某红对苗木评估及补偿方式提出异议，并先后6次进京到国家信访局登记、6次赴杭到省委信访局上访。街道充分考虑当事人的诉求，答应冯某红自行委托进行评估，冯某红方给出了总价值为近35万元的评估结果。为公平起见，街道与冯某红共同委托第三方对双方之前出具的评估报告进行复核，但冯某红仍对其赔偿结果不满意，继续上访。该信访事项被列为2020年度江山市第一批信访积案。

2. 问题焦点

由于苗木现场清点评估时，冯某红拒绝到场，导致苗木的数量、品种记录双方各执一词。且冯某红委托的评估公司，仅凭其个人主观提供的数据进行评估，导致双方苗木的评估价格差异较大。时间久、数量多，实际情况早已无从考证，第三方委托结果也难以达成双方共识，化解一度陷入僵局。

3. 主要做法

（1）聚焦心结，化敌为友强推力

冯某红是信访"老户"，对街道干部怀有敌对情绪，街道领导与干部多次试图沟通，但一直被拒之门外，信访化解未能取得理想的进展。面对这类不配合、不支持的信访户，虎山街道采取"以柔克刚"的方式，一步步走进了他的心里。街道党工委书记、包案领导数十次不厌其烦地上门谈心，认真仔细地聆听他的诉求、安抚他的情绪，逐步建立起了信任。在得知其身体情况差、经济生活困难、工作不稳定等情况后，街道常带着水果牛奶上门慰问，并陪同信访户去医院体检配药，同时，还积极为冯某红找到了一份合适的工作，极大地缓解了其家庭的经济困难。真诚的关心、真切的帮助换来了信访户的真心，街道又主动为其寻找律师，冯某红积极地接受了律师的帮助，主动配合商谈，信访件的化解一步步有了眉目。

（2）聚焦关键，另辟蹊径引外力

在说服冯某红的过程中，虎山街道着手全面调查冯某红的社会关系，希望能更进一步取得冯某红的信任。经过调查后得知，冯某红虽然是信访"老户"，但是其年轻时曾服过兵役，也是个顶天立地的热血男儿。街道领导决定从此入手，希望能找到冯某红的战友，通过浓浓的战友情来引导冯某红走上正路。经过调查和走访后，工作人员找到其两名战友，一名战友曾在铁办工作，一名战友曾在司法局工作。街道领导找到这两个"关键人"，详细地说明了事情的来龙去脉，希望两个战友能劝说冯某红打开心结，战友欣然同意，表示愿意帮助这个"迷路"的老战友。几次慰问，几场把酒言欢，几次促膝交谈，多年的友情更是融到了一块儿。在两名战友的支持下，信访事件的化解希望愈发明朗。

（3）聚焦模块，摸清症结齐发力

建立信任是基础，找准关键人是突破，拿出真本领化解才是硬道理。在大量前期工作的基础上,虎山街道借助模块力量,实现精准施策。街道组织巡回法庭、律师、辖区派出所、林业部门、店前村等力量对冯某红的信访问题进行多次研判,各方力量专业会商,针对信访问题点给予专业性意见,剥茧抽丝,层层深入。同时,对每一个环节再梳理,对每一份文件再确认,对每一个方案再论证。经过十多轮商讨,各方提出法律调解的有效途径。2020年4月26日,在街道、村干部、律师的见证下,虎山巡回法庭出具《民事裁定书》,冯某红接受了《民事裁定书》,并认真签下《息信止访承诺书》,郑重承诺:愿意终结该信访事项,不再信访。

(二)案例:用心用情解心结久久为功化积案——虎山街道成功化解郑先有20多年的信访积案

"来,尝尝我酿的米酒,你闻闻香不香",2021年4月19日上午,郑先有、祝日仙夫妇端起米酒递到组团联村成员王瑞平、冯新华手上,并满意地在《息信止访承诺书》上签下了名字。自此,一宗跨越两个乡镇(街道)、历时20多年的信访积案得到圆满化解。

桑淤村郑先有、祝日仙夫妇的信访缘由可以追溯到2001年,由于自家违章建筑被拆除后心生不满,20年来不间断地举报村中一户多宅、三改一拆及其他违章建筑问题。

1. 直面问题,勇于攻坚。郑先有、祝日仙夫妇上访经历丰富,精通法律知识,是整个江山市"出了名"的老信访户,堪称江山信访界的"祖师爷"。过去的一段时间里,郑先有夫妇对原先村两委干部意见很大,一概闭门不见下访干部,心中积怨与日俱增。面对郑先有夫妇的信访积案,虎山街道党工委高度重视,专门组建工作专班,通过"一把手"直接部署、直接推进、直接督促,有力推进该信访积案的化解进度。组团联村干部王瑞平不分白天黑夜、不分周六周日,每天前往桑淤村入户走访,只要郑先有在家,都会厚着脸皮敲门进去沟通解释,化解心结。

2. 用心用情,敲开心门。郑先有夫妇均已年过半百,2020年9月,祝日仙在回家路上被汽车撞倒,导致大腿骨折住院。街道和村两委干部得知消息后,第一时间赶到医院送上慰问和关怀。得知郑先有想要在家门口建一个洗衣台却没有自来水后,王瑞平立即与水利局联系,帮助郑先有接好水管建好洗衣台。此外,郑先有自种蔬菜受新冠疫情影响难以出售,街道干部主动帮忙联系买家,顺利解决了他心中的负担。街村干部帮助郑先有的暖心事还有很多很多,一桩桩平凡的小事逐渐融化了郑先有夫妇心中的冰山,与干部的距离也渐渐拉近了。

3. 摸清诉求,逐步推进。郑先有夫妇20年来大大小小的诉求不计其数,有合理的也有不合理的。专班干部把信访人的所有诉求进行分类梳理,逐条分析研判,逐项解释答复,最终双方的堵点聚焦在2001年拆除的违章建筑上。由于当时村里拆除标准不统一,"拆房"的事情成了郑先有夫妇挥之不去的心结。街村干部在前期建立的良好基础上,反复上门进行磋商,考虑到郑先有夫妇生活条件较为困难,街道整合优势政策对他们进行帮扶,通过一次次的"暖心"行动,逐步解开20多年的"心结",这才有了开头那一幕的温馨场景。

4. 风清气正,固本强基。郑先有夫妇《息信止访承诺书》

签订后，村中的信访积案已尽数化解，村书记蔡日强也把工作精力集中到"初信初访"上，他每天起来都要带着笔记本先到村里绕一圈，记下村民反映的大大小小事情，回到办公室后，逐一安排干部前往网格处理。同时，桑淤村组织村里的退休老干部、老党员成立了"幸福银发工作室"，协助村干部调解较大的矛盾问题。原来的桑淤村是全市出名的信访村，现在的桑淤村实现了大事小事都化解在网格内。

浙江岱山指标分析和"法治护航特大项目"

法治建设作为国家治理体系和治理能力现代化的重要基石,在我国经济社会发展中发挥着举足轻重的作用。坚持以习近平新时代中国特色社会主义思想为指导,深化法治建设,不仅是贯彻党的全面依法治国基本方略的必然要求,也是实现国家长治久安,经济社会持续健康发展的重要保障。

近年来,浙江省舟山市岱山县坚持以习近平法治思想为指引,始终牢记"法治建设要为了人民、依靠人民、造福人民、保护人民,努力满足人民群众新需要,不断增强人民群众获得感、幸福感、安全感"的殷殷嘱托,主动将法治岱山建设融入经济社会发展大局,坚持问题导向、需求导向、未来导向,不断深化系统治理、依法治理、综合治理、源头治理,巩固提升社会治理法治化水平。较为典型的是,在护航舟山绿色石化基地特大项目建设发展上,岱山县积极运用法治思维和法治方法,妥善化解了项目建设不同时期所面临的各类矛盾,有力保障了这一国家战略项目平稳、高效推进,极大地促进了当地经济的发展，实现了高质量发展和高水平安全的良性互动。

一 岱山县基本情况

（一）岱山县情简介

岱山县位于浙江省东北部、舟山群岛新区中部，唐玄宗开元二十六年（738年）置蓬莱乡，后几经撤并，于1962年恢复岱山县，是全国12个海岛县之一。岱山县由571个岛屿组成，区域总面积5242平方公里，其中陆域面积326.5平方公里，岱山本岛面积119.4平方公里，是舟山群岛第二大岛，全县户籍人口16.5万人，下辖6镇1乡、13个城市社区、74个行政村。2023年，全县地区生产总值804.73亿元，比上年增长12.6%，入选全国县域综合实力百强县。

区位优势明显。岱山地处长江三角洲前沿，居中国南北海运航线与长江黄金水道的"T"形交汇处。岱山本岛（双合）距小洋山约38.8公里，距舟山本岛19公里。舟岱大桥建成后，到宁波车程仅1个小时。

深水良港众多。岱山是建造国际一流港口的理想选址，水深10米以上的岸线126.6公里，占舟山市的近一半，全国的近十分之一。华东地区最好的3个深水港资源，2个在岱山境内。国家批准的满足40万吨的矿石码头泊位，岱山拥有2个。

国家战略集聚。自贸试验区舟山片区实施范围119.95平方公里，岱山面积76.4平方公里，占比达到63.7%。由于国际一流的舟山绿色石化基地、油品储运基地、国家大宗商品储运基地等集聚落地，岱山已成为担当国家战略的主战场。

海洋产业鲜明。经过多年发展，岱山已形成绿色石化、船舶海工、清洁能源、大宗商品、港航物流、海洋旅游、海洋渔业等富有特色的海洋产业，2023年全县规模以上工业增加值735.86亿元，海洋经济增加值占GDP比重超过80%，连续两年获评浙江制造"天工鼎"；海洋创新要素集聚，落地建设了中科院宁波材料所岱山新材料研究和试验基地、岱山新材料科创园、航天三江先进激光制造应用创新中心等高能级海洋创新平台，2023年研发投入强度达3.03%，连续两年获评市、县党政领导科技进步目标责任制考核优秀，入选第二批国家创新型县建设名单。

岱山县貌

（二）舟山绿色石化基地概况

舟山绿色石化基地以岱山大、小鱼山岛为核心进行围垦

(其中大鱼山岛6.2平方公里，小鱼山岛0.5平方公里），规划总面积41平方公里。目前，已形成陆域面积22.9平方公里，其中浙石化4000万吨/年炼化一体化项目占地19.1平方公里（一期项目占地7.6平方公里，二期项目占地6.2平方公里，公共工程占地3平方公里）。

2014年11月，李克强总理来浙江调研时，对在舟山规划建设石化基地给予支持，之后又七次为该项目作出重要批示，对石化基地建设成就表示高度肯定，明确要求："你们的项目是民营的，掏的都是自己的腰包，为稳投资作出了巨大贡献。一定要做到绿色、安全、国际化，要严守一流环保标准，确保安全质量。""你们的建设不仅体现了中国速度，更要体现中国质量。一定要保证质量，注意安全，安全重于一切。"2015年5月，习近平总书记第14次来舟山调研时，舟山市就鱼山岛规划建设绿色石化基地向总书记作了汇报，总书记对此予以认可。浙江省委省政府非常关心基地建设，时任省领导李强同志、袁家军同志、夏宝龙同志等多次到实地调研指导。省委省政府全力支持项目进展，省政府专门成立以常务副省长为组长的工作专班，先后召开二十余次项目推进会，协调解决了一大批制约项目建设的问题。2023年2月16日，浙江省委书记易炼红到舟山绿色石化基地考察调研指出，要做到标准一流、技术一流、装备一流、管理一流、人才一流、产品一流、效益一流，成为国际一流的绿色石化企业。

截至2024年上半年，石化基地已形成炼油4000万吨/年、乙烯420万吨/年、芳烃1180万吨/年（其中对二甲苯880万吨/年）的生产能力，仅用5年时间率先建成国内规模最大的炼化一体化基地，炼化产业规模跻身世界一流石化基地行列。总投资近1000亿元的高性能树脂项目和高端新材料项目于2022年开工，2023年起将陆续建成，年产值超1000亿元。舟山绿色石化基地从年项目谋划启动到4000万吨/年炼化一体化项目全面投产，这十年间，呈现出"5项中国首个，4个中国第一"，即中国首个"离岸型"石化基地；中国首个4000万吨级炼化一体化基地，推进速度中国第一，炼油、乙烯、PX等产能规模中国第一，炼化一体化率在中国已运行项目中排名第一；中国首个投资超过2000亿元石化项目，单体投资中国第一；中国首个民营控股、国有参股的混合所有制炼化企业；中国首个赋予打造绿色发展标杆的石化基地。

舟山绿色石化基地

二 若干指标数据分析

从岱山县法治指数指标数据的整体情况来看，近年来，在重大项目法治建设的引领下，全县法治建设再上新台阶，法治服务县域社会经济发展成效愈加突显。

（一）行政规范性文件备案审查率

2023年岱山县行政规范性文件备案审查率为100%。2023年度浙江省行政规范性文件数智管理系统各单位备案共11件，其中乡镇3件，部门8件；县级行政规范性文件向人大备案共8件。2023年县政府及县属部门共编制公布重大行政决策事项目录12件，并均已按要求做好公示。

主要做法及成效：一应对提交县政府常务会议审议的各项议题予以第一道风险把关。区分是否纳入行政规范性文件管理范围，对属于行政规范性文件、重大行政合同、重大行政决策事项、重大行政执法决定的事项履行合法性审查程序。二应加强源头管理，维护法治统一。积极推进涉及营商环境规范性文件专项清理工作，加强对县属部门及乡镇行政规范性文件的备案审查。三应严格落实重大行政决策程序制度，持续提高依法行政水平。组织指导编制县级及部门重大行政决策事项目录清单。

（二）行政争议总量

2023年岱山县行政争议总量为35件，截至7月底，2024

年行政争议总量为28件，目前应诉案件无败诉，岱山县已连续四年保持复议案件零败诉。

优化建议：一是着力提高依法行政意识和能力。通过组织开展专题培训、旁听庭审等活动不断加强领导干部、执法人员依法行政意识和能力，从源头上减少行政争议。二是强化行政争议调解。依托县行政争议调解中心平台，借助专业资源优势，通过复议受理前或诉讼前沟通协调等方式，促进行政争议化解。三是发挥行政复议主渠道作用。坚持调解优先，将调解贯穿行政复议全过程，注重把握申请人复议诉求背后的维权动因，切实推进行政争议实质性化解，实现"案结事了"。

（三）行政机关负责人出庭应诉率

行政机关负责人出庭应诉率连续13年保持100%。岱山县将县行政争议调解中心全面入驻到县社会治理中心，成立以政法委书记为组长的行政争议调解中心工作领导小组，并从10家行政单位选出18名专业能力强、执法经验丰富的工作人员组建行政争议调解人才库，实质性化解行政争议。

优化建议：应常态化开展行政复议与行政审判联席会议、同堂学习交流会，会同县公安局、司法局等部门积极推进工作，引导行政机关自行纠错。

（四）公共法律服务平台使用率

2023年岱山县公共法律服务平台全年办件5081件，其中通过网络平台办案58件；全县公共法律服务满意率为99.08%。2024年1月1日至7月15日县公共法律服务平台办案 2337 件，其中通过网络平台办案 646 件。公共法律服务平台使用率为 100%。2024 年上半年全县群众通过网络平台咨询办件 543 件、申办办件 56 件、预约办件 2 件。

主要做法与成效：一是排兵布阵，完善服务供给体系。因地制宜推进特色站点建设，已在县民生服务综合体、衢山景村融治驿站设立公共法律服务点，配备法律顾问，延伸服务触角。推进公共法律服务智能终端配置工作，推动公共法律服务资源不断趋于均衡可及。二是数字赋能，优化服务供给方式。以信息化技术推动公共法律服务模式再创新，融合发展实体、热线、网络三大平台，推进渔农村公共法律服务智能终端配置，搭建群众就近可感、可享、可办的公共法律服务框架。为群众提供多元化优质法律服务。三是革故鼎新，提高服务供给质效。明确服务内容、对象、标准和平台，关注外来务工人员、渔农村老年人、未成年人等弱势群体，落实援调、诉调等对接机制，实现精准供给，将公共法律服务融入政府中心工作，不断延伸服务触角。突出服务闭环，完善服务评价、志愿者管理机制，确保公共法律服务全程高效，对群众咨询、预约、申办服务，采取实时监管，实行质量抽查监督、异常预警督办等方式，提高"一体化"办理质效。

（五）市级以上民主法治村占比

截至 2024 年 8 月，岱山县已成功创建国家级"民主法治村（社区）" 2 个，省级 28 个，市级、县级实现全覆盖。

主要做法与成效：一是围绕乡村振兴、法治乡村、美丽乡村建设等工作，找准法治建设与加强和创新社会治理的结合点，坚持党建引领，法治宣传教育与法治实践相结合，深入开展法治创建活动，提高基层推进民主法治建设的内生原动力。二是坚持自治为基、法治为本、德治为先"三治融合"的治理体系，提升基层依法治理水平，打造岱山民主法治村（社区）标杆。三是以"民主法治村"创建为载体，因地制宜把法治元素融入岱山海上枫桥、瀛洲红帆、东海渔嫂等文化，打造具有岱山特色的法治文化阵地。

三 "法治护航特大项目"产生背景

舟山绿色石化基地项目2014年开始前期建设，2015年正式启动，先后参与项目生产建设的人员累计达30余万人次，高峰期有600余家建设施工企业、8万余名参建人员、6500余辆各类车辆同时参与建设。鱼山岛从悬水小岛到石化基地的重大转型，面临着诸多挑战。如何保障项目平安顺利推进，是摆在岱山县党委政府面前一项艰巨的任务。

一是劳资等纠纷问题频发。由于鱼山企业多、人员复杂，存在私自层层分包、转包现象，岛内劳资纠纷、生产纠纷、生活纠纷交织，极易演变为打架斗殴、阻碍施工等事件，甚至造成重大刑事案件或维稳事件。2020年5月1日起，《保障农民工工资支付条例》正式实施，但从日常走访、12345投诉举报、来县反映情况等渠道综合分析，前期各分包企业落实情况不容乐观，总体推进执行力度不够。

二是科技管控能力不足。鱼山岛科技精细化管控水平有待提升，虽然鱼山警务站科技化管控设备已经在逐步配备，但岛内科技化管控整体建设工作尚未正式启动，包括市场经营整体布局、人车通行在内的相关管理办法亟待进一步明确。

三是道路交通监管尚待完善。舟山绿色石化基地道路属于企业园区的道路，分开放区域和封闭区域，封闭区域道路交通管理由浙石化企业自行负责，开放区域由县公安局（交警大队）负责指导企业做好相关事故的协调、处置，浙石化对各施工企业岛内交通监管的相关制度规范亟待完善。

四是安全生产监管需要加强。市、县住建部门承担项目一期、二期的工程质量监督管理职责，主要做好机械设备备案、现场安全质量抽查等工作，但基地工程量大面广，施工工艺复杂，施工企业众多，工程进度进展不一，对施工质量、安全生产的监管存在一定难度。

五是食品药品安全监管力度不足。岛内经营单位量多、面广、分布散，岛内食品生产经营整体布局尚不明确，无证无照经营、销售假冒伪劣商品现象较多，食品生产经营单位从业人员卫生习惯差、环境脏乱差、操作不规范现象普遍存在，同时日常安全知识的宣传力度不足，部分企业的食品卫生安全教育意识不够到位。

六是特种设备管理仍有欠缺。鱼山基地一期投产预计有压力容器5000多台，压力管道6000多公里，阀门65万个，计量器具总数约24550台，随着二期炼油等设备装置加紧安装，设备数量成倍增加，现有监管力量和检测速度无法做到全覆盖。

七是消防安全仍有隐患。根据鱼山安委会职责分工，县消防大队要做好基地消防联合大检查，但随着机构改革，消防审批职责移交市住建部门，消防救援队伍对浙石化的建设进度和投产情况等信息不能及时了解掌握，导致在消防服务（监督检查）和消防应急救援准备等方面出现一定程度的滞后。

八是经营场所管理存在盲区。岛内生活营区、配套经营场所总体布局方案尚不明确，县市场监督管理局对无证经营场所迁址、处置存在一定困难。同时，由于执法条件受限（鱼山岛不属于城区），县综合行政执法局暂无权限对岛内流动摊贩进行执法。另外由于岛内生产建设需要，汽车维修、油品加注行业需求大，但实际行业准入资质要求高，资质取得相对困难。

九是防台防汛压力空前。随着一期、二期建设加快推进，基地人流高峰期将达到十余万人，如遇自然灾害、事故灾难等紧急事件，防灾避险能力捉襟见肘。岛内缺乏统一高效的应急处置指挥平台，个别企业对舟山当地的台风危害以及避险重要性认识不足。基地避灾建筑监管缺失，若遇台风等极端天气，除去岛内避险区域外，仍有3.5万至4万人需要撤离，远超岱山县能承载安置的总量。

四 "法治护航特大项目"主要内容

岱山县始终坚持法治护航绿色石化特大项目，将法治建设和基地建设一体推进、协同发展。10年来，基地未发生过重大安全事故、未发生过个人极端事件、未发生过群体性闹访事件，走出了一条"法护发展"的新路子。

（一）以"连队化+科技化"架构为基础，重构基地社区治理体系

自 2015 年舟山绿色石化基地开启实质性建设以来，岱山县在抓好基地建设的同时，高度重视基地的人口管理、治安管理、人居环境等方面的同步发展，尤其是鱼山岛历经整岛搬迁，原先的村一级自治组织、治安防控体系等均不复存在，社会治理基础需全面重构。对此，从 2017 年起岱山县公安局牵头，各相关单位联合联动，在绿色石化基地创新推行"连队化+科技化"治管模式，全面实现岛上流动人口"分级化、精细化、数据化、动态化"管控，打造了治安管理的"鱼山样板""鱼山经验"，在全省公安基层基础和治安防控会议推广：

一是构建"四级"体系。第一级——连。把一个项目中标的单位定义为连，把同一项目内所有分包企业编入一个连队，确定由项目中标单位的项目经理为连长，其他负责人为副连长。第二级——排。把项目中标单位下属的分包公司定义为排，设立排长、副排长。第三级——班。把分包公司下面的施工队（船）定义为班，明确施工队（船）负责人为第一责任人——班长，具体负责施工点流动人口服务管理工作。第四级——寝室。在每个寝室选定一人担任寝室长，管理好该寝室内的流动人口。在"四级"管理体系中，根据各个连队人员规模的大小，设立相应职务，明确各级负责人的职责，细化管理的内容和任务，确保定人定岗。同时，建立相应的党组织，以一个连为一个党支部，在排设立党小组，每个班争取有一名党员，定期开展学习宣传活动，强化流动人口的服务管理工作。

二是明确"六个"统一。统一施工人员服装，即一个连队的所有施工人员必须着同一色系的制式工作服和安全帽，安全帽上要粘贴统一制作的帽贴，帽贴上要标明所属连队的名称、个人姓名及人员编号，不同的连队要有明显的颜色区分；统一车辆标识，即同一个连队各种车辆的驾驶室顶部必须安装显示单位名称统一标识的顶灯，颜色与服装一致；统一住宿点命名，即对鱼山所有连队的集中住宿点要进行统一命名（×连×号住宿楼），并在住宿点明显位置进行标记；统一寝室门牌，每间寝室要挂贴统一制作的门牌，门牌上要标注门牌号及寝室内所有住宿人员的姓名；统一床头卡，每幢住宿楼的所有床铺必须要按序编号，床铺号要与人员编号相对应，在每张床铺的床头位置悬挂插片式床头卡，床头卡上要粘贴所住人员照片，注明人员身份信息、从事的岗位工种及鱼山一卡通卡号等；统一划定"禁行标志"，即对整个连队的集中住宿点，要规划好相当面积的活动区域，流动人口一旦步出该活动区域，就要按照规范着装戴帽。

三是落实"四项"制度。第一，建立台账制度。按照"一连一档""一排一册""一班一表"的要求，收集完善各项目部基本情况，掌握人员、车辆、生产资料等治安要素，为人员管理、安全监管、应急处突打好基础。第二，建立管理制度。制定鱼山岛流动人口管理规定，协助企业制定内部治安保卫工作管理规定、劳防用品管理规定、寝室管理规定，出岛请销假规定，内部处罚管理规定等一系列规章制度，落实企业内部管理的主体责任，使流动人口服务管理工作有章可循。第三，建立考核机制。实行递级督查考核机制，即由鱼山现场指挥部或鱼山警务站，连、排、班逐级对流动人口的管理登记情况进行不定期的巡视检查，一旦发现违反规章制度的行为，逐级在合同款、工程款、工资内扣除相应的罚款，有力保障制度的严格执行。第四，建立管控机制。按地区、年龄、政治面貌、文化层次，在连队中发展各类治安信息员，加强情报信息收集，严密重点关注对象的各项管控措施，探索矛盾纠纷基层调解机制，将管理服务触角延伸至各个班组。

四是实行封闭式管理。为加强基地人员、车辆、物资等管理，营造良好的生产、生活秩序，根据《中华人民共和国反恐怖主义法》《化工园区安全风险排查治理导则（试行）》等法律、法规、规章及其他有关规定，结合石化基地的区域特点和实际情况，明确基地全域实行封闭式管理。对所有人员、车辆、物资进出和码头、海塘、其他未开发利用的海岸线、低空空域及附近海域，按照"系统规划、分步实施、规范管理、高效运行"的原则，实行通行证管理制度。五是严控岸线边界。立足岸线管控，形成海陆防控一体化格局。建立岸线瞭望哨。根据鱼山岸线的地貌、水文、潮汐等情况，结合海上通道实际，在重点部位设立一定数量的观察哨位，配齐观通设备，建立机制，安排人员24小时值守。

五是建立海上船舶识别区。在鱼山周边一定范围的海域设定海上目标识别区，作为岸线管控的缓冲带，借助人力瞭望、海事VTS雷达，提高对海面不明船只的发现、甄别能力，实现对可疑目标进行有效跟踪，防止船舶、人员通过海路擅自进出鱼山。

六是建立跨区船管协作制。建立健全"日常排查、风险评估、动态跟踪、分析预警、联动会商"等基本工作制度，针对船舶流动性强，服务鱼山相关船舶停泊在定海、岱山周边港口的实际情况，建立与周边地区船舶管理双向协作机制，实现区域联防、多方联动。

七是强化反恐防范。坚持总体国家安全观，立足炼化行业特点和风险，借鉴国内外石油炼化企业的反恐防范经验，依据《反恐法》和反恐防范相关规范，全面落实反恐工作领导责任制，完善人防、物防、技防措施，积极构建严密的安全防范体系，严防发生暴力恐怖袭击。建立反恐防范工作体系，明确职责分工，并按照省级反恐重点目标工作要求，督促重点目标管理单位根据城乡规划、相关标准和实际需要，落实重点目标反恐防范责任措施。按照"谁监管、谁负责""谁经营、谁负责"的要求，针对常态和非常态形势下反恐防范情况，坚持"属地监管、企业负责、防范为主、平战结合、重点突出、分工协作"的原则，全面理清基地管委会、县反恐办、县公安局、浙石化及相关成员单位任务清单，层层压实责任。制定设计方案，结合本地实际，按照轻重缓急逐一明确完成期限；重点确定反恐防范重要部位，解决浙石化一期投产运行、二期工程施工同步进行可能出现的安全防范风险，落实常态反恐防范，弥补现有安防方案在防冲撞设施、工程车辆管控、车辆安检、邮件包裹管理、公共广播、警示标志、无人机管控等方面的不足，确保达到基本安全防范标准。

2022 年 11 月，舟山绿色石化基地融警务中心成立

（二）以基地社会治理中心为依托，提高基地社区事务集成化治理能力

面对石化基地建设企业多、人员流动快、劳动关系错综复杂（存在私自层层分包、转包现象）等社会治理新情况，岱山县坚持和发展"枫桥经验"，主动将县级社会治理中心（原矛盾纠纷调处化解中心）延伸到基地上，通过整合社会治理资源，构建社会治理工作闭环，确保群众诉求"最多跑一地"，矛盾纠纷不出岛，全力打造国家战略项目社会事务集成治理"升级版"。仅 2024 年上半年，调处化解矛盾纠纷 122 批次，涉及 2082 人，资金 4046.3 万元，调解成功率达到 100%，涉及基地的投诉举报及到县上访量明显下降。

一是盯牢"一线"需求，构筑集成治理格局。针对项目高速建设期，基地劳动纠纷、社会治安、公共卫生、便民服务等社会治理领域出现的新情况、新形势，重整岛内原有碎片化、流动性、运动式的治理资源，打造各类风险隐患集成治理的大平台，补齐基地社会治理缺失板块。建好一个平台。中心整合落实鱼山信访维稳小组、县劳动纠纷专项治理专班等工作力量常驻，灵活采取法院、检察院、民政、卫健、市场监管、综合行政执法等相关职能部门轮驻，对接联系公益律师、公证员、心理医生、专业调委会调解员等队伍随驻，广泛吸纳"东海渔嫂巾帼先锋联盟""铁帽子工棚调解联盟""工人之家""石榴籽工作室"等社会组织积极参与。完备五大区块。中心集网格管理、接待处置、统筹指挥和预警预防四大功能于一体，设置前台候访引导区，无差别受理窗口和公共法律服务区、矛盾纠纷化解区、综合信息指挥区、自助服务区等五大功能区块，提供"单科门诊""电话问诊""专家会诊"等多功能服务，基本实现了"中心虽小、功能俱全"。联动多方资源。针对基地据岛而建、出行不便的现状，对内与县社会治理中心实现资源共享，建立与鉴定、保险、评估、公证等中介服务机构的对接联系机制；对外与市政法调解专家库、"东海渔嫂"调解队等专兼职队伍进行人员共用，通过视频"点单"、远程"连线"等形式实现基地矛盾调解、法律服务、心理疏导"不掉线"。

二是拓展"双轨"并行，完善全链条解纷体系。以实现基地矛盾纠纷"消存量、控增量"双轨并行为目标，建立以网格开路、调解居中、整治断后的矛盾发现、处置、清零工作体系，变"被动治理"为"主动治理"，形成"一个闭环"。把网格上报、网络爆料、上级交办、来电来访等渠道收集的各类矛盾问题，纳入"一件事"管理，前台一个窗口统一受理，后台多个口子流转落实：对涉及单一职能部门的事项直接交办；对需联合调处的事项，协调关联单位联合调处化解；对调处不成功事项，按需启动劳动仲裁、简易诉讼程序，全程跟踪督促履约，切实形成工作责任闭环化管理。坚持"两个必须"。组织网格员开展劳动关系和企业合同签订情况排查，发现企业未落实《保障农民工工资支付条例》的，必须交由劳动部门督促整改。累计走访企业（工程队）2000余家，梳理登记企业承包关系上万条，督促100余家企业规范工资支付。组织开展劳动纠纷积案专项集中整治行动，由12名劳动纠纷专项整治小组成员分组开展调查取证，全力破解欠薪难题，省下达的国家督办案件全部完成化解。强化"三项机制"。实行"形势分析"机制，全面收集、汇总、梳理"网上""线下"矛盾纠纷动态信息，就矛盾预防化解提出预见性、指导性、时效性的措施意见。建立以法官、首席调解员、援助律师为主体，相关部门人员参加的"3+X"会商研判机制，及时研究疑难复杂矛盾的处置方案。建立完善基地治理数据池，汇聚各类信息数据，综合利用劳动预警系统平台，实施预警推送，实现数据集成分析、系统预警推送、处置快速响应。

三是用好"三治"力量，注入多元治理活力。以社会治理"1+1+N"为基本模式，推动以党建强引领、网格促规范、智治增绩效，打造工地版的政治、法治、智治"三治融合"。党建引领强政治。在舟山绿色石化基地项目临时党委的指导下，持续深化"支部建在项目上、党旗飘在工地上、党员冲在火线上、组织关怀在心上"的"四上"党建特色品牌，采用单建、联建等形式成立临时党总支和党支部，并按施工区块设立党员示范区,建立起"临时党委+临时党支部+党员示范区"三级体系,实现组织全覆盖,组建114个项目临时党支部,划分党员示范区342个,涵盖党员2137名,并选派125名党建指导员。在项目推进中,全力引导党员亮身份、争一流、树标杆,先后联合施工单位组建党员突击队60余支,攻克各类难题300余个,涌现出一大批优秀典型。网格微治除隐患。将基地184家总包企业及下属5万余人划分为39个网格,实现"1个网格+1名网格员+N名协辅人员"的管理全覆盖。通过网格员入格"日常巡诊"普及法律知识,及时发现网格内欠薪、治安、环境卫生、食品安全等各类风险隐患,并由中心流转交办相关职能部门跟进执法,在不增加执法力量的前提下,做到全面依法治理。智慧治理添助力。以大数据、云计算等高新技术为支撑,创新研发"鱼山码",赋予"1人+1码+N项功能",通过新人注册"扫码"精确了解务工人员基本信息,进岛出岛"扫码"精准掌握活动轨迹,上班下班"扫码"精细反映劳动情况变化,全天候回应解决岛上务工人员诉求,绘制涵盖全岛"人、事、物"的全要素"活地图",全面提升中心"明情况、调纠纷、办实事、促发展"的基层社会治理服务能力。

(三)以"智慧鱼山"数字化应用场景为抓手,激发基地法治改革内生动力

针对基地各类要素多、作业方式杂等问题,岱山县通过数据全量汇集、快速审核、实时统计、精准预警等数字技术与工作机制,打造以"鱼山码"为核心的"智慧鱼山"应用场景,

藏族女民警南措牵头组建舟山绿色石化基地石榴籽工作室

实现绿色石化基地通行便捷、管控精准、服务高效，全面提升基地整体智治水平。该场景于 2020 年 8 月 20 日上架浙里办，已累计服务群众超 30 万人次，涉稳、涉恐、涉疫重大事件"零发生"。该应用被纳入"数字法治多跨场景一本账 1.0"，被省党政机关整体智治系统评为"重要窗口"绿箱项目，并获评省公安系统最佳应用。

一是人员数据融合直采，"一码通管"更精准。人员准入"联合审"。针对岛上人员多、流动性大的特点，迭代升级"鱼山码"，精准设置"预申报"模块，构建用工企业、业主单位、公安机关三级联审模式，实现入岛人员"一键申报、秒速流转、逐级把关、终端赋码"，2021 年审核通过 193255 人，对

2732名有前科人员实行"不予赋码"操作，由以前事后挤压转变为现在事前审核，有效确保了岛内安全。可信身份"自主领"。建设集网上、网下、企业端、移动端的多方位服务平台，开设"鱼山码"线上申领端口，实现入岛许可实时线上申领。同时，针对"银发族""老年机"等务工群体，在入岛关卡设置自主申请终端设备，补齐申领"最后一纳米"。共有19.3余万人成功申领"鱼山码"入岛。进出通道"刷脸行"。将"鱼山码"数据嵌入基地通勤班车考勤系统，实时更新、多端共享，借助人脸认证高清探头、人脸识别专用通道等前端感知设备，提高刷脸主动性和验码精准度，推动入岛"秒速"核验、无感通行，实现上车人员身份认证100%。

二是重大风险智能嗅探，"实时感知"更高效。高危人员精确预警。推动互联网、公安网、视频专网数据无缝流转，贯通在逃犯人员、吸贩毒人员等9个数据库，通过数据交叉认证进行实时比对，实现对可疑人员、重点对象的预先查控处置。2024年以来，累计接收预警3058次，核准拦截盗抢骗、吸贩毒、涉稳等高危前科人员2732名，抓获违法犯罪人员98人。疫情防控精密智控。接入健康码、涉疫风险地区等信息，通过对入岛人员户籍地、来源地与风险地数据碰撞比对，实时预警涉疫风险人员，及时落实防疫措施。采集分析岛上人员数据19万条、车辆信息1.1万条，实现疫情防控零事故。危爆物品精准跟踪。紧盯危爆物品"进+用+出"三大关键环节，自主研发企业端PC、公安端PC、检查端H5、智慧管控中心PC"四位一体"危化品全链条线上智能管控模块，实现危爆物品"销售—运输—入库—领用"闭环式跟踪监管，有效提升石化企业危爆物品的风险防御能力。危化品全链条管控系统运行以来，实时线上检查30余次，发现问题10处，当场整改9处，确保了岛内危化品存储、使用、运输等各环节安全。

三是矛盾纠纷底层化解，"码上服务"更优质。"码上"强管理，迭代完善连队化管理方式，根据所属企业、从事工种、居住区域，借助"房码""床码""帽码"等数字化身份标识，分级分类管理岛上务工人员。同时，选拔培育一批优秀务工人员，以连、排、班、室长身份参与社会治理，做实做优"最小单元"。"码上"调矛盾，针对岛上劳资纠纷多发的情况，开发欠薪监管APP手机自助终端，通过指尖申报、矛盾分类、引流处置方式，及时掌握劳资关系最新动态及各类不稳定因素，实现小事不出棚、大事不离岛。"码上"保稳定，开展数据智能分析，导入人车报备、劳资纠纷、违规记录等数据30万条，有效提升碎片智能化整理、数据扁平化呈现、研判贴合化导向等功能，实现动态化监控、实时化预警、实战化分析。2024年以来，全岛警情下降50.79%，发案数下降59.26%，确保了岛内治安持续稳定。

四是打造无人机防御样板，"低空安全"有保障。管宣一体，筑牢意识防线。全面开展岛内无人机动态排查管控，全量采集160架民用无人机涉飞基础数据，细化完善"一机一档"，逐一落地签订《无人驾驶航空器安全管理责任书》，确保基地涉飞底数全掌控、信息全掌握、人员装备全列管。同时依托"智慧鱼山"管控平台，将岛内禁飞规定前置至"入岛申报"环节，同步集成推送微信公众号、浙里办等"指尖终端"，配套营区禁飞标识全覆盖、禁飞知识全员考等保障措施，确保全岛禁飞告知率、知晓率均达到100%。防御系统辐射面积78.5平方公里，全岛重点区域和外围海域1公里侦测打击全覆盖，无人机黑飞、滋扰现象保持零发生。多元共建，构筑快反场景。深化"政警企校"四方协作机制，联合浙石化、东海实验室和浙大科研团队主研攻坚"无线电协议破解＋低空雷达探测＋无人机信号干扰＋无人机图传干扰"数据难题，建立全市首个石化行业无人机反制工作室，规范航拍"一飞一报"机制，建立健全"黑白名单"制度。科学划定圈层防空区域，固化四方多维应急保障，打造无人机3分钟低空反制响应圈，推动反制禁飞任务效率提升40%。专业联动，组建实战尖兵。牵头组建"鱼鹰"警航队，通过"内部培育＋外部特招"培养专业飞手27名，配足配齐便携式侦测雷达、察打一体无人机反制设备。常态化开展航线规划、用反制装备软反制和穿越机硬反制等实操培训，联动石化企业、驻地部队进行"红蓝对抗"，提升实战能力。数字赋能，联动高效防御。在重点区域全量部署TDOA全向打击设备，集成构建"远程预警、全域监控、区分敌我、自动防御"功能于一体的无人机防御系统，设立"7×24"小时全天候监测禁飞区域内"低慢小"航空器。推动园区管委会、事务组、石化企业共同参与基地无人机防御反制管理，健全"侦测、预警、推送、定位、处置"闭环机制，遇突发情况，可实现"1分钟识别预警，3分钟响应集结，5分钟妥善处置"快反处置。

舟山绿色石化基地封闭式管理

(四) 以"法商共融"为突破,创新绿色石化基地法治增值服务链

岱山县贯彻"融力量、融资源、融机制"的"融治理"理念,通过打造"商法融合、以法促商、以商带法"的重点项目法治增值服务全周期链条,大力实施"平安定制"行动,助推绿色石化产业高质量发展。

一是事前提供法治指导,加强产业源头预防。强化石化产业类审查法律服务,开展涉营商环境行政规范性文件专项清理行动和"烦企扰民"规定清理专项行动,梳理审查174件现行有效的行政规范性文件,针对性梳理清除妨碍公平竞争、扭曲市场的"烦企扰民"行政规范性文件和各类制度规定,为石化产业链上的企业提供稳定、可预期的制度环境。加强石化产业类企业法律供给，全面梳理石化企业在劳动用工、合同管理、工程外包、纠纷预防及处置等方面的风险隐患，提出风险防范意见建议，为企业提供专项法治体检，2023年以来，累计为园区企业提供法律意见113条。

二是事中优化法治服务，助推产业快速发展。构建知识产权打防一体联盟，成立全省首个石化新材料产业品牌指导服务站，建立政、警、企三方对话机制，知识产权保护勤务配套机制，为企业提供产学研服、快速审查、快速确权、快速维权、案件查办等服务，形成"严保护、快保护、同保护"的共建共治共享格局。建立健全高效的"海上行刑衔接"体系，创新优化行刑移送方式，促进渔业、海事、海警、港航等部门的海上执法力量与公、检、法等司法机关的有效衔接，进一步强化海上执法联勤联动、案件联办协办、信息资源共享，补齐海上监管短板。建立园区企业公证服务"绿色通道"，推行优先受理、优先审查、优先审批、优先出证的"四优先"政策，提供立办立结、容缺补寄、邮寄送达等特色服务。组建专职律师团队，定期按需上岛为绿色石化园区务工人员提供法律咨询、文书代写等"一条龙"法律援助服务。专业护企办案团队。聚焦护航项目推进，建立专业护企办案团队，助力基地平安满意度建设。落实涉企案件风险评估机制，落实案件快办、涉罪快诉、损失快追"三快机制"。

三是事后强化法治保障，解决产业后顾之忧。健全完善"首错免罚"机制。将县域范围原87项"首错免罚"清单事项扩展为275项，同步开展专项监督工作，并提出针对性实施意见。充分运用省行政执法监督信息系统、省"大综合一体化"执法监管数字应用，建立涉企风险线索"专人负责、团队研判、分级处理"机制，实现全流程闭环式数字化监管。创新"融警务"工作模式。建成全国首个超大型工地"融警务中心"、全省首家国际海员服务驿站，融合党建活动、办证服务、纠纷调解、反诈宣传等功能，并设立"疑难杂事窗口"，有效满足园区企业群众个性化办事需求。打造"乡音调解联盟"品牌。组建铁帽子、蓝精灵等群众性组织，以群众自治破解"面上情况杂、治理不彻底"的难题。设立由藏族女民警领衔的"石榴籽工作室"，组建由24位地区代表构成的"家乡红调解室"，让来自全国31个省市、36个民族的务工人员在岱实现"民族一家亲"。2020年以来，共联调稳控矛盾纠纷1000余起，涉及1.7万人、金额4.1亿元，成功率达100%。

舟山绿色石化基地企业合规指导中心

五 成效和启示

法治建设的推进与国家重大战略项目的深度融合,不仅为该项目的顺利实施提供了坚实的保障,更是通过法治护航彰显了其独特的价值,确保了重大国家战略项目决策的科学性、合法性,提高了建设发展过程中的规范性、效率性,保障了风险应对的安全性、稳定性,维护了成果共享的公平性、正义性。

(一)主要成效

岱山县将法治建设融入绿色石化产业发展全周期,推动法治建设与企业发展有机融合、有效结合,推动企业产值大幅提升、园区社会安全稳定,为在全国范围内护航重大项目建设发展提供了岱山样本。

一是以法护商实现企业有利。通过加快预防性石化产业合规体系建设、提供法治增值服务等举措,帮助企业有效防范法律风险,激活企业发展动能。如作为中国民营炼化"领头雁"的荣盛石化企业,已成为岱山县贯彻实施《浙江省民营企业发展促进条例》的"金名片"。

二是以法促治实现社会有序。创新"融警务"模式、打造"乡音调解联盟"品牌,及时掌握重大项目存在的各类劳资纠纷和矛盾隐患,强化矛盾源头排查、源头稳控能力,企业利益诉求"一键达",实现服务保障由"被动应对"向"主动服务"转变。2023年以来,传统侵财类警情同比下降68.9%,破案率提至52%,根据联防联治力量提供的情报信息破获盗窃生产物资案件7起，抓获违法犯罪嫌疑人17人。2023年，岱山县在全省90个县（市、区）的平安考核中，排名全省第八。

三是以法安民实现群众有感。围绕园区企业、群众所涉高频事项，上岛开展考证、公证、投诉、开庭等个性化服务，切实提升企业群众获得感和满意度。2024年以来，累计办理委托公证100余件，办理法律援助案件62件，涉及金额200余万元。

截至2024年8月，省部级及以上领导视察调研舟山绿色石化基地30余批次，"法治护航绿色石化特大项目"相关经验做法受到省委常委、政法委书记王成国的肯定，《人民日报》等省级以上媒体报道40余篇；公安部《公安内参》刊发《岱山："智治"破解千亿级产业园护航难题》，获浙江省副省长、省公安厅厅长杨青玖批示，并入选浙江省高质量发展建设共同富裕示范区最佳实践（第三批）。

（二）重要启示

法治建设在护航国家战略项目中扮演了重要的角色，其核心在于通过法治思想和法治方式，推动治理体系和治理能力现代化。

第一，坚持党的领导，是走好"法护发展"之路的根本保证。绿色石化基地要落地，鱼山整岛搬迁，这是加快推进工程建设的基础和关键。面对这个难关，在岱山县委县政府领导下，全县上下思想统一、众志成城，目标明确、责任落实，保障有力、合力推进，形成了"县委把控全局、指挥部牵头抓总、工作专班分步推进、法治保障贯彻始终"的工作方法，仅用20天就完成了10万多平方米的群众房屋测量等基础性工作；40天完成1370户群众的房屋确权；30天基本完成房屋征迁签约；90天完成5300穴坟墓迁移及签约房屋的腾空，创造了令人振奋的鱼山速度，得到了国务院、省市委以及省委巡视组的高度评价和肯定。随着项目建设的不断推进，岱山县创新党的基层组织设置和活动方式，在舟山绿色石化基地项目建设临时党委的指导下，实行"支部建在项目上、党旗飘在工地上、党员冲在火线上、组织关怀在心上"的"四上"党建工作法。采用单建、联建等形式成立临时党总支和党支部，并按施工区块设立党员示范区，建立起"临时党委＋临时党支部＋党员示范区"三级体系，实现组织全覆盖。组建114个项目临时党支部，划分党员示范区342个，涵盖党员2137名，并选派配备125名党建指导员。在项目推进中，全力引导党员亮身份、争一流、树标杆，先后联合施工单位组建党员突击队60余支，攻克各类难题300余个，涌现出一大批优秀典型。

第二，坚持"枫桥经验"，是走实"法护发展"之路的有效动力。岱山县立足舟山绿色石化基地的战略定位，坚持和发展新时代"枫桥经验"，不断创新深化治理路径，通过"建连队、建阵地、建哨所；调矛盾隐患、调轻微纠纷、调复杂问题"，形成大型产业园区矛盾纠纷"三建三调"工作法，有效解决大型产业园区矛盾纠纷"涉及人数多、主体范围广、处置链条长、协同联动难"等问题，营造了让企业放心投资、安心建设、专心创业的良好环境，为我国"一带一路"的"走出去"企业提供治理样板。此工作法于2023年被命名为"全省新时代'枫桥式工作法'"。"连队化"建设，促进矛盾隐患源头防。实行"连、排、班、室"连队化层级管理体系，通过沉浸式安防体验、学员式培训等形式，提升连、排、班、室负责人管理队伍、化解矛盾的责任意识，形成"一级管一级，有事找上级"的矛盾隐患源头防范格局。"多阵地"协作，推进轻微矛盾多元调。坚持群防群治，组建"老乡·好"调解室，邀请24名"老乡"担任联络员，用乡音助推矛盾消弭。设立藏族女民警领衔的"石榴籽工作室"，以贴心、温柔、共情促进各民族团结与和睦共处。"红蓝哨"牵引，助推复杂问题一站解。打造"党建红+公安蓝"哨所，按照政府层面"临时党委—驻岛部门—联盟单位"、企业内部"哨所—哨位—哨兵"的原则，整合党委政府、公安部门、企业主体三方力量，设立"常规哨、联动哨、疑难哨"，构建政警企多方联动的"吹哨—报到—销号"闭环矛盾纠纷化解体系。

第三，坚持风险闭环防控是"法护发展"的重点任务。岱山县委政法委根据绿色石化基地在不同阶段的实际情况，深入分析面临的风险，贯彻落实"平安定制"计划，紧盯风险隐患，严密防控安全变量，开展专项行动。制定出台《岱山县政法机关护航重大项目、重点工程建设"平安定制"的若干措施》，按照"一项目一领导一专班"建立护航重大项目工作专班，定期进行结对联系、走访调研，收集企业各类诉求、响应解答企业疑问，有效提高服务质效。县委政法委牵头政法各单位成立"诉调联盟"，整合基地管委会、浙石化公司、相关行业专业性人民调解员等力量，建立"基地—政法"交流微信群，打造法院干警、鱼山派出所警员、司法调解员、驻基地检察官、基地管委会等全员参与的24小时不间断交流平台，形成辐射到基地各网格的调解格局。围绕项目中心制，主动对接舟山绿色石化基地建设，开辟执法办案绿色通道。创新探索"院企对话""巡回服务"等工作机制，建立涉重大项目案件院领导督办机制，设立鱼山巡回审判点，实行"院领导+专职巡回法官"定期走访，组建专业审判团队，全面落实"护航发展"各项重大举措，获《人民法院报》宣传推荐。自2018年设立巡回审判点以来，共提供法律咨询2765次，调处纠纷527起。

六 典型案例

岱山县在法治护航绿色石化特大项目中，有效发挥党建在法治建设和项目建设一体推进过程中的引领作用，坚持和发展"枫桥经验"，创新治理模式，提高矛盾化解法治化水平，相关的做法案例具有代表性、借鉴性。

案例（一）：崔某、刘某某等人追索劳动报酬纠纷支持起诉案

1. 案例概要

吉林某建设公司承建浙江某化工公司及其关联公司的某一体化项目安装工程和综合利用项目建安工程，其控股的吉林某劳务公司为劳务分包单位，崔某、刘某某等10个班组515名农民工受派遣到上述工程工地进行劳务施工。2022年2月起，因工程建设和工程款结算产生纠纷，不能按时取得工程进度款，吉林某建设公司开始拖欠农民工工资。经人社部门依法协调处

理，吉林某建设公司、吉林某劳务公司支付了劳务报酬349万余元，截至2022年9月仍有1400余万元未支付。

2022年12月，岱山县人社局向检察机关移送案件相关线索。舟山市人民检察院、岱山县人民检察院经研判后决定通过民事支持起诉维护农民工合法权益。两级检察院组成办案组赴工程施工地岱山县某派出所逐一核查农民工进岛记录，到相关企业核对当事人身份信息、合同日工资、出勤天数、应付及已付工资额，查明欠付劳动报酬准确人数及款项数额。在此基础上向有起诉意愿的农民工提供法律咨询，指导推选诉讼代表人、委托法援律师，并与两级人社局、法院等举行专题会议研究，确定先予执行等方案。经多方协调推进，建设单位于2023年1月将2600余万元工程进度款陆续汇至吉林某建设公司农民工专户，该公司及时将之前所欠及后续产生的全部劳动报酬共计3000余万元分发给农民工，劳动报酬纠纷彻底解决，检察机关作终结审查结案处理。

2. 主要做法

一是防"未病"，构建多元解纷格局。坚持把多元解纷机制挺在前面，强化诉源治理，积极探索"海上枫桥"调解模式，切实把矛盾纠纷留在"岛上"。组建多方力量联动的"诉调联盟"，依托鱼山"连队化＋科技化"管理模式，由县委政法委牵头，整合基地管委会岱山事务组、浙石化公司、相关行业专业性人民调解员等多方调解组织力量，建立交流平台，形成辐射到基地各"营地"的调解格局。主动参与鱼山矛盾纠纷化解，以基地社会治理中心为工作平台，政法各部门的工作阵地融合设置，以"法治力量下沉，推动矛盾纠纷上行"为目标、常态化、精准化开展"三服务"活动,为基地劳动用工、安全生产等提供法律体检。检察院、法院、司法局等部门定期派员轮驻基地社会治理中心,共同参与重大矛盾纠纷会商、研判,配合协调处理解决企业劳务合同纠纷等问题,不断健全递进式的矛盾纠纷分层过滤体系。

二是治"已病",保障基地健康运行。围绕项目中心制,立足主责主业,主动担当作为,建立"平安定制"、重大项目案件督办等工作机制,全面落实"护航发展"各项重大举措,切实保障项目建设顺利推进。数字赋能打造解纷"快车道",依托移动微法院、鱼山共享法庭等平台,引导当事人网上立案、提交证据材料、开庭、签收法律文书、申请执行,实现跨域远程办理各类诉讼事项,积极引导当事人通过"浙江解纷码"开展矛盾纠纷的调处工作。

三是固"本元",提升基地自治能力。结合绿色石化基地的治理特性,强化陌生人社会的情感基础,提升基地治理韧性,确保肌理健康运行。因势利导打造"家乡红调解室",面对鱼山岛人员流动大、乡音重且交流困难的痛点,鱼山派出所因势利导组建一支由24位地区代表构成的"家乡红调解室",通过"乡音"拉近距离、快速破冰、化解纠纷;并在此基础上开通"云调解"服务,打破时空、地域限制,实施远程调解。面对在岛人员民族多、数量多的难点,因人制宜设立了藏族女民警领衔的"石榴籽工作室",以女民警贴心、温柔的形象,主动拉近与企业员工的距离,有效增强了警企互联、互信与互动;以少数民族女民警的定位,主动熟悉各民族风俗习惯,有效促进了民族团结与和睦共处。

3. 典型意义

依法妥善处理劳动争议，维护健康用工秩序，是矛盾纠纷调处化解法治化、社会治理法治化的重要内容。该案的劳动报酬纠纷涉及农民工人数众多、金额巨大，经行政机关依法履职仍不能得到有效解决，检察院、法院、公安、司法等政法各单位积极发挥职能作用，通过支持起诉为农民工权益保障提供法律支撑。在履职过程中，检察机关综合考量平衡各方利益，与党委政府及法院、人社局、涉事企业等紧密配合，助推建设方统筹资金先行支付工程进度款，从源头上解决纠纷，有效维护了农民工合法权益；积极推动诉前和解，避免提起民事诉讼对公司的不利影响，确保公司正常经营，保障了重大工程项目顺利推进。该案的妥善解决体现了政法部门的能动履职，积极参与诉源治理，促进矛盾纠纷多元化解，助力优化法治营商环境的使命担当。

第一，构建多元解纷格局，为涉及重大项目建设纠纷化解提供参考。以项目为中心，"项目建设开工到哪里，司法服务跟进到哪里"，有效整合基地管委会岱山事务组、浙石化公司、相关行业专业性人民调解员等多方力量，破解了社会治理碎片化、解纷资源分散化的瓶颈性问题，实现了诉调资源的全面整合，为当事人提供功能齐全的解纷服务，实现了矛盾纠纷"一条龙"受理、"一站式"服务、"一揽子"解决，避免了当事人"诉累"。构建了以基地调解力量为主，其他调解力量为辅的多元解纷格局，有效节约了司法资源。

第二，立足司法职能，为涉及重大项目建设案件裁判提供借鉴。树立与自贸试验区创新发展相适应的法治理念，找准司法工作与自贸试验区建设的结合点和着力点。针对涉企纠纷案件，施行"快立、快审、快结"，以统一的裁判尺度调整法律关系，规范交易行为，缓解企业生产压力。针对项目建设中挂靠、转包、违法分包等现象，通过检索关联案件及走访调查，掌握当事人真实身份信息，防止冒用农民工身份提起讨要工程款的诉讼，损害相关当事人合法权益。

第三，靶向强链延链补链，为油气产业集群建设创造发展空间。聚焦石化产业链建设，健全涉企疑难案件处置联席会议机制，充分发挥党委政府在招商引资、税费减免、资产处置、舆情引导等核心问题上的关键作用，推进破产案件难题化解、衔接顺畅。

案例（二）："智治"破解千亿级产业园治理难题

1. 基本概况

舟山绿色石化基地建设高峰期 600 余家参建单位、7500 余辆车辆和来自 30 个省区市、35 个不同民族的 8 万余人同期在岛，日均进出岛 3700 余辆车，日均人口流动 1 万余人。面对绿色石化基地特大项目的治理堵点，岱山县以"智慧鱼山"数字化技术，推动基地"智治创新"。截至 2024 年 8 月，累计服务申报 25.8 万人，预警各类重点人员 5000 余人，协助抓获各类违法犯罪人员 150 余人、网上在逃人员 6 人。

2. 主要做法

岱山县创新发展"海上枫桥经验"，把数字化治理贯穿到维护稳定、打击犯罪、基层治理、公共服务、执法司法等护航绿色石化特大项目的各方面、全过程，开发运行"智慧鱼山"

数字化应用场景，有效实现了精确指挥、精准打击、精密管控、精细服务、精致保障。2022年，"智慧鱼山"被纳入浙江省数字化改革重大应用"一本账"。

一是归属分类，实现"一人一码一脸"的人员管理。根据企业规模和性质，划分长期、短期、涉外三类人员，通过企业自主审核、业主部门复核、公安"9+X"研判、基地管委会审批，在申领人手机端生成"鱼山码"，推动个人手机实名制向实人制跨越。

二是通行分类，实现"全天候感知"的车辆管理。区分和标记基地内行驶、鱼山大桥行驶两类车辆，设置不同权限，生成"鱼山乘车码"，完善人车前置扫码、卡口快速通行、信息后台掌握的全流程数据链。

三是审核分类，实现"人车货三位一体"的物资管理。设立企业、公安、管委会三级查验制度。企业线上出具包括车辆、驾驶员及货物名称、种类、数量等在内的物资出岛证明，经派出所、企业内保部门现场勘验，管委会审批发放"鱼山物资码"，作为货物出岛的唯一通行许可证。

四是建设视频云台联动系统，打造海岸防控圈。按照海岛"智治铁桶"的防控理念，提升设备感知技术，做到船舶动态全覆盖、重点码头全覆盖，实现周界入侵报警和有效取证；提升"声光文"整合技术，做到探照灯、室外扩音、AIS报文综合警示驱离，实现整体海防监管；提升陆地AI监控技术，做到人形、车型精准识别，实现环岛岸线智慧管控。

五是设立安全任务分解系统，打造营地管控圈。紧扣"防"的主题，明确了针对核心班组、抢建班组、亏损班组、岛外班组的四类专班要求；紧扣出入口的人车管理，明确了行车道、人行道的设置要求；紧扣内部监控的标准管理，明确了设备供应商、网络运营商的资质要求；紧扣"鱼山房屋码"的使用管理，明确了"企业—门牌—板房—床铺"的底数要求；紧扣"鱼山码"的账号管理，明确了"总包（连长）—分包（排长）—班组长（班长）—寝室长"的责任要求。

六是建设企业自治分级系统，打造厂区封控圈。积极引导落实企业自管人员的刷脸入厂机制；监督落实重要门岗的警企联勤机制；把控落实群体性事件的自动预警机制。主导落实空地全域智守机制，利用无人机防御系统、防尾随联动互锁系统、报警控制系统等，实现厂区全天候智能管控。

3. 典型意义

自2015年项目启动以来，岱山县紧紧把握"八八战略"这把发展"金钥匙"，始终坚持党建统领，持续深化数字法治建设，创新发展"海上枫桥经验"，助力舟山绿色石化基地走出了一条产业集群化、高端化、绿色化的实践路径。

第一，坚持党建统领是融合发展的先手棋。立足舟山绿色石化基地无社会治理组织的现实情况，坚持党建统领，充分发挥党组织的政治领导力、思想引领力、群众组织力、社会号召力，推动形成党建统领、部门协同、社会参与、属地落实的千亿级产业园治理新格局，进一步优化服务、强化管理、除险保安，催生出我国首个、世界第二个"离岛型"石化基地。

第二，建设"数字法治"是治理方式改革的关键棋。紧紧扭住"数字法治"建设这个总牵引，坚持"三轮驱动"的基本路径，迭代升级"智慧鱼山"场景应用，推动从"事"到

"制""治""智"的迭代升级，助力民营经济量的扩展和质的跃升，助推岱山经济高速增长、平安建设高水平发展的良性互动。

第三，创新发展"海上枫桥经验"是基层治理的重点棋。将"枫桥经验"向海上、海岛治理延伸，形成"海上枫桥经验"，创新推出融警务、"连队化"类军事管理模式，打造了以"红蓝哨所"为牵引，广泛吸纳"工棚调解室""蓝精灵调解室""家乡红调解室"等社会调解组织，突出群防群治、自治为先，深化警源、诉源、访源治理，夯实维护社会安全稳定的基层基础，实现了三年新冠疫情"零流入"、"十年工期四年完成"、个人极端案件"零发生"的工业奇迹。

浙江嵊州指标分析和法治新"枫"貌

党的十八大以来，习近平总书记高度重视全面依法治国，创造性地提出了一系列新理念新思想新战略，形成了习近平法治思想，为巩固和发展"中国之治"、全面推进强国建设、民族复兴伟业提供了科学理论指引。习近平总书记指出，"推进多层次多领域依法治理，提升社会治理法治化水平；要坚持问题导向，把专项治理和系统治理、综合治理、依法治理、源头治理结合起来；善于运用法治思想和法治方式解决涉及群众切身利益的矛盾和问题"。习近平法治思想深刻回答了新时代为什么要实行全面依法治国、怎样实行全面依法治国等一系列重大问题，是在法治轨道上推进矛盾纠纷化解的根本遵循和行动指南。乡村法治现代化步伐不断加快，涉农法律制度更加完善，乡村公共法律服务体系更加完善，基层执法质量快速提高，干部群众尊法、学法、守法、用法的自觉性不断提升，乡村治理法治化水平不断提高。

由此可见，法治文化不仅是依法治国文化，法治文化是全方位的,是和法治社会相适应的文化和文化形态。这样的文化形态需要也必然要扎根在传统文化之上。嵊州千百年来,借清丽山水的滋养和钟灵人文的浸润,逐步形成了以"千年剡溪唐诗路、百年越剧诞生地、两圣一祖归隐处"为主要标识的地域文化——"剡溪文化"。嵊州市充分挖掘法治文化与传统文化的契合点,不断推动法治文化与传统文化的融合,不断丰富法治内涵,拓宽传播渠道,弘扬法治精神,提升法治文化吸引力、渗透力。

一 嵊州市基本情况

嵊州是绍兴市所辖县级市,总面积1789平方公里,户籍人口70.37万,下辖15个乡镇(街道),地貌呈"七山一水二分田"的特点。嵊州是全国文明城市、国家卫生城市、国家园林城市,是中国越剧之乡、中国领带之乡、中国厨具之都、世界著名茶乡、中国花木之乡、中国香榧之乡、中国小吃文化名城,位列全国高质量发展百强县第66位,跻身全国综合实力百强县第89位。

嵊州历史悠久、人文荟萃。秦汉时期就已建县称"剡",唐初曾设嵊州,北宋始名嵊县,1995年撤县设市,有"百年越剧诞生地、千年剡溪唐诗路、万年文化小黄山"之称,是"古代三圣"(书圣王羲之、雕圣戴逵、山水诗圣谢灵运)归隐地、"当代三马"(马寅初、马晓春、马云)的故乡,包括中科院院士、民盟中央主席、全国人大常委会副委员长丁仲礼在内,已有11位嵊州人当选"两院"院士。独特的历史底蕴和人文标识，形成了"崇文坚毅、开放奋进"的新时代嵊州精神。

嵊州交通便捷、区位优越。位于杭、甬、温、金义四大都市圈的十字中心节点，杭台高铁直达国内各大城市，金甬铁路全线开通运营进入倒计时，萧山国际机场嵊州航站楼建成投入使用，绍兴港嵊州港区中心作业区码头（三界码头）正式建成，嵊新临港经济区列入浙江省首批义甬舟开放大通道战略平台，是全省首批"四港"联动交通强国试点县（市）。到"十四五"末，嵊州将形成以"两铁三城际四高速两国道三省道"的"七纵七横"交通主干网，基本建成对外"306090"（30分钟抵达全省四大都市圈，60分钟抵达上海，90分钟抵达南京、合肥等长三角主要城市）和对内"152030"（乡镇15分钟上高速或普通国省干线公路，主城区20分钟进入高铁站，乡镇30分钟进城区）的双交通圈。

嵊州风光秀美、环境宜居。四面环山、五江汇聚，中为盆地，素有"东南山水越为最、越地风光剡领先"的美誉，成功创建省级生态文明建设示范县（市），获评"浙江省清新空气示范区"，两次夺得浙江省"五水共治"工作"大禹鼎"。作为浙东唐诗之路的核心区，母亲河剡溪是李白、杜甫、白居易等文人墨客寻幽访古、山水朝圣之地，留下1500多首脍炙人口的唐诗名篇。全市共有品质优良、潜力深厚的旅游资源单体324个，其中国家标准优良级84个，如越剧小镇、温泉湖、王羲之故里、百丈飞瀑、南山湖、崇仁古镇等，获评中国文旅融合创新典范城市，位列全国县域旅游综合实力百强县第51位。

嵊州社会文明、人民幸福。所有行政村集体经营性收入均超50万元，其中1/4达100万元以上，入选浙江省首批百万家庭奔富行动示范县。公共服务水平较高，"县管校聘"教师人事改革成为全国示范，"校食安"经验获国务院办公厅肯定并在全国推广，基层医疗机构财政补偿机制改革全省推广，是全国义务教育发展基本均衡县（市）、全国学前教育普及普惠市、中国医疗服务百佳县。社会和谐稳定，作为"民情日记"发源地，"嵊州村嫂""红立方""融调解"等基层首创治理蔚然成风，平安创建实现"十五连冠"，夺得"一星平安金鼎"，文明实践中心被列为国家级试点，获评全国文明城市、国家卫生城市、国家园林城市、全国创新社会治理优秀城市。

嵊州市貌

二 若干指标数据分析

嵊州市在法治建设方面取得了良好的成绩："九斤姑娘"调解品牌入选全省新时代"枫桥式工作法"名单，"十大领域"信访突出问题动态清零，全省人民建议征集现场会在嵊州召开，深入推进法治政府建设，一审行政诉讼案件败诉率降至2.7%，创年度败诉率历史新低。根据嵊州市2024法治指数指标调研数据，相关指标数据分析如下：

（一）组织学习习近平法治思想覆盖率

"组织学习习近平法治思想覆盖率"，反映了各级党组织和广大党员干部深入学习习近平法治思想的广泛程度和深入程度。该指标的提升，有助于确保全党全社会更好地理解和贯彻习近平法治思想，进一步推动法治中国建设，实现国家治理体系和治理能力现代化。数据显示，嵊州市"组织学习习近平法治思想覆盖率"连续两年（2022年、2023年）均接近100%。

（二）年度党委工作人员违法违纪次数

"年度党委工作人员违法违纪次数"是反映党委工作人员在一年内违反法律法规和党的纪律情况的统计指标。该指标用于评估党委工作人员的廉洁自律情况，以及党委内部管理和监督机制的有效性。数据显示，2023年，嵊州市"年度党委工作人员违法违纪次数"明显减少。

嵊州市在提升"党委依法执政"工作方面效果突出，具体做法包括：强化法治意识教育，嵊州市各级党委将法治教育纳入党员干部培训计划，定期组织学习宪法和法律知识，提高党员干部的法治意识和法治素养。通过领导干部带头学法、守法、用法，树立法治典范。加强法治监督，嵊州市党委坚持建立健全法治监督机制，通过人大监督、政协民主监督、司法监督、社会监督和舆论监督等多种形式，确保法律的正确实施和执行。同时，加强对党员干部法治行为的考核评价，确保法治建设与党建工作同步推进。

优化建议：一方面，继续完善法治监督机制，加强对权力运行的监督，确保在法律框架下严格执行，防止权力滥用；另一方面继续提高法治社会建设参与度，鼓励和支持更多的社会组织和公民参与法治社会建设，形成政府、市场和社会三方面的良性互动，共同推动法治进程。

（三）一审行政诉讼数量

"一审行政诉讼数量"是在一定时间内，公民、法人或其他组织因对行政机关的具体行政行为不服，向人民法院提起行政诉讼，并进入一审程序的案件数量。通过分析"一审行政诉讼数量"，可以了解行政争议的普遍性和复杂性，评估行政机关的行政行为是否合法、合理，以及司法机关对行政争议的处理效率和公正性。该指标对于完善行政法律制度、提高行政执法水平、保障公民合法权益具有重要参考意义。嵊州市"一审行政诉讼数量"从2022年的141件降低到2023年的137件，同比下降2.92%。

（四）行政诉讼一审败诉率

"行政诉讼一审败诉率"是指在一定时间内，行政机关在一审行政诉讼中败诉的案件占所有一审行政诉讼案件的比例。该指标反映了行政机关在行政诉讼中的胜诉情况，以及其行政行为的合法性和合理性。数据显示，嵊州市"行政诉讼一审败诉率"从2022年的2.9%降低到2023年的2.7%，同比下降7.40%。

嵊州市通过一系列做法逐步降低了"行政诉讼一审败诉

率",其中包括:规范行政执法行为,要求行政执法人员严格遵守法律法规,确保执法行为的合法性和公正性。优化培训和考核,提高执法人员的业务能力和法治意识,有计划有目的地减少执法过程中的错误和不当行为。加强行政复议工作,为公民和法人提供及时、有效的行政救济途径。通过建立健全行政复议机制,及时纠正违法或不当的行政行为,2023年,行政诉讼数量得以减少。

优化建议:一是优化公共服务,提高政府服务质效,减少因服务不到位或不及时引发的争议。二是建立行政争议预警机制,通过数据分析和风险评估,及时发现可能引发行政争议的问题,提前介入解决。三是提升公民参与度,鼓励和引导公民参与政府决策过程,通过公众咨询、听证会等形式,增强决策的民意基础,减少因决策不公开引发的争议。

(五)共享法庭矛盾化解率

近年来,嵊州市人民法院坚持党委领导,坚持和发展新时代"枫桥经验",落实"抓前端、治未病"理念,立足职能发挥能动,多措并举强力推进诉源治理。2023年,嵊州法院总收案数11366件,同比下降0.74%;一审民商事立案6496件,同比下降0.47%;万人成讼率为74.26,连续2年保持绍兴全市最低。

"共享法庭矛盾化解率"是体现了共享法庭在处理案件过程中通过调解、和解等方式成功化解矛盾的效率和效果。该指标通常用于评估法庭在解决民事、商事等纠纷时的调解能力和司法效率。数据显示,嵊州市"共享法庭矛盾化解率"从2022

年的77.60%，提高到2023年的80.50%，同比上升3.74%。

通过实地调查发现，嵊州市在司法领域实施了一系列创新措施，有效促进司法公正与提高司法效率。这些举措具体包括：一是推动诉源治理顶层设计，提升基层解纷能力与效率。嵊州市人民法院起草了《嵊州市持续优化诉源治理工作实施方案》，通过市、镇、村三级治理中心落地实施，在三级治理中心的解纷功能层面取得了实质化运行的良好效果。二是探索合规改革规范源头。坚持"依法打击"和"合规营救"并重、末端处理和前端治理有机结合，有效减少了纠纷的发生。三是建立协同机制，凝聚多方合力迭代升级镇、街、村、社解纷格局。有效破解法院缺乏独立基层网络的困境，弥补群众工作薄弱的短板。

优化建议：继续以深化诉源治理、加强共享法庭建设为重点、以系统推进"枫桥式法庭"创建为载体，继续传承好、发扬好新时代"枫桥经验"。

（六）公共法律服务平台服务人次

"公共法律服务平台服务人次"反映了公共法律服务平台在一定时间内为公众提供法律服务的总人数。该指标通常用于评估公共法律服务平台的普及程度、服务效率和公众接受度。通过该指标可以了解公共法律服务平台的利用情况，评估其在普及法律知识、提供法律援助、促进法治社会建设方面的效果。该指标对于提高法律服务的可及性、增强公众法律意识、提升社会治理水平具有重要意义。数据显示，嵊州市"公共法律服务平台服务人次"2022年为7844人次，2023年达11075

人次，同比增长 41.19%。

通过调查发现，嵊州市通过以下三个举措，提高了公共法律服务平台服务人次和服务效果。一是扩大宣传力度，利用多种媒体渠道（如电视、广播、报纸、社交媒体等）广泛宣传公共法律服务平台的服务内容和优势。充分利用线下宣传端口，如在社区、学校、企业等公共场所设置宣传栏，定期更新法律知识和服务信息。二是开展法律教育活动，定期举办法律讲座、研讨会、培训班等，提高公众的法律意识和自我保护能力。特别是针对特定群体（如老年人、妇女、儿童等）开展专项法律教育活动。三是重视合作共建，与嵊州市多所律师事务所、法律援助机构、社区组织等建立合作关系，共享资源，提供更全面的服务。鼓励志愿者参与公共法律服务，扩大服务队伍，拓宽服务覆盖面。

优化建议：丰富服务内容，提供更多样化的法律服务，包括但不限于法律咨询、法律援助、法律教育等，以满足不同公众群体的需求。同时，加大技术创新力度，提供技术支持，利用现代信息技术，如生成式人工智能，提升服务的智能化水平，以智能问答系统提供即时法律咨询。

（七）社区矫正对象再犯罪率

"社区矫正对象再犯罪率"是一个反映社区矫正工作效果的重要指标，它指在一定时间内，接受社区矫正的对象中再次犯罪的人数占所有社区矫正对象总数的比例。该指标用于评估社区矫正措施的有效性，以及社区矫正对象重新融入社会的成功程度。数据显示，嵊州市"社区矫正对象再犯罪率"2022

年为0.12%，2023年为0。

嵊州市在"社区矫正对象再犯罪率"指标上取得的成果，得益于以下几点工作的落实到位：一是强化社区矫正教育，定期为社区矫正对象提供法律教育、职业技能培训和心理辅导，帮助他们树立正确的价值观和人生观。开展针对性的教育项目，如反毒品教育、反暴力教育等，强化矫正对象的法治意识和社会责任感。二是优化社区矫正管理，建立健全社区矫正对象的档案管理系统，实现信息共享和动态监控。配备专业的社区矫正工作人员，提供个性化的矫正计划和跟踪服务。三是提供就业支持，与当地企业、社会组织合作，为社区矫正对象提供就业指导和职业介绍服务。设立就业援助基金，帮助矫正对象解决就业初期的经济困难。四是建立家庭支持系统，提供家庭关系修复和家庭教育指导，帮助矫正对象改善家庭关系，获得家庭支持。定期举办家庭座谈会，了解家庭需求，提供必要的帮助和支持。

优化建议：一是加强心理辅导和支持，有计划地安排专业心理咨询师对矫正对象进行心理辅导，帮助其解决心理问题。设立心理支持小组，提供情感支持和交流平台，减少孤独感和焦虑感。二是完善法律和政策保障，逐步制定和完善相关法律法规，确保社区矫正工作的规范化和制度化。提供完备的法律援助，帮助矫正对象解决法律问题，保护其合法权益。

（八）信访案件办结率

"信访案件办结率"表示在一定时间内，已经处理完毕并给出明确答复的信访案件数量占同期接收的信访案件总数的比例，反映了政府在处理民众诉求方面的能力和办事效率。提高信访案件办结率有助于增强政府的公信力和效率，促进社会的和谐稳定。

数据显示，嵊州市"信访案件办结率"2022年及2023年均为100%。通过深化提升鹿门"和为贵"调解品牌，邀请专家讲学，采用研讨会、座谈会等形式，不定期交流学习心得、理念，嵊州市"信访案件办结率"近两年来，一直保持较高满意度。其具体做法包括：一是重视提高信访人员的专业能力。定期对信访工作人员进行培训，提高接访工作人员的法律知识、沟通技巧和问题解决能力，确保接访工作人员能够有效地处理信访案件。二是重视加强与信访人的沟通。在案件处理过程中，区县信访局能够及时与信访人进行沟通，充分了解他们的诉求和意见，及时反馈处理进度和结果，增强了信访人的信任感。三是重视定期评估和改进。定期对信访案件的处理情况进行评估，根据评估结果不断改进处理流程和方法，以闭环的信访工作机制，整体提高信访案件的办结率。

优化建议：一是进一步优化信访流程。简化信访案件的登记、受理、调查、处理和反馈流程，减少不必要的环节，提高处理效率。实施分类管理和优先处理办法，根据案件的性质和紧急程度，优先处理紧急和重要的案件。二是进一步健全监督机制设立监督小组。对信访案件的处理过程进行定期检查和评估，确保工作质量。对未能及时办结的案件进行问责，确保接访工作的实效性。三是进一步强化宣传教育通过媒体和社区活动。加强对信访政策的宣传，提高民众对信访流程的了解。同时，鼓励民众通过合法途径解决问题，减少不必要的信访行为。

三 法治新"枫"貌产生背景

嵊州市充分挖掘具有地域特色的传统文化，在继承中发展，在发展中继承，学古而不泥古，破法而不悖法，"以古人之规矩，开自己之生面"，让优秀传统法律文化为中国特色社会主义法治道路永续源头活水，为全面依法治国建设作出新的更大贡献。

（一）百年越剧诞生地

青砖白瓦、小桥流水，悠扬的越剧曲调弥漫在古巷中。越剧，作为优秀传统文化，在100多年的发展历程中，深深根植于嵊州市甘霖镇。习近平总书记高度重视弘扬中华优秀传统文化，指出"中华优秀传统文化是中华文明的智慧结晶和精华所在，是中华民族的根和魂，是我们在世界文化激荡中站稳脚跟的根基"。

2004年12月14日，时任浙江省委书记的习近平同志在浙江省嵊州市甘霖镇东王村调研时指出，"嵊州文化底蕴深厚，首先是越剧之乡，声名远播，无论在哪里都知道，知道越剧就知道嵊州，一直想来越剧之乡，今天如愿以偿"。近20年来，甘霖镇牢记总书记"让老百姓富起来、乐起来"的殷殷嘱托，以"法润百年越剧诞生地，打造民主法治新农村"为打造现代化"富乐"乡村的总目标，让法治乡村"内外兼修"，通过唱响"富乐治村"主旋律，成功打造了"越剧·法"文化宣传教育模式，发展了"五会五治"的乡村治理新模式。不断提高村民法治素养，促进村组织规范化、制度化和法治化建设，使得法治宣传更加丰富，法治氛围更加浓厚，基层治理更加有效，群众安全感满意度持续提升，为走出一条具有东王特色的现代化法治乡村道路奠定了坚实的基础，传统文化与现代法治碰撞出新的火花。

（二）千年剡溪唐诗路

剡溪悠悠，诗路绵绵。作为"嵊州北大门"，从古至今，三界镇就一直是诗情之地。1600多年以前，山水诗人谢灵运沐浴剡溪风光长大，谢灵运不乐仕途，醉心山水，曾数度回始宁隐居。其间，谢灵运撰写了记述始宁地貌物产的鸿篇巨制《山居赋》，这是我国六朝以来留存至今的首部经济地理学专著。同时谢灵运创作了《过始宁墅》《石门岩上宿》《登石门最高顶》等描写始宁山水和剡溪的诗歌20多篇，是我国历史上第一位全力创作山水诗的诗人，开创了中国山水文学的新境界，对后世的山水诗创作产生了巨大影响。山水诗在唐代达到高度繁荣，形成山水田园诗派。此后，以李白、杜甫为代表的唐代诗人追慕而来，写下了1500多首吟剡诗作，开辟了一条诗情荡漾的浙东唐诗之路，使千年剡溪成为浙东唐诗之路的精华路段。三界镇作为山水诗发轫源头和诗路明珠的地位也由此确立。

近年来，三界镇立足"千年剡溪唐诗路"和"千年始宁文化"，传承千年古城文化，让始宁（现三界镇）古城焕新生。2022年，全面启动浙江省第三批千年古城复兴试点建设申报工作。修编《始宁千年古城复兴综合规划》，结合《浙东唐诗之路核心区（嵊州）旅游规划》，整合谢灵运垂钓处、清风庙、嵊浦庙等历史遗迹开发旅游资源，持续开展以"诗画剡溪"为主线的环境提升工程。此外，利用始宁文化的深刻内涵，通过传承"崇文、尚理"的文化理念、倡导"亲和、宽容"的邻里民风、拓展"创新、高效"的发展路径、编织"安定、稳固"的防控网络、展现"山水、诗画"的剡溪魅力五大建设路径，以新时代"枫桥经验"为指引，不断提升法治水平、基层社会治理水平，打造以"文明、和谐、活力、安宁、宜居"为主要内涵的"平安特色小镇"。

诗情荡漾剡溪口（三界镇嵊浦潭）

（三）书圣墨香归隐处

王羲之，东晋时期著名书法家，历任秘书郎、宁远将军、江州刺史，后为会稽内史，领右军将军，世称"王右军"。其书法发展了汉魏笔风，自成一家，笔势"飘若浮云，矫若惊龙"，被誉为"尽善尽美""古今之冠"，影响极为深远，代表作《兰亭集序》被誉为"天下第一行书"。

东晋永和十一年（355），王羲之称病辞去会稽内史，携妻带子归隐剡县金庭（今浙江省嵊州市金庭镇）。金庭山清水秀，云重烟峦，奇花异草，清和一气，不仅有金庭洞天、赤水丹池，又有石鼓山、瀑布岭、五老松等绝胜。唐·裴通《金庭观晋右军书楼墨池记》曰："越中山水奇丽者，剡为之最；剡中山水奇丽者，金庭洞天为之最。"由此可见金庭是一处人杰地灵的风水宝地。

早在20世纪80年代初，华堂村就成立了金庭书会，开办书法学校，传承羲之遗风。王氏后人认为，在弘扬书艺的同时，更要不断完善家规，用家规家训的精神内涵去教育激励下一代。在王羲之后裔的最大聚居地华堂古村，有近6000人口，其中4000多人口是王羲之后裔。近年来，无一人越级上访，无因纠纷引起刑事案件，这跟以家训树家风，以家风促党风、政风是分不开的。可以说，家训的熏陶作用非常明显。

金庭镇非常重视"枫桥经验"在基层治理和社会矛盾尤其是信访矛盾化解中的应用。2018年以来，金庭镇就"枫桥经验"结合"羲之"家训开展了很多探索，形成了一批如"羲之"调解、融调解、"羲之"社区矫正体系、调共体、"羲之"云法庭等社会治理经验。

"羲之"家训文化开展调解（金庭镇）

（四）鹿门千年古书院

在嵊州市贵门乡，有一座千年古书院——鹿门书院，书院创始于南宋淳熙元年（1174年）。创办人吕规叔（1125—1206年），原籍安徽寿春，出身仕宦世家，初任婺州教授，后荐任监察御史，又任河南府推官等职，以奉议大夫致仕。书院现存建筑为清嘉庆五年（1800）重修，是一座四合式楼台建筑，底层为石砌台基，南、北两面各建一个拱券洞，中间是正方形的天井，台基之上构建木结构房屋，四面相向回廊相通。东侧是更楼，西侧是书院，南面开阔处为演武场。自创办以来，鹿门书院即成为嵊州文化教育和学术交流的重要场所，其中最为人津津乐道的，便是南宋大儒朱熹过访讲学之事。

朱熹作为南宋时期著名的理学家，其提出的理学思想在历史上占据着重要的地位。他不仅继承了儒家的思想，而且将其发扬光大，开创式将法学和哲学思想结合起来，开启了中国思想的新篇章。朱熹的法哲思想是把天理与道和太极联系起来，认为天理是宇宙间的最高境界，是宇宙的本原，是绝对的真理，要求人们遵循天理，因为法律是天理在社会的反映，那么遵守法律就是遵循天理，有利于国家的长治久安。淳熙八年，朱熹就任浙东并到鹿门书院宣讲他的法学思想，浙东诸州学子披星戴月跋山涉水竞相前来，书院声誉鹊起如日中天，让鹿门书院成为当时浙东学派重要的学术交流平台，成为法学思想的传播平台，不仅扩大了书院的影响力，更是促进了群众思维的发展。

作为当时浙东地区学术高地，除朱熹讲学外，许多名流也纷纷来此讲学传道。吕祖谦是吕规叔的侄子，作为宋理学浙东学派的扛鼎人物，他是朱熹与陆九渊之争的"裁判"，他也曾来到鹿门书院授课。吕规叔与其侄子吕祖谦在浙江理学界具有很高的地位，是浙东学派的代表性人物。因此鹿门书院承载了中国儒学的正脉，承载着中国传统文化的主流价值观。鹿门书院是宋代书院的一个缩影，宋代的书院处乡间居多，将文化传播到民间，在这个独特的历史背景下，中国传统文化的教化从城市延伸到乡村，并呈现出重要的特点：乡村自治、乡贤回归。乡间富裕了，就需要教化，"富之""教之"，许多书院就应运而生。鹿门书院就是"富之""教之"的代表。

在贵门还有另一支家族，其良好的学风、家风成为乡村治理的典范，这就是玠溪郑氏。作为"郑义门"的一支，从北宋政和年间迁居以来，就将郑氏规范为核心的家风家训带入了贵门，丰富了贵门"宋韵孝义"的内涵。目前郑氏家训陈列馆已重修，馆内以墙上醒目的 168 条家训为核心内容，时刻教育着世人。玠溪郑氏涌现出"中国好人""浙江好人""绍兴好人"等众多的好人好事，继承弘扬了"郑义门"廉俭孝义之风，使廉俭孝义真正成为贵门的金名片。

鹿门书院全景

鹿门书院活动照（贵门乡）

四 法治新"枫"貌主要内容

传统文化瑰宝中承载着法治文明的厚重积淀,嵊州市坚持以习近平法治思想和习近平文化思想为指导,深入研究地方法治传统和成败得失,挖掘和传承中华法律文化精华,古为今用、推陈出新。

(一)创新法治宣传方式,解纠纷于"始然"

1. 以越剧为灵魂。嵊州市甘霖镇突出法治宣传,做到入脑入心,采取群众"喜闻乐见"的方式,让法治文化在传统文化的加持下"飞入寻常百姓家"。一是抓重点,多样化开展宣传。采取"线上+线下"的组合形式,"线上"依托村两委干部学法、党员法治学习会等平台,全面学习习近平法治思想;开展知识竞赛、党员视频学习打卡等,学深悟透习近平法治思想。"线下"结合"12·4"宪法宣传日、"宪法十进"等活动,依托"越剧普法讲师团"、村嫂法治宣传志愿者、"法润嵊州"志愿队、"一点霖希"年轻干部宣讲团等队伍向村民普及《宪法》。二是强特色,多角度开展活动。越剧之所以能发扬壮大,在于其来源于生活,和群众的生活息息相关。甘霖镇用好"越剧"载体,让"法治"搭上传统文化的"快车",在越剧诞生地的东王村开设"板凳"课堂,让法治宣讲更沾泥味、更接地气。利用嵊州品牌《九斤姑娘来普法》系列宣传片,包括越剧动漫版《宪法》《扫黑除恶》《换届选举》等、真人版《民法典》、越剧快板《法润嵊州铿锵行》等,寓教于戏、寓教于乐,推动"传统"与"现代"的融合走深走实。三是明主题,多领域开展教育。以案普法,梳理选取真实调解案例,自编自导拍摄《九斤姑娘来普法》系列普法短剧,邀请经营户、村民、工人等本色扮演角色,"一剧一案一法条"生动展现依法调解矛盾纠纷的场景,截至目前,已制作推出18部普法短剧。以艺普法:联合市文化馆文艺专家以及民间力量,创作编排越剧版调解小品《手心手背都是肉》《民法典来哉》等法治文化节目,有效提高人民调解知晓率,引导形成"有纠纷、找调解"的社会氛围。以人普法:"九斤姑娘"普法团联合各地村嫂宣讲团,以入户串门、公益陪伴、家常闲聊等方式开展法治宣传,特别针对妇女、老人等群体加强现身说法和以案释法,增强她们的法治意识和维权能力,从源头上预防矛盾纠纷发生。

2. 以诗歌为特色。嵊州市三界镇不断发掘当地历史文化资源,推动优秀传统文化创造性转化、创新性发展。一是抓好关键少数,找准宣传重点。领导干部做尊法、学法、守法、用法的模范,带头推崇普法教育。将习近平法治思想、宪法、民法典、乡村振兴法等相关法律纳入"八五"普法规划,线下组织村居法律顾问、普法志愿者、法治带头人、法律明白人等社会力量,开展国家安全教育日、法律服务月、开学法治第一课等系列宣传活动,线上通过"今日嵊州""爱嵊州"等线上媒体普及与人民生活息息相关的法律知识,切实提升农村群众在生产生活中的法律意识。二是打造法治阵地,建设文化亮点。紧跟时代步伐,致力于打造与群众生活息息相关的法治文化阵地,将法治文化阵地与"灵运故里、山水诗源"文化建设相结合、同推进,在崿浦村"诗画剡溪"公园、灵运文化广场等文化景点中增加法治元素，让群众在"唐诗之路"文化底蕴中接受法治文化熏陶，逐步养成尊法、学法、守法、用法的良好自觉，为美丽乡村建设营造和谐稳定的法治环境。三是用好工作契机，聚焦普法热点。新时代法治宣传教育已经发展为一项系统性公共法律服务工程，利用法律援助、人民调解、社区矫正等工作契机，以贴近群众、依靠群众为原则，以提供法律服务、解决法律问题、化解矛盾纠纷为工作重心，聚焦群众热点关心的问题，点对点、点对面，实时精准普法。

3. 以家训为瑰宝。嵊州市金庭镇坚持和发展新时代"枫桥经验"，在王羲之故居金庭镇成立"羲之调解"品牌调解室，不断推动矛盾纠纷化解的流程优化、资源整合和能力提升。一是以案释法。坚持排查调处与普法教育结合，纠纷化解与释法明理融合，对矛盾纠纷的调处做到事前讲法，事中明法，事后析法，把调解的过程变为当事人学法、懂法、守法的过程，实现"调解一件、普法一片"的双赢效果。二是书法普法。调解室在华堂小学开展"诵读宪法、书写宪法""扫黑除恶，我先行"等法治主题班会，以书法艺术教育调动法治教育功能，筑牢青少年法治信仰。三是巡回讲法。调解室在全镇范围开展"三治融合、法治先行"巡回讲堂活动，以实现从源头上减少矛盾纠纷的发生，共计开展巡回宣讲25场，受益群众4500多人次。

4. 以书院为依托。近年来，嵊州市贵门乡依托南宋文化积淀，聚焦宋韵优秀文化在新时代的弘扬与传承，践行新时代"枫桥经验"，将中华优秀传统文化融入社会主义核心价值观，以优秀传统文化为引领，积极探索基层社会治理新途径。不断增强群众的获得感，以"和为贵"赋能社会治理，打造了"贵在和谐"系列矛调品牌，营造了良好的和美乡风。雅安村、贵门村、玠溪村、东坑口村、璞玉村成为"三治融合"村，上坞山村为浙江省善治村，显著降低了全乡社会矛盾发生频率。秉持为民理念，持续深化提升本土调解品牌，融合贵门吕氏、郑氏"郑义门"家风家训，积极实施"兴村治社、强网壮格"工程，选优配强"1+3+N"法治网格团队，以民情大走访、网格常态化走访等机制为载体，把工作做到群众的"家门口"和"心坎上"。针对法治道德建设薄弱环节，结合鹿门书院作为民主党派服务基地和"鹿门讲坛"活动，挖掘其在基层治理中发挥的作用，利用微信群、宣传手册、村内广播、电子屏等宣传载体，联合司法部门，以普法宣传活动为契机，现场解答法律咨询、宣传政策法规、协商调解矛盾。挖掘宋韵文化中守诚信、崇正义、尚和合、求大同的时代价值，设立善行义举榜，引导农民向上向善、孝老爱亲、重义守信、勤俭持家。推进家风家训建设工作，传播好家训、宣传好家风、展示好家庭。对法治建设、基层治理相关内容进行讲授，引导发挥群众主观能动性，积极参与法治社会建设，加强宣传力度。2018年6月鹿门书院重开，吕家后人吕群芳、吕红蕾两位老师在此教授国学、宣传法治，鹿门书院重闻书声琅琅。在"嘉育·少年行"家风主题活动中，老师们生动讲述了监察御史吕规叔的清廉故事及创建书院的过程，并将当地编印的《隔尘或归云》诗集赠送给孩子们。孩子们现场诵读了吕氏家训，通过讲道理、说故事等方式，深入学习吕氏家训和法治思想，从中领悟做人要"修身立德、清正廉洁"的道理。

（二）打造特色调解品牌，扬文化于"欣然"

1. "九斤姑娘"担当调解代言人。传统文化在历史长河中，已经"润物无声"，甘霖镇让现代法治以"传统"为媒，推陈出新。一是成立调解工作室，让矛盾纠纷化解"有处去"。甘霖镇以嵊州越剧中聪明伶俐、能言善辩、擅长化解矛盾纠纷的"九斤姑娘"经典人物为形象代言人，设立"九斤姑娘"调解工作室，聘任国家二级社会工作师且具有20余年社区工作经验的退休妇女干部担任调解室负责人，重点调解家事、婚姻纠纷，让矛盾纠纷化解"有处去"，改变原先"小事也要出村"的弊端，真正为平安稳定打下坚实基础，延伸基层调解组织触角。自"九斤姑娘"调解工作室成立以来，已累计登记矛盾纠纷300余件，成功化解率达99.6%，初信初访件数量大幅下降。二是组建调解队伍，让矛盾纠纷化解"有人管"。"自己人"的矛盾"自己人"来化解，根据大部分矛盾纠纷都是由"家长里短"的小事演变而成的特征，及女性贴近家庭、贴近生活以及细腻、耐心、善于沟通的特点，动员吸纳女性律师、心理咨询师、人民陪审员、退休纪委监察干部和银行职工以及法律素养较高的村嫂等，组建一支结构合理、优势互补的调解工作团队，及时有效化解基层发生的矛盾纠纷，目前共有专职人民调解员3名，兼职调解员5名。三是开展业务培训，让矛盾纠纷化解"有实效"。为了充分发挥矛盾纠纷调解工作室"一员多岗、一员多能"的作用，加强矛盾纠纷源头预防、前端化解、端口把控，不断深化人民调解工作，全力构建矛盾纠纷多元化化解新格局，甘霖镇定期举办专题业务培训讲座，邀请法官、律师、调解专家等进行法律知识和调解技巧培训，着力提高调解员业务能力，全面践行"以理服人、以情动人、以法育人"的调解原则，创新探索现代法治的基层实践。

2."清风法治联盟"为矛调核心。三界镇多措并举化解矛盾纠纷，实现资源共享、矛盾共调、事项共解。一是建立多元化调解机制。利用各站所庭距离相近、资源互补的有利地理优势，推动建设"清风法治联盟"调共体，制定联盟运行规则，建立以清风法治联盟为核心，周边派出所"阿楚调解室"、法庭"义行工作室""'燕子等你'工作室"、司法所"始宁调解室"及民间社会组织等各调解室有效配合的调解体系，使得群众矛盾纠纷化解更加便捷高效。二是建立警情联动机制。针对非警务类警情，依托"枫桥式"协同治理平台，实现联动警情协同治理，通过镇信息指挥室，快速将警情流转至值班组、驻村工作组以及相关职能部门，及时处置问题，化解风险。三是建立诉源治理机制。以"燕子等你"工作室为依托，精益求精地做好诉前法律咨询与调解员参与的诉前矛盾化解工作，诉中法官的释法析理与调解工作，以及诉后的判后答疑与案后帮扶工作，杜绝了因民商事纠纷而转刑事案件的发生，将诉讼案件降至最低。

3."羲之调解"调训结合促和谐。"上治下治，敬宗睦族。执事有恪，厥功为懋。敦厚退让，积善余庆。"王羲之家训蕴含着丰富的文化内涵，能够起到延展法治文化的作用。家训中蕴含的"和睦、规矩、理法"的精神和调解中"依法调解，以和为贵"的理念相匹配，这也是"羲之调解"品牌调解室的取名由来。金庭镇结合王羲之家训文化，将当地村民熟知的王羲之家训家规中的"敦厚退让、敬宗睦族"等文化因素融入调解过程，在矛盾纠纷化解中开展"读家训、促和谐"环节，带当事人到王羲之家训馆学习体会家训或把调解现场放到家训馆，促进矛盾双方当事人做到以和为贵。充分发挥地域作用及人员优势，形成以调解团队为核心，以宗族、基层调解组织为支点，以社会组织志愿者为辐射点的王羲之家规家训的运用网络，使调解别具"羲之风味"，充分彰显司法情怀。如被称为"江南规矩第一村"的金庭镇华堂村，以规矩树家风，以家风带社风，家训在矛盾纠纷化解中及整个社会和谐促进中起着巨大的作用。相比法律法规，家规家训要柔和许多，群众接受起来更加容易，法治建设需要法治文化的支撑。王羲之家训饱含和睦、规矩、理法内容，作为法治文化的重要组成部分，对老百姓具有很好的道德教化作用。调解完成后利用金庭司法所系绍兴市首批心理服务平台的优势，在回访过程中对矛盾双方当事人提供心理服务，进行心理疏导，化解当事人积怨的情绪，消除"公事公办、案结事了"的冷漠态度，使当事人感觉到"羲之调解"团队的温度，做到"案子结了、心结通了、笑容真了"。

4. "和为贵"作为矛盾化解调节器。贵门乡以文化润心，将"和为贵"品牌作为矛盾化解的调节器，增强群众自律意识，在调处过程中，始终坚持以人为本这一原则，弘扬人性本善，以和为贵的良好道德品质，最大限度将矛盾化解在基层，呼吁百姓用发展的眼光向前看，在群众中展现高尚的道德，学会礼让，实现握手言和。如西景山村张某汀与张某炎亲兄弟，母亲去世后对母亲的土地使用权存在纠纷，乡社会矛盾纠纷调处化解中心工作人员多次上门调解，因兄弟之间有着共同的血缘关系，又长期在父母的养育下共同生活，朝夕相处，彼此了解，感情深厚，因此工作人员以和为贵作为调处目标，以"情、理、法"相结合的方式耐心做好调解工作，推动双方好好沟通，最终兄弟俩握手言和，签订调解协议。

（三）守好平安护航盾牌，防忧患于"未然"

1. 依托越剧诞生地开启"富乐"模式。传统文化与现代法治，说到底都是为平安稳定夯基础，助力于矛盾纠纷化解调处。一是创建载体，巩固法治成果。为深化法治力量，贴近群众生活，产生"1+1>2"的效果，甘霖镇依托越剧诞生地积极打造如法治馆、"越剧·法"公园、"五会五治"主题公园、"小明的一生"民法典长廊、法治宣传长廊、法治谜语区、戏迷普法休闲角、法治香樟树、法治书屋等法治阵地，充分展示宪法、民法典、习近平法治思想、法律演变史、法治故事等内容，以"沉浸式""精准式"为抓手，更大发挥法治效能，打造"基础过硬"的法治平安之路。目前，东王村法治馆被列为嵊州市法治游学基地。二是创新模式，开启"富乐"调解。作为习近平总书记留下"富乐"嘱托的甘霖镇，始终牢记习近平总书记的嘱托，以"让老百姓富起来、乐起来"为工作导向，压实责任、全面推进，创新性提出"富乐"调解新模式。以东王村为例，打造集警务室、矛盾纠纷调解室、法律顾问工作室、法律明白人工作室于一体的"12348社会治理中心"，在守护村级门岗的同时，以"专业人干专业事"全面化解群众诉求，全力保障经济社会高质量发展。甘霖基层法律服务工作者周赛飞感叹道:"如今,东王村村民们的法律意识明显提高了,以前碰到事情都不会想到要寻求法律途径解决,大家吵得不可开交,现在都会心平气和地来咨询我,最后握手言和。"近5年来,东王村刑事案件发生率、信访率"双项双降",真正实现"小事不出村、大事不出镇、矛盾不上交"。三是扩面提质,压实平安基础。法治平安说到底,为的是群众,要全力打造共建共享新局面,让"局外人"主动"入局",以"局中人"身份不断夯基础、强质效。如越剧诞生地东王村,自"三治融合"乡村治理模式推出以来,共培育"法治带头人"3人、"法律明白人"9人、"尊学守用示范户"9户。同步涌现出一批诚信守法的商户和乡贤,从村里走出去的同时,又带着"民主法治"的理念回来反哺乡邻,为依法治村、民主法治奠定了坚实的法治人才基础。

2. 坚持"三界无界,始宁长宁"定位。嵊州市三界镇在夯实平安基础方面做了以下工作:一是汇聚治理要素到中心。对总投资990万元、建筑面积1500m^2的三界镇四中心融合的基层社会治理中心进行合理规划和优化升级,立足"三界无界,始宁长宁"定位,将其打造成集民情信息收集、矛盾纠纷调处化解、社会治安防控指挥等于一体的综合性服务中心,筑牢基层社会治理"底座"。二是整合治理力量到网格。完善"1+3+N"网格工作队伍建设,把网格党建、安全生产、纠纷化解等各条要素信息对接融入三界镇82个网格,延伸治理触角,实现基层治理全覆盖。三是倾斜治理资源到基层。大力推进村公共法律服务站点建设,法律援助做到"应援尽援",法律顾问实现网格化全覆盖,同时村均设有矛盾调解室、"共享法庭"、法律顾问等调解资源，让群众随时随地都能享受到便捷高效的矛盾化解和法律咨询服务。

3. 立足"三入一平"的工作模式。嵊州市金庭镇"调治相间"助疏导。一是创新调解理念，依托司法所工作人员、心理咨询师和社会工作者，在纠纷调解研究中运用心理学方法，将心理学和社会学的专业知识应用于矛盾纠纷化解全过程，针对镇、村矛盾多以家庭、邻里、情感纠纷为主的现象，充分运用"心理疏导入心、伦理感化入情、普法教育入理、协商平衡利益"的"三入一平"四位一体的人民调解工作模式，帮助当事人认清自己的问题并逐步调整自我心态，很多矛盾纠纷都自然化解或有了清晰的调解突破口。二是加强专业人才引进，和绍兴文理学院上虞分院合作，邀请国家二级心理咨询师提供"驻站式"服务，将心理学贯穿到纠纷化解全过程。心理咨询师运用情绪疗法、认知疗法、叙事疗法、沙盘心理游戏等方法，帮助当事人进行心理疏导和伦理感化。2023年以来，金庭镇的调解成功率达100%。

4. 发挥"和为贵"治理品牌效益。嵊州市贵门乡为充分发挥出"和为贵"品牌效益，将社会矛盾纠纷调处化解中心与地方特色文化结合，成立鹿门"和为贵"品牌调解室，用融合调解方式，扩大调解队伍，吸纳各站所的爱心人士参与人民调解工作。如整合乡信访、司法、综合执法、市场监管、自然资源与规划等部门资源集中办公，矛调中心内的各派驻部门要各司其职、密切协作、充分发挥职能作用，配合各线办按需组建服务队伍，深入基层、深入群众，进行面对面、点对点的指导，共同做好社会矛盾纠纷调处化解等工作。通过联合调处成功调解奖山村俞某金和俞某根堂兄弟的赔偿款纠纷。因房屋补漏，俞某金爬下扶梯时踏空跌落，身体颈髓损伤，造成了下身瘫痪。虽经法院判决但双方家庭都不富裕，根本无法承担起这笔庞大的赔偿费，俞某金身体瘫痪坐轮椅4年多了，还未拿到后续的赔偿费，造成兄弟之间积怨不断加深。最后经派出所、司法所、法院等部门联合调处，双方打开心结，握手言和。

（四）提升乡村治理水平，化矛盾于"未然"

1. 甘霖镇开创"五会五治"乡村治理新模式。乡村治理是国家治理的基石，也是乡村振兴的重要内容，甘霖镇东王村用脚步丈量民情，传承发扬新时代"民情日记"，衍生出以"五会"促发展，以"五治"谋共富的"五会五治"乡村治理新模式。[①] 一是党建引领，健全工作机制。镇级层面，进一步提高政治站位，成立由镇党委书记、镇长为组长的"2 + N"基层法治领导工作小组，构建权责明晰、功能合理、上下贯通、执行有力的基层组织体系，把党建引领贯穿到基层法治的各方面、全过程，不断激发基层社会治理能力。村级层面，每周二定期召开民情分析会，鼓励动员村民积极参与基层自治，共同讨论村务建设和治理事项。聘请村级法律顾问，强化村级重大事项的合法性审查，确保村级事项合法有效。注重乡风培养，乡贤参事会、道德评议会每年举行公开评比活动，评选出"身边好人""星级文明家庭""道德楷模"。二是以乐治村，反哺民生工程。唱响"以乐治村"主旋律，以"富乐嵊州·村村有

---

① "五会"：乡贤参事会、越剧普法会、道德评议会、巾帼志愿会、红白理事会；"五治"：自治、法治、德治、智治、乐治。

戏"等活动为载体崇乐为好，不断提升村民文明素质和文明程度，大力改善村民精神文化生活，全面提升凝聚力和向心力。当前，东王村内大小公益事项特别是本村治理事务，村民参与的热情高涨，"全民治理"雏形初显。同时采用中科院"黄胜堂模式"进行生活污水治理，实施入村口改造、水上戏台建设、房屋立面改造、休闲公园改造、主要道路"白改黑"、弱电线路"上改下"、景观"绿改彩"、香火堂布展等民生工程，大幅提升村民幸福感和满足感。三是数字加持，共享智治生活。借助村务公开栏等现有信息扩散场地，首创"智"普法栏目，"扫一扫"法律知识"立马知"，全天候学法用法。村社会治理中心全覆盖，配备公共法律服务智能机，具备找律师、办公证、寻鉴定、求法援、法治宣传、司法行政案例库、法律服务地图等功能，村法律顾问"专线直达"，"12348浙江法网"全程对接，随时随地提供线上法律咨询和解答。村主要道口等安装监控40余个，基本实现"全域覆盖、全网共享、全时可用、全程可控"。

2. 三界镇立足"始安清宁"的文化底蕴。一是挖掘群众自治潜能。借助新时代文明实践站，常态长效地组织开展文明实践志愿服务活动，利用三界人外出多、乡贤多的独特资源优势，立足"始安清宁"的历史文化底蕴，借力始宁乡贤联合会，以始宁乡贤工作室为依托，建立"始宁乡贤"工作品牌，将乡贤资源融入村社网格，为社会基层融合治理提供了新思路。二是推进村级民主村治。八郑村有万年文化底蕴，有郑江六忧国忧民进京告御状之典故，"仓廪实而知礼节，衣食足而知荣辱。"八郑村民在物质生活富裕后，提出了"民主村治"

的要求。2006年1月,嵊州市委、市政府按照"民主制度化、制度程序化、程序规范化"的要求,在试点、总结、完善和推广的基础上,成功探索出了以"八项民主管理制度、八大民主工作流程"为主要内容的自我管理、自我监督、自我服务、自我发展的民主治村新模式——"八郑规程",实现村干部靠流程来执行,老百姓靠流程来监督,乡镇政府靠流程来检查考核,使村级民主管理各项工作步入程序化、规范化轨道,随后在全市推广。三是发扬村规民约优势。2020年,三界镇充分吸取原来村规民约失效经验,在广泛征求宗族长辈、乡贤士绅意见后,在原本村规民约的基础上深化改革,将当代社会主义核心价值观、民主法治的内容与原来的村规民约有机融合。通过村民集体讨论、村民代表大会决定等途径,使村规民约以规范化、制度化、民主化的方式在村民中广泛传播,让其中蕴含的伦理道德以温和委婉的方式教化村民,发挥着如春风化雨般的德治功能。2023年,根据国家政策的调整,对原有的村规民约进行与时俱进、删旧增新,将移风易俗、家风家训、依法信访、诚信信访、网格化管理等内容纳入新的村规民约,并对其合理性、合法性进行严格把关审核,坚持价值引领、合法合规、群众认可、管用有效原则,充分发动村民广泛参与、建言献策,真正做到因地制宜、切实可行。大龚村更是将"尊宪章,行礼义;事和睦,持忠恕;教子孙,持谨慎;崇祀以敦孝思,恭敬以会同宗;孝悌以肃宗风,择配以选良家;耕读以务本业,赈济以活贫穷"的家风家训融入新版村规民约,既弘扬了家风精神内核,又推动了基层社会治理取得新成效。

3. 金庭镇健全机制运行"调共体"。在"整合资源"化纠纷方面金庭镇做了以下工作：一是"党建+"。调解组织领导从部门负责向党政牵头转变，镇党委出台《关于金庭镇联合调解工作机制》，将化解矛盾纳入部门、村年度考核。完善了网格化排查预警和动态分析研判机制，形成了"党委政府领导、司法所牵头"的局面。二是"专业+"。调解队伍从力量分散向专业集成转变，持续创新矛盾化解机制，积极借势"全科网格"和"越乡警务管家"等平台，整合司法所、派出所、国土所、法庭、检察室、基层法律服务所等部门的专家解纷资源，让每一次调解涉及的具体问题都有专家参与，大大提高调解成功率。三是"志愿+"。调解主体从政府主导向社会参与转变，吸纳乡贤、村嫂、老年协会、"羲之"志愿者等民间力量参与调解，变单线排查为网格协同，成立以来，共邀请八支志愿者队伍纳入调解体系，人数达200余人。四是"联动+"。运行模式从固有模式向创新拓展转变。依托"羲之"调解室，不断推进诉调、警调、政调、访调、检调"五调联动"机制建设，落实"调解优先"制度，以"联调"化矛盾。

4. 贵门乡积极推行"1+12"治理模式。贵门乡积极探索"善治"新模式，不断打通特色乡村治理"微循环"，以传统文化惠民和新时代文明实践中心、党群服务中心建设为依托，推行"1+12"治理模式，建立"村支部+村民小组"，实行村干部和党员包户工作责任制，充分发挥基层党小组和党员的先锋模范作用，组织开展党员承诺践诺、志愿服务等活动，推动党员在乡村治理中带头示范，带动群众全面参与。传承发扬新时代"民情日记"，坚持"大家事大家议"，让群众自己说事、议事、主事，凸显人民群众在乡村治理中的主体地位。如璞玉村打造"大树下"品牌,通过"大树下议民事,石凳上解民忧"的方式,面对面与村民沟通交流,开展矛盾纠纷化解、民情民意收集、法律法规宣传等工作,引导村民为基层智治建言献策,做到有事好商量、大家事大家议。2023年成功举办了10场次的"周末南山吉市",在日常的"民情大走访"过程中,有群众反映自产的瓜果蔬菜以及村里的莲蓬莲子滞销等问题后,经过策划、宣传,通过集市方式创新发展活力,动员村民摆摊,在南山周末集市活动上,开展赏荷花品宋韵活动,售卖非遗泥塑、生活好物、冷饮奶茶、美味小吃及农家特色蔬果,摆放摊位近45个,吸引游客20000余人次,推送阅读量10万余人次,销售额达8万余元。

五 成效和启示

嵊州市深度挖掘中华优秀传统文化在法治领域的价值和运用,促进中华优秀传统文化与法治理念的融合,推进德治与法治相结合,讲好嵊州法治故事。

(一)甘霖镇以越为媒,以文润法

甘霖镇将越剧与新时代"民情日记"深度融合,清扬唱腔,余音绕梁,不仅点亮了乡村,提振起农民的精气神,更是奏响了法治乡村建设的乐曲。越剧中的角色形象和情节,折射出中国传统文化的价值观和思想精髓,百姓在潜移默化中增强了对孝道、忠诚、义气等价值观的认同感,促进家和万事兴。用越剧"搭台",以法治"唱戏",不断提取越剧中蕴含的法治精神，将文化"软实力"转化为乡村治理"硬实力"。

2023年，甘霖镇获评省"治重化积"突出集体；甘霖镇东王村被评为第九批"全国民主法治示范村"；创新"越剧·法"法治宣传教育新模式，首创的"九斤姑娘"工作法，有效化解离婚纠纷、抚养纠纷、邻里纠纷等270多件，调解成功率达99.6%，拍摄普法短剧18部、开展法治文化演出10场，共计帮助群众挽回经济损失1000多万元，获评省新时代"枫桥式工作法"；"九斤姑娘"工作调解室被评为2022年度绍兴市"十佳"人民调解组织，调解室负责人荣获绍兴市"十佳"人民调解员；苍岩村被评为省级民主法治村。甘霖镇被评为2023年度平安嵊州建设成绩突出集体，2023年度法治浙江建设优秀单位，获"枫桥经验"创新发展领域突出贡献奖。

近三年来，甘霖镇受理矛盾调处557件，涉及人数1267人，调解成功率97%，信访代办267件，分析研判36次，有力维护了社会的整体稳定。

在甘霖镇传统文化与现代法治融合的过程中，明确法治是基层社会治理体系的重要内容，是建立乡村规则和秩序的重要方式，是夯实基层基础的重要保障。甘霖镇始终坚持强基础、抓重点、多创新、促落实，积极推进基层民主法治建设，提高群众法治观念，维护社会和谐稳定，尤其是通过寓法于越、以越扬法、以法促进的基调，配以传统越剧唱腔形式，以文化人、以文育人，让人民群众在袅袅越音中尊法、学法、守法、用法，成为社会主义法治的忠实崇尚者、自觉遵守者和坚定捍卫者，努力将越剧诞生地东王村建设成为"党建引领、依法治村、三治融合"的社会主义新农村。

法治乡村建设关键靠人，人民群众是法治乡村建设的主体，法治乡村建设也要紧紧依靠群众。如首创的"九斤姑娘"工作法，通过三大"调解方式"，和风细雨促和谐。一是温情式调解。"九斤姑娘"调解室融合越剧的"柔婉"和女性调解员温柔的特性，疏导稳定当事人情绪，同时运用法律宣传、判例参照等方法引导当事人依法维权、平等协商，先后化解了外来刑释人员与已婚女情感纠纷、非婚生子女抚养纠纷等问题。二是访问式调解。主动家访，调查纠纷事实，采取上门调解、现场调解、家庭调解等方式开展调处；邀约陪访，摸排当事人社会关系，邀请动员对当事人具有亲和力和感召力的特定人员参与调解，提高调解成功率。今年工作室已化解家事、婚姻纠纷35件，调解成功率和群众满意度都较高。三是跟踪式调解。采取电话回访或实地家访的方式，了解双方当事人协议履行情况及对调解结果的满意程度，力求解决矛盾根源问题，做到有始有终。

甘霖镇将持续秉持为民理念，不断深化提升本土调解品牌，在继续深入推进现代化法治乡村建设进程中，推动基层法治创新，努力打造一支善于运用法治思维和法治方式深化改革、推动发展、化解矛盾、维护稳定的乡村干部队伍，使其在法治乡村建设中更好、更有效地发挥把握方向、模范带头、协调各方的作用，引领农村基层工作依法开展、基层事务依法办理、基层关系依法理顺、基层问题依法解决。

（二）三界镇三调联动构建"5分钟调解圈"

三界镇坚持和发展新时代"枫桥经验"，积极探讨矛盾纠纷源头化解的新方法、新路径,坚持以警源、诉源、访源"三源共治"为目标,着力打造抓前端、疏中端、治末端"三端"解纷工作法。通过深化法治宣讲、优化法律咨询、强化法律培训,把好矛盾纠纷"源头关";通过掌握动态、加强预警、深入研判,把好涉稳风险"监测关";通过快调快处、多元解纷、联调联处,把好处置"管控关"。今年已签收非警务类警情352起,均能及时签收、及时到达现场、及时结案反馈,结案率较高;全镇警情量同比下降10.4%,接收政务热线同比下降2.8%。2023年度实现调撤率、平均审理天数和审理时间等多项数据位居全市及全省前列,万人成讼率为全市镇街最低,全年稳居全市第一。

1. 创建纵向"三调联动"机制。一是"自下而上"排查上报。19个行政村均成立村级人民调解委员会,与镇调委会、联村组共同形成"三调联动"工作机制,即发现群众中需要解决的矛盾纠纷,先行由村级调委会化解,如果调解不成功,再交联村工作组织进行调解,如果联村组还是不能调解的,则上报三界镇人民调解委员会调处。二是"自上而下"分流调处。通过将诉前矛盾纠纷及时推送至对口村级调解委员会、联村组或镇矛调中心,整合各方力量运用联动调解,提高了诉前矛盾纠纷的化解率。2023年,诉前调解成功281件,同比上升58%,诉前撤调率53%,同比上升19%。三是"中坚力量"持续赋能。为各行政村制发人民调解委员会印章,并多次通过召开业务培训会议、线上远程协助、线下手把手辅导等方式,进一步提高村级调解员的文书制作、调解能力培训,落实"以奖代补",调动村级调解积极性,使得"三级联动"纵向调解组织规范化、有效化。

2. 构筑横向"5分钟调解圈"。一是发挥民间力量，引导"社会化"调处社会组织。2015年，浙江省第一家民间调解组织"老娘舅"式的社会和谐促进室成立，随后三界派出所成立了解决警务方面纠纷的"友苗有话说"调解室。2016年，三界镇人民法庭成立了调解民事纠纷的"义行工作室"，2019年，三界司法所成立"始宁调解室"、律师调解室、企业调解室等调解机构，使得各类矛盾纠纷得到及时顺利地调处。二是明确功能定位，建设"一站式"调处化解中心。2018年，在三界司法所指导下，三界镇联合大调解中心成立，成为嵊州市首个大调解中心，中心内设"阿楚调解室"，负责调解各类疑难纠纷、信访纠纷等。三是整合各类资源，形成"多元化"调处联合弧圈。2023年，镇矛调中心和信访办整体入驻社会治理中心，利用各调解室距离相近的地理优势，构筑了以镇矛调中心为核心，周边派出所"友苗有话说"调解室、法庭"义行工作室"民事案件调解室、司法所"始宁调解室"及民间组织社会和谐促进室等各调解室有效配合的镇级"5分钟调解圈"，使得群众矛盾纠纷化解更加便捷高效。今年已受理调处各类民间纠纷115件，调处成功113件，调处成功率达98%，其中化解涉企纠纷8件，案涉金额40余万元。

3. 建立清风共治联盟。一是统筹协调建联盟。2023年，由镇政法办牵头，成立由法庭、矛调中心、派出所、国土所、市场监管所、司法所、执法中队、交警大队等为成员单位的清风共治联盟，制定联盟实施方案和运行规则，建立会商制度，共同研判成员单位矛盾纠纷情况，研究制定联合调处方案。二是聚力联合共推进。按照工作职责、行业特点，分类组建平安法治宣传联盟、矛盾纠纷化解联盟、公共法律服务联盟、信息数据共享联盟、基层社会治理联盟五个联盟，共同开展法治宣传、矛盾纠纷排查、联合调处矛盾纠纷等工作。三是调处纠纷提质效。针对疑难复杂和重点矛盾纠纷，成员单位填写提请协同处置的风险隐患清单至联盟秘书处，秘书处根据矛盾纠纷类型和性质下发工作交办单至职能单位和联村组，共同协商矛盾纠纷化解的最优方案，确保矛盾纠纷能够及时有效处置。清风共治联盟组建以来，开展会商12次，联合宣传活动26场，提供法律服务169人次，收到各部门提请协同处置风险隐患52件，解决矛盾纠纷48件，相关调解案件均无反弹，回访满意，真正实现了"人宁、心宁、社宁"的良好期盼。

（三）金庭镇"羲之调解"成效显著

金庭镇矛调中心受到人民群众高度认可，截至2024年6月共收到群众锦旗21面，感谢信19封，社会矛盾调处模式得到了省、市各级领导的肯定。2020年12月14日，金庭镇人民调解委员会羲之调解工作室被浙江省人民调解协会命名为省级金牌人民调解工作室。相关做法被《中国平安报》《中国法院报》《浙江日报》《绍兴日报》《浙江法制报》等主流媒体报道刊登。浙江省信访局、省司法厅专刊宣传金庭"羲之"调解经验。

1. 关切诉求。健全机制，运行羲之"调共体"。一是建立定期排查机制。对接党委政府中心工作和重大建设项目，"调共体"工作人员加大现场走访摸排问题隐患力度，对矛盾纠纷隐患早识别、早预警、早发现、早处置，确保预测工作走在预防前、预防工作走在信访前。二是建立定期会商机制。对排查发现当场难以调处的疑难复杂问题，"调共体"定期召开会商研判会议，每周一次，邀请相关人员进行案情会商，通报前期调处工作进展，研判风险隐患，协调各相关职能部门对接交流，共商解决办法。2023年以来，短平快处理工伤赔偿等案件30余件，到位金额约300万元，无一进入诉讼程序，调解成功率达100%。三是建立定期协调机制。针对群众反映事项，"调共体"明确分管领导和责任人，责任人作为该反映事项的"调共体"联络人，与反映人之间建立信息互通机制，根据需要随时沟通联系，便于了解反映情况、掌握信访动态、研判信访形势，梳理突出问题、解决实际困难、推动问题化解。

2．"真心"化解矛盾。分门别类，成立羲之"调共体"。一是政法队伍为底。以镇政法办、司法所、法庭、派出所、检察室等专业力量为主，构建调共体主框架。二是社会力量参与。整合心理咨询师、律师以及村嫂、乡贤等社会力量，吸纳法律咨询、心理服务、律师调解等进驻，引进花木协会、小笼包协会等专业性行业性调解专家参与。三是分类分案搭建。该镇立足金甬铁路嵊州段建设重点工程工期长、纠纷多等特点，梳理施工中矛盾纠纷类别8种、成因11项，邀请市铁办、涉及村、中铁十四局团队参与调共体，把群众通过镇、村、法院、派出所、信访部门等多渠道反映的关于中铁的所有矛盾纠纷都纳入调共体进行调处。参与部门制定矛盾化解责任清单，推动矛盾纠纷联合化解。金庭镇成立不同系列的"调共体"，先后成立了"中铁调共体""桃形李调共体""苗木调共体"等10

个"调共体"。

3. "贴心"为民服务。综合施策，用好羲之"调共体"。一是从传统治理向现代治理转变。线上依托浙江省在线矛盾纠纷多元化解平台等开展网上调处，线下设置公开服务热线，通过电话邀约的方式主动开展协调，上门做好现场勘查、调查取证，同时进行教育引导、心理疏导，动员第三方或左邻右舍等评说评议促成和解。二是从被动治理向主动治理转变。更加注重源头治理、以防为主，突出抓早抓小、主动作为，积极开展"夜调""假日调"等多元化便民措施，即利用晚上和节假日休息时间下村开展工作，打破"上班时间干部下村协调，村民外出劳动；休息时间干部回家休息，村民回家吵架"的时间错位现象，就地化解信访矛盾。三是从各自为战向集成攻坚转变。在工作力量上，纵向整合镇、村两级调解平台，和法庭、检察室、派出所、村、企业形成"调共体"，构建"五位一体"多元矛盾化解平台。在工作模式上，推进"五调二提"矛盾纠纷化解模式，实现纠纷排查调处一体化。在工作方法上，将王羲之家训中蕴含的"和睦、规矩、理法"的精神和"依法调解，以和为贵"的理念相结合，重点突出"和""法"在矛盾纠纷化解中的关键作用，促进矛盾双方以和为贵、互谅互让，快速解决争端。

4. "忠心"尽职尽责。整合完善事前排查—事中化解—事后总结"链条式"工作制度。一是关口前移预测预警。建立矛盾纠纷主动干预制度，2022年，提前介入失土农民保险指标分配可能引发的矛盾纠纷案件，及早处置，从而保障项目顺利推进。二是分析民情精准化解。建立民情分析例会制度，对痛点难点堵点问题，每周一次邀请相关部门进行案情会商、综合施策。三是以案释法总结推介。在"爱嵊州"APP开设工作专栏，高频率发布典型案例和经验做法，通过"以调普法"增强群众法治意识，提高调解的社会知晓度和影响力。

（四）贵门乡将文化优势转化为治理优势

贵门乡依托南宋文化积淀，聚焦宋韵优秀文化在新时代的弘扬与传承，践行新时代"枫桥经验"，将中华优秀传统文化融入社会主义核心价值观，不断增强群众的获得感，以"和为贵"赋能社会治理，打造"贵在和谐"系列矛调品牌，营造和美乡风，探索基层社会治理新途径。雅安村、贵门村、玠溪村、东坑口村、璞玉村成为"三治融合"村，上坞山村为浙江省善治村，同时保持重点人员动态清零、进京赴省"零登记"，在2024年1—5月绍兴市政法委平安稳定工作月度晾晒综合评价为绿色，获激励奖励，为绍兴唯一连续五个月进入绿区的乡镇，以基层的平安稳定护航高质量绿色发展。

1. 坚持党建统领，机制巧解提质效。贵门乡以党建统领为核心，通过系统重塑理念思路、体制机制、方式创新，推进社会风险治理。落实责任，把矛盾调解处作为和睦乡邻、弘扬孝义文化、推进共同富裕和安全稳定的重要抓手。开展"四进邻里"优化自治，成立乡贤参事会，实现自治章程、村规民约全面修订，坚持自治为基，把农民动员起来、组织起来，使他们以组织的形式参与乡村公共事务的治理，建立完善健全村务监督委员会，推行村级事务阳光工程。在平安法治载体优化上，完善"一图一指数"工作载体，明确责任人员办结时限，建立台账清单，强化跟踪问效，强化联动，建强团队，深挖基层队伍调解力量，整合公安、司法、综合执法等部门资源，联合驻村指导组、司法调解员、新乡贤调解员等，密织矛盾纠纷调解服务网格，打造专业化调解队伍。

2. 坚持文化润心，真情化解见实效。将宋韵文化、家训家风融入基层治理，把基层治理跟文化建设融合，用文化、道德滋养群众的内心，形成家和邻睦的文化氛围。深化提升鹿门"和为贵"调解品牌，不定时邀请教授讲学，采用研讨会、座谈会的形式，不定期交流学习心得、理念，促进鹿门书院与全国重要书院如弘道书院共同发展。同时融合贵门吕氏、郑氏"郑义门"家风家训，以鹿门书院为平台载体，邀请教授讲师，在群众中开展研讨会，挖掘宋韵文化内涵，将书院打造成中国法治实践学派观察点，打造基层治理特色品牌，提升群众道德修养，弘扬中华优秀传统文化。深化宣传，利用微信群、宣传手册、村内广播、电子屏等宣传载体，联合司法部门，以普法宣传活动为契机，现场解答法律咨询、宣传政策法规、协商调解矛盾。挖掘宋韵文化中守诚信、崇正义、尚和合、求大同的时代价值，设立善行义举榜，引导农民向上向善、孝老爱亲、重义守信、勤俭持家。推进家风家训建设工作，传播好家训、宣传好家风、展示好家庭。对法治建设、基层治理相关内容进行讲授，引导发挥群众主观能动性，积极参与法治社会建设，加强宣传力度。

3. 坚持问题导向，合力攻坚破难点。针对法治道德建设薄弱情况，结合农工党中央服务基地和"鹿门讲坛"活动，挖掘其在基层治理中发挥的作用，将基层治理关口前移，融合宋韵文化内涵创新提炼"三前"调解法，如重点围绕项目建设、村民建房、环境生态、民生实事等领域，及时深入开展矛盾纠纷排查工作，创新建立分级分流分层的"三分"机制。分类施策，按照"诉求合理的解决到位、诉求无理的教育到位、生活困难的帮扶到位、行为违法的处理到位"的原则，推出律师"代访代办"、全程跟踪等便民服务。倾情化解，创新"民情日记"信息化智能化手段，及时开展走访，打造具有贵门特色的"枫桥经验"升级版，树立基层治理典型案例，扩大宣传影响。

六 典型案例

嵊州市不断总结新时代"枫桥经验"工作中的生动实践和丰硕成果，宣传推广特色做法和有益经验。以下具有借鉴性、代表性的工作典型案例，供大家参考。

（一）"九斤姑娘"帮助化解长达五年的爱恨纠葛

甘霖镇人民调解委员会、"九斤姑娘"调解工作室成功调处了一起非婚生子女抚养权纠纷案，帮助俞先生和刘女士化解了长达五年的爱恨纠葛，达到了"定纷止争"的效果。

2021年7月底，从四川省宜宾市古罗镇赶来的刘女士带着幼子俞浩（化名）来到甘霖镇人民调解委员会。据刘女士介绍，2015年，刘女士与嵊州市甘霖镇俞先生在浙江省仙居县相识，不久后二人同居，并于2016年2月18日育有一子俞浩，当年6月，刘女士与俞先生因生活琐事发生口角，刘女士带着幼子愤而离去。分开五年，刘女士一直独自抚养俞浩，直到因经济产生困难，刘女士不得不带着俞浩来找亲生父亲。刘女士表示，自己因经济问题已无法独立抚养俞浩，希望俞先生能够承担抚养义务。调解员向刘女士了解清楚事情的经过及其诉求后，帮助刘女士与俞先生取得了联系。并约定于第二日上午在甘霖镇"两头门"调解室进行调解。

【调解经过和结果】

2021年7月22日上午，俞先生与刘女士先后来到"两头门"调解室，"九斤姑娘"调解员首先分别与俞先生、刘女士进行了谈话，了解事情的经过以及双方的想法，并制作了详细的笔录。通过谈话，"九斤姑娘"调解员充分了解了内情，并对纠纷进行梳理。

理清事实后，"九斤姑娘"调解员组织刘女士与俞先生进行了第一次调解。五年后第一次见面，刘女士与俞先生情绪都比较激动，刘女士指责俞先生不负责任，五年来都没有去寻找他们母子，俞先生痛斥刘女士不告而别，冷血无情，并对俞浩的身世持怀疑态度。因本案系抚养权纠纷，亲子关系是否存在是本案的关键，既然俞先生对此心存疑虑，"九斤姑娘"调解员建议俞先生和俞浩进行亲子鉴定，按照鉴定结果进行下一步调解工作。

2021年7月27日上午，"九斤姑娘"调解员第二次组织俞先生和刘女士进行调解。调解员首先向俞先生出示了刘女士提供的亲子鉴定报告，证明俞浩系俞先生与刘女士亲生子。同时，向俞先生说明刘女士的诉求：（1）要求分割俞浩的抚养权；（2）要求俞先生补足2016年6月之后至今的抚养费；（3）要求抚养权分割后分担抚养费。针对刘女士提出的诉求，俞先生提出以下异议：（1）自己目前处于新的婚姻状态，抚养俞浩对自己的家庭和俞浩本人都不利，希望刘女士能够抚养俞浩；（2）2016年6月刘女士与其争吵后不告而别，争吵时明确说过她能够一个人抚养俞浩长大，现在又来要五年来的抚养费不合理；（3）他认为刘女士在不与他协商的情况下带走俞浩，导致他们父子分离，对他造成了很大的精神伤害，要求刘女士道歉；（4）对于分割抚养权后的抚养费问题，因经济困难无法一次性付清，希望能分期支付。

经过"九斤姑娘"调解员长达3小时的法理解释和情理沟通，俞先生与刘女士终于放下了彼此之间的成见，刘女士为当初的不告而别和五年的父子分离向俞先生表示歉意，俞先生也向刘女士解释了当年久寻未果不得不放弃的苦衷，最终二人握手言和，达成了一致的协议：俞浩改名刘浩，以后与刘女士共同生活；俞先生一次性补偿过去五年俞浩的抚养费48000元，同时自2021年7月起每月支付抚养费800元，至刘浩18周岁时止，二人约定每半年支付一次。这场因口角而起的情侣反目、父子分离闹剧在五年后终于画下句号。

（二）"羲之调解"六十年纠纷一朝解，一揽子调处暖人心

本案的历史背景最早追溯到1950年，当时竺先生的奶奶姚女士在土改运动时被定义为小商，姚女士以入股的形式把房子交由供销社，自己成为供销社职工。

1958年，姚女士因私自生产白药、偷税漏税被判刑，自动脱离上东供销社，自谋职业。1958年到1988年这三十年，因为这套房子的所有权问题，两方一直存在纠纷，1988年，根据上级"包下来"的政策，供销社承担房子修复及照顾姚女士生前生活，约定姚女士去世后房子归供销社所有，双方签字确认。

可在姚女士过世后，竺先生觉得当时的处置存在问题，一直居住在房子中不肯搬离。其间供销社多次催促其搬离，经历了几代职工，均无果，便向法院提起诉讼。

【调解经过和结果】

拿到诉讼材料后，法庭工作人员第一时间联系了竺先生，想要了解案件的基本情况。没想到，竺先生情绪激动，也拒绝到法庭进行调解，第一次沟通以失败告终。

此外，因为该房屋已近百年，从现状看亟待修缮，随时有倒塌的危险，对当事双方都可能造成严重后果。但因其地处华堂古街，受文化保护，对于修缮有着特殊要求，不允许私自修缮。供销社历史遗留问题较多，工作人员通过走访现任职工，也难以厘清纠纷的来龙去脉。

法庭工作人员考虑，通过诉讼程序可以根据案件情况进行判决，但简单判决恐怕无法解决现实问题，甚至有可能进一步激化矛盾。为彻底化解矛盾，定纷止争，法庭在征得当事人同意后，以"诉前调"案号立案，不直接进入诉讼程序，力争能灵活、快捷地解决纠纷。

进入诉前调解程序后，法庭工作人员同时希望能借助镇级矛调中心来吸收社会多元力量解决此次纠纷。法庭工作人员先将案件信息引入金庭镇矛调中心"基层治理综合信息平台"，派单给网格员，委托其对案件缘由进行摸排。

考虑到竺先生不愿意来法庭调解，法庭、司法所、村两委成员前往现场勘探、调解。"调共体"成员同时找到了供销社退休老职工，厘清了这段纠纷的历史。经过不下五次的走访沟通，也找到了充足的历史资料，竺先生与供销社几十年的误会得以解除。"调共体"成员也适时提出了初步调解方案，即竺先生花钱购入房产，供销社配合履行过户手续。

但双方随后又对房产的"此套房产占地364平方米，为砖木结构，经过我们的评估，评估意见是……"产生疑问在金庭镇矛调中心"羲之"云法庭里，法官、评估机构工作人员、当事人通过"钉钉"视频连线的方式对评估意见进行沟通，评估机构对于评估进程及结果在线提供解答。当事人对于评估结果欣然接受，协议也立马确认了下来。

"等这房子修好了，我要继承祖业，重新开一个酒庄。"竺先生指着自家的招牌，对未来充满了期待。

没想到，一场"官司"反而打出了希望。

重庆巴南指标分析和"在线司法确认"

习近平总书记深刻指出，法治建设既要抓末端、治已病，更要抓前端、治未病，要坚持和发展新时代"枫桥经验"，把非诉讼纠纷解决机制挺在前面，从源头上减少诉讼增量。近年来，重庆巴南区坚决贯彻落实习近平总书记"坚持把非诉纠纷解决机制挺在前面"重要指示精神，坚持以人民为中心的发展思想，坚持和发展新时代"枫桥经验"，持续深化政法领域改革，进一步节约司法资源，全面推广"一书一令"（司法确认裁定书+人身安全保护令）纠纷调处机制，简化司法流程、打破司法壁垒，切实为基层矛盾纠纷化解提质增效，成功创建全国市域社会治理现代化试点合格城市、全国社会治安防控体系

建设示范城市和全市法治政府建设示范区县。《联动联调"在线司法确认"工作法获评全国"枫桥式工作法",相关区级领导受到习近平总书记亲切接见;"一书一令"做法》获评2023年重庆市政法领域改革最佳实践。

一 巴南区基本情况

巴南区位于重庆市中心城区东南部,是中心城区面积最大的行政区,面积1825平方公里,占中心城区的1/3,地理特征为"五山一水四分田",辖9街14镇,常住人口120.64万人,城镇化率84.72%。巴南区是中心城区唯一的国家城乡融合发展试验区、全国社会信用体系建设示范区,是全国市域社会治理现代化试点合格城市、全国社会治安防控体系建设示范城市、全市法治政府建设示范区县、国家数字乡村试点地区。

历史文化悠久。前身是千年历史名邑巴县,1994年撤县建区,由巴县更名为巴南区。三千年巴渝文化源远流长,巴渝文化、抗战文化、古镇文化等异彩纷呈。拥有全国重点文物保护单位南泉抗战旧址群,中国历史文化名镇丰盛古镇,国家级非物质文化遗产"接龙吹打""木洞山歌"等。

自然资源丰富。90%的区域是美丽乡村,拥有96座水库、124.1万亩森林、60公里长江岸线,巴滨路亲水岸线风光秀丽,国家级重点水利工程观景口水库滋养中心城区380万人。优质温泉资源占全市40%,常年43℃的喀斯特温泉热洞世界罕见、亚洲唯一,是"中国优秀旅游城区""中国温泉之乡"。

区位优势突出。巴南区是重庆南向开放的门户,获批国家外贸转型升级基地。跨境公路班车形成"3 向 11 线 23 口岸"的运输网络，覆盖东盟，联动欧洲、中亚。重庆公路物流基地纳入国家《西部陆海新通道总体规划》，成为中国（重庆）自贸试验区联动创新区，获批商贸服务型国家物流枢纽。

产业基础坚实。生物医药、数智经济、高端装备、商贸物流、生态创新五大产业集群不断壮大，生物医药产业列入首批"国家战略性新兴产业集群发展工程"。重庆数智产业园获评国家级绿色工业园区，落户全国首个"企业硬科技培育基地"。腾龙 5G 数据中心纳入国家东数西算成渝节点数据中心集群。先进动力装备产业集群入选工信部 2023 年度中小企业特色产业集群。

2023 年地区生产总值 1094.1 亿元、增长 6.1%，规模以上工业增加值增长 5.8%，固定资产投资 658.8 亿元、增长 6.3%，社会消费品零售总额 508.8 亿元、增长 7.5%，一般公共预算收入实现 43.2 亿元、增长 7%。

二　若干指标数据分析

特别选取近两年变化较为明显的数据，对法治指数指标体系的相关数据作出以下分析。

（一）行政诉讼一审败诉率

行政诉讼中被告方败诉的案件数与总案件数的比例。败诉率直接反映了行政机关的执法能力和行政水平，也是衡量行政机关工作质量的重要指标。

2022年一审行政诉讼231件，败诉6件，一审败诉率2.6%；2023年一审行政诉讼245件，败诉12件，一审败诉率4.9%。在一审败诉案件数量上，2023年行政诉讼一审败诉案件增长了一倍。随着《领导干部干预司法活动、插手具体案件处理的记录、通报和责任追究规定》等"三个规定"的深入落实，司法公信力不断增强，公众的法治意识逐渐提高，更多行政诉讼案件进入司法程序。行政机关对行政诉讼也越来越重视，行政机关负责人出庭应诉率从94.9%增加至99.3%。

优化建议：一是强化法治政府建设。将推进依法行政，降低行政诉讼案件败诉率纳入依法治区年度考核和全区不担当不作为专项考核内容，倒逼行政机关规范行政行为、依法履职。二是强化行政执法监督质效。开展行政执法人员业务能力提升培训，实施案卷集中评查，通过评查纠正违法或者不当的行政执法行为。三是抓实诉议诉检衔接机制，建立行政复议与行政检察衔接工作机制，在办理行政检察、复议案件时对具有实质性化解行政争议的案件，双方共同参与纠纷化解，共同推进定纷止争。四是抓实行政争议矛盾多元化解。贯彻执行全区多元化解行政争议推进会精神，借鉴发扬区法院"联动联调'在线司法确认'工作法"，建立行政争议协同非诉化解机制。发挥网格员作用，通过常态化排查走访，发现行政诉讼苗头，及时上报交由相关部门提前介入化解。

（二）不起诉率

刑事案件不诉率系检察机关案件质量主要评价指标之一，指不起诉人数占同期审查起诉案件审结人数的百分比。该指标为中性指标，不排名、不设通报值。

2023年，决定不起诉人数同比增加17.73%，同期审查起诉案件审结人数同比增加1.9%，不诉率比2022年增加2.68个百分点，主要有以下几个方面的原因：一是新的司法解释提高了入罪标准，如2023年12月"两高两部"下发了办理醉酒危险驾驶刑事案件的意见，提高了危险驾驶罪的入罪标准，2023年危险驾驶罪不起诉案件数量较上年有所增加。二是贯彻轻罪治理的司法政策，对轻微刑事犯罪，如醉驾、轻伤害、轻盗窃，以及对社会危害不大的初犯、偶犯、未成年人等，广泛采取轻缓政策，尽量从化解矛盾、分化犯罪、减少对立、促进和谐的角度出发，依法不诉。三是贯彻认罪认罚从宽制度。对犯罪情节轻微，认罪态度好，及时主动赔偿被害人损失的，依法从宽处理。

优化建议：其一，切实转变"重打击、轻保护"的传统观念。引导办案人员更新司法理念，改变"够罪即诉"的做法。其二，对轻刑犯罪、过失犯罪、未成年人犯罪在符合条件的情况下从宽处理。其三，对符合当事人和解程序适用条件的认罪认罚案件，积极促成当事人自愿达成和解，化解社会矛盾。

（三）一审案件改判、发回率

一审案件被二审发回重审改判的案件与一审结案案件总数的比值，是衡量一审法院案件审判质效的重要指标。

较2022年，2023年一审案件改判率、发回重审率增加了1.61%，主要有以下几个方面的原因：一是案件日趋复杂且争议较大。受经济下行等多种因素叠加影响，房地产领域、投资受损等债权债务问题衍生大量矛盾纠纷，进入诉讼程序的案件多为案情复杂且争议较大，这类案件处理难度大，容易导致群众上诉，进而增加了改判、发回重审的概率。二是案多人少矛盾突出。巴南区法院2023年审执结案件48772件，员额法官人均结案659件，位列全市法院第四位。由于法官需要处理大量的案件，导致精力分散，影响了案件处理质量。

优化建议：一是提高业务能力。努力提升法官队伍的职业素质及业务水平，强化责任意识、质量意识，加大调解力度，提高裁判文书质量，在事实认定、证据认定、法律适用等方面说理透彻、逻辑清晰、通俗易懂。二是加强质量监管。加强案件常态化评查，强化评查结果运用，以评查促提升，以监管促质效。明确改发案件责任，将其纳入法官绩效管理，倒逼案件质量提升。进一步压实院、庭长责任，加强质量监管，提高案件质效。三是加强诉源治理。进一步深化新时代"枫桥经验"，在全区范围内推广"联动联调'在线司法确认'工作法"，坚持把非诉纠纷解决机制挺在前面，强化矛盾纠纷排查化解，确保小事不出网格，大事不出村社，难事不出镇街，矛盾不上交。

（四）社区矫正对象再犯罪率

社区矫正对象再犯罪率是指在一定时期内，经过社区矫正的矫正对象中，再次违法犯罪的人数与总社区矫正对象人数的比例。是一个用于衡量社区矫正工作效果的重要指标。

2022年至2023年，巴南区社区矫正对象再犯罪率从0.11%上升至0.32%。主要有以下几个方面的原因：一是文化水平偏低，生存能力不强。多数矫正对象自身受教育程度有限，文化水平较低且往往不注重培养自身生活技能，他们重返社会后经常面临找不到工作的情况，从而失去基本生活保障，收入不足，其在矫正期间就很容易选择极端方式解决问题，增加了重新犯罪的可能性。二是缺乏家庭教育与关爱。在社区矫正对象的家庭中，有部分存在家长外出务工、离异、文化程度低等情况，故对其管教不当或不管教，有些矫正对象在回归家庭和社会后，受到身边亲朋好友的排挤，未能得到家庭关爱和社会同情，难免内心受挫，导致部分社区矫正对象在工作和生活等方面不能真正融入社会，进而重新犯罪。三是明辨是非的能力差，社会交往复杂。有些社区矫正对象明辨是非的能力较弱，社区矫正对象在犯罪后，仍与原来圈子中的人交往，结交的朋友素质良莠不齐，回归社会后易受到不良朋友和社会不良风气的影响，导致重新犯罪。

优化建议：一是加强筛选与评估。在社区矫正开始前，对犯罪分子的犯罪情节、悔罪表现、再犯罪可能等进行全面评估，确保符合条件的犯罪分子进入社区矫正。二是完善矫正计划。根据矫正对象的具体情况，制定个性化的矫正计划，注重法制教育、心理疏导和职业技能培训，提高再犯风险的管控能力。三是强化监督管理。加大对社区矫正对象的监督和管理力度，确保其遵守法律法规和矫正规定。四是加强社区管理。加大对社区的管理力度，增设监控设备，加强对社区治安的巡逻和管控，减少矫正对象再犯的机会。五是加强社会融入与支持。通过组织社区活动、志愿服务等方式，促进社区矫正对象与社区居民的交流与互动，帮助他们融入社会，减少社会排斥和孤立感。建立由家庭、社区、社会组织等多方参与的支持系统，为社区矫正对象提供全方位的帮助和支持，包括生活上的关心、心理上的慰藉、就业上的指导等。六是加强评估与反馈。对社区矫正工作进行定期评估，了解工作成效和存在的问题，及时调整工作策略和方法。建立社区矫正工作反馈机制，鼓励社区矫正对象、家庭成员、社区居民等各方积极参与反馈工作，为改进工作提供宝贵意见和建议。

（五）警情数

警情数，指群众通过拨打110报警、直接到公安机关报警或公安机关通过巡逻、侦查发现等方式录入到公安系统的所有警情数量。2023年，巴南区公安分局共接110警情较2022年上升8.2%，其中刑事警情同比下降32.6%；治安警情同比下降12.1%；交通警情同比上升8.9%；纠纷警情同比下降8%；群众求助警情同比上升24.4%；社会联动警情同比上升29.1%；其他警情同比下降42.6%，警情数同比大幅下降的原因主要有以下几个方面。

一是新冠疫情影响逐渐消退。2023年，我国对新冠疫情的防控逐步恢复常态，群众生产生活恢复正常，我区110警情同比上升8.2%，其中社会联动、交通警情、群众求助警情等与群众生产生活相关的警情增加较多。二是我区社会经济发展。2023年，我区经济社会快速发展，辖区经济情况良好，居民外出、聚餐、劳务等活动增加，群众求助、交通事故等警情也随之增加。三是群众报警意识增强。随着群众法治意识的不断加强，群众在遇到交通事故、违法行为、矛盾纠纷、求助等情况时，一般会在第一时间报警，因此求助、交通事故等警情相对增加。

优化建设：一是"打、防、宣"多措并举维护社会治安持续稳定。继续强化刑事、治安案件打击力度，形成严打高压态势。以"夏季行动"为抓手，聚焦九类街面警情，运用专项打击、集中攻坚等多种方式，重拳出击，持续掀起凌厉攻势。持续优化巡防策略，实现警力跟着警情走。针对治安形势特点和当前工作重点，进一步优化全区巡逻线路、必巡点，增加夜间巡逻组，调整特警冲锋车、治安冲锋车、"135分钟"快处小组分布，依托万达商圈现场应急指挥部，全面提升我区重点区域、夜间时段的巡逻防控力度和应急事件支援、处置能力。线上线下联动宣传，有针对性地加强宣传防范。通过线上公众号等互联网宣传渠道和线下海报、横幅、宣传单、院坝会等方式，多渠道、多形式加大对打架斗殴、溺水、盗窃等夏季高发警情的预防宣传力度，防范高发警情增长。

二是进一步强化应急处置能力建设。严格按照区委、区政府和市公安局要求，切实强化应急能力建设，进一步完善应急工作预案，加强应急演练，有效提升应急处突能力水平。同时，严格落实等级勤务要求，加强警力部署，最大限度将警力投向一线，加大人流密集区域显性用警力度，有针对性地强化党政机关、学校、商圈、夜市等人员密集场所的巡逻防控，切实提升见警率、管事率，"早、小、快"稳妥处置各类突发事件，重点关注矛盾纠纷及次生警情，并做好有效处置，全面维护社会治安秩序平稳有序。

三是进一步强化矛盾纠纷排查化解工作。加强人力情报建设和网络巡查力度,通过线上线下相结合的方式,多渠道摸排我区各类矛盾纠纷,制作风险隐患清单,做到突出风险全量收集。以数字重庆建设为契机,依托"141"基层治理指挥体系,充分发挥公安情报优势,积极推动矛盾纠纷排查化解工作闭环处置,进一步完善与党政部门协同的矛盾纠纷化解机制,全力做好矛盾纠纷的排查化解工作。

(六)提案办理满意度

该指标是提案办理评价为"满意"的提案与立案提案总量的比例,直接反映了区政协委员对承办单位提案办理结果的认可度。2022年,提案办理满意度为96%;2023年,提案办理满意度为99%。

一是以深度协商互动深化双向发力。将沟通协商作为提案评议评价硬指标,促进提办双方在交流中凝聚共识,在共商中寻求对策。邀请相关部门参与提案审查工作,加强提案审查过程协商。创新开展提案预交办工作,提高了提案分办准确性。深化16件重点提案办理协商,区委、区政府和区政协相关领导参加专题协商会,听取各方建议,推动建议落实,释放重点提案的示范引领效应。推动一般提案微协商,一般提案面商率达到30%。健全完善并案提案答复协商机制,要求并案提案与主提案同研究、同协商、同答复、同办理。

二是以督办方式创新促进成果转化。明确了提案办理5类指标、12条质量标准,努力推动提案建议高标准办理、高质量落实。建立了提案办理答复清单式反馈机制,提高了答复的精准性和针对性。对13件提案以及对应的5个主办单位和10个协办单位，进行提案质量与办理质量"双向评议"，帮助提案者更好地掌握提案基本知识，推动承办单位更加积极地采纳落实提案建议。邀请提案承办大户观摩双向评议过程，引领提案承办大户提高重视程度，丰富协商形式，扎实推进办理。

优化建议：第一，秉持"答复前先协商"的理念，督促承办单位加强与提案者的沟通交流，达到提得认真、商得深入、办得满意的效果；第二，强化重点提案督办引领，确保督办一件，助推一方问题的解决；第三，做好一般提案"微协商"，促进提案协商与专题协商、对口协商、界别协商等有机融合、有效衔接。坚持建言资政和凝聚共识双向发力，引导全体政协委员主动深入基层、深入群众，贴近和服务基层群众，积极通过提案化解矛盾、解决问题、推动工作、增进共识。

三 "在线司法确认"产生背景

现行法律制度中，法院司法确认、公安行政调解为矛盾纠纷的多元化解提供了解决路径。但实践中，各部门存在沟通壁垒，容易错过矛盾化解的最佳窗口期，群众维权成本和国家维稳成本相应增加。

（一）公安行政调解有"瓶颈"

一是警力有上限。在第一时间"报警找警"的传统习惯下，多数警情属于民间纠纷，纠纷化解占用大量警力。二是能力有上限。公安民警调解时面对的矛盾主体多、处置难度大、群众期望高,但受知识或调解技巧限制,调解质量和成功率不高。三是效力有上限。行政调解协议不具有强制执行力,一方当事人不履行,另一方当事人只能向法院提起诉讼,增加群众诉累。

(二)传统司法确认有"障碍"

一是知晓程度低。部分群众在达成调解协议后不知如何赋予调解协议强制执行力,造成诉调对接不紧密,申请司法确认比例低。二是历经程序多。司法确认程序烦琐,传统模式下,双方当事人需共同到法院申请并提供证明材料。三是确认时间长。法官未介入调解过程,审核调解协议时需重新审查双方证据及相关陈述,部分还需通知双方当事人再次接受询问,耗时长。

(三)政法单位联动有"壁垒"

一是信息共享不畅。法院、公安、司法对于矛盾纠纷化解缺乏畅通的信息沟通机制,尚未完全形成合力。二是统筹协调不顺。政法各单位对多元解纷工作缺乏统筹协调,矛盾纠纷联调机制实施中措施不多、力度不够。三是资金保障不足。矛盾纠纷联调机制缺乏专项资金保障,设施设备不足,调解员积极性不高。

四 "在线司法确认"主要内容

巴南区认真贯彻习近平法治思想,坚持和发展新时代"枫桥经验",在区委政法委领导下,通过与公安、司法等各部门构建联动联调"在线司法确认"工作法,由司法局"出身份",公安局"出地、出人",人民法院"出人、出章、出法律文书",将矛盾纠纷化于未发、止于未讼,切实做到预防在前、调解优先、运用法治、就地解决,助推全域矛盾纠纷调早化小、防激防变。

(一) 做实调解联动 + 司法确认

在党委政法委统筹下,依托人民法院在线调解平台,整合法院、公安、司法部门等力量,建立"调解联动 + 司法确认"一体化机制。一是做实对接联动。围绕小事不出村、大事不出镇、矛盾不上交,在派出所、司法所、法庭全面建立"一庭两所"人民调解派驻模式,推进警调、诉调对接。建立"一庭两所"联席会议制度,每周通报联调工作成果,每季度召开一次联席会议，对于案情复杂的纠纷，由法庭庭长、派出所所长、司法所所长联动调处，集中力量化解。二是开展"三个一"在线司法确认。达成调解协议后，调解员协助当事人当场在线申请司法确认，当事人仅需对调解协议和司法确认申请签字，实现"一表不需填"；法官通过远程办案系统即时审核调解协议并制作司法确认文书，文书经电子签章后最快30分钟内即可通过在线回传技术发送至调解员系统，实现"一天不用等"；调解员通过系统平台在线打印文书并当场送达，实现"一次不多跑"。三是强化回访监督。建立案件履行回访制度，由调解员督促当事人主动履行调解协议，对期满未主动履行调解协议的，由调解员指导当事人通过"人民法院在线服务"微信小程序申请法院强制执行。

（二）推动试点先行到全域复制

积极将联动联调"在线司法确认"机制从"一庭两所"试点向各领域复制推广，打造30分钟调解圈。一是庭所联动先行试点。在全区选择1个派出所、1个法庭首先试点推行，由法院搭建专业化、职业化在线诉调对接团队，调解室接入在线调解系统，派出所提供办公场所、电脑、彩色打印机等场地设备，司法所组织聘任符合条件的民警担任人民调解员，并对专兼职调解员进行培训和考核。总结经验后在全区全面运行"一庭两所"。二是横向拓展各领域。在试点基础上，将家事纠纷、物业纠纷等6个驻院调解室整合为"人民法院老马工作室"，承接法院委托、委派调解并开展司法确认。法院与劳动争议调委会、医疗纠纷调委会等12个调委会建立诉调对接关系，开辟行业性、专业性调委会在线申请司法确认"绿色通道"。三是纵向贯通各层级。制定《关于深化矛盾纠纷大调解体系建设的实施方案》，依托三级社会治理中心建立区级、镇街、村居三级矛盾纠纷综合调处平台，全面推行在线司法确认。

（三）强化工作保障和科技支撑

建立完善常态化指导培训机制，加强经费保障，迭代升级科技手段，推动联动联调在线司法确认长效运行。一是全时段在线指导。选定3名法官与调解员建立"巴南区在线司法确认"微信群，全天在线解答法律问题、指导调解过程，制作上传追索劳动报酬纠纷、租赁合同纠纷等7种调解书模板。对于疑难复杂或群体性案件，法院指派法官到现场参与调解，以案促教。二是全覆盖培训轮训。开发《一体化司法确认》调解员必修课，对新任调解员进行"调解＋司法确认"标准化岗前培训。建立调解员轮训机制，每月抽调调解员轮流到法院诉调中心跟班锻炼。定期组织调解员座谈，通过优秀调解员分享工作经验、法官开展典型案例剖析等方式提高调解员调解能力和业务水平。另外，根据案件难易程度及开展在线司法确认的案件数发放调解补贴，极大地增强调解员的积极性和责任感。三是全流程科技支撑。引入智慧法律咨询平台，通过人工智能自动问答采集案件信息，生成法律意见书供调解员和当事人参考。嵌入智能笔录系统，通过语音识别技术实现调解过程自动记录，调解协议一键生成。接入在线调解平台，通过在线语音、视频、交换证据厘清案件事实，通过区块链技术对调解协议进行电子签名，极大提升调解便捷度与安全性。

五　成效和启示

联动联调"在线司法确认"工作法是巴南区践行新时代"枫桥经验"的一个缩影，在多年不断的探索和实践中，联动联调"在线司法确认"工作法不断完善和发展，取得成效的同时也带来很多启示。

一是创造了诸多具有辨识度的工作经验。2023年11月6日，巴南法院"联动联调'在线司法确认'工作法"被中央政法委评为"全国新时代'枫桥经验'先进典型"，单位代表受到习近平总书记亲切会见。2019年，该机制获时任最高法院院长周强的批示推广，2020年在全国高级法院院长会上通过视频连线交流汇报。2023年7月,"'一书一令'解纠纷　法治保障增效能"获评重庆市政法领域改革最佳实践。与区工商联共建沟通联系机制做法入选全国工商联、最高人民法院2020—2022年度沟通联系机制典型事例。《打破部门壁垒,联调联动推进旅游纠纷调解公共服务质量全面提升》获评文旅部2023年全国旅游公共服务优秀案例,相关经验在全市"坚持和发展新时代'枫桥经验'推进基层社会治理现代化"现场会做经验交流。

二是充分满足群众经济、便捷、高效解纷需求。通过矛盾纠纷快速调解、调解协议同步审核、司法确认文书当场领取的联动联调在线司法确认机制,司法确认流程由法定30天缩短至30分钟以内,当事人可在全区18个区级、23个镇级、313个村居调委会就近、免费、高效化解矛盾纠纷,通过司法确认和强制执行,有效防止调解后反悔,增强了人民群众法治获得

感、认同感。

三是工作成效得到司法实践全面检验。该机制从一个派出所试点到全区派出所、司法所全面铺开，再到横向拓展至各重点行业性调委会，纵向贯通至各村社调委会，具有明显的可复制性、推广性。机制全面推行以来，调解成功后申请司法确认及出具调解书的案件19916件，调解成功后申请司法确认的案件占比由7%提升至66.5%，经司法确认的调解协议自动履行率达92.8%。

六　典型案例

在基层调解工作中，联动联调"在线司法确认"工作法，能够充分整合"一庭两所"各自在调解工作中的优势，并以司法确认书的形式赋予人民调解协议书以法律执行效力，在调解具有货币给付内容的案件，或者是化解具有货币给付内容的信访矛盾时，对于督促当事人尽快履行具有极为重要的作用。

（一）案例："一庭两所"联调联动调解土地租赁冲突

农民将土地流转后迟迟收不到租金，生产生活受到重大影响，企业将流转土地流转到手后实体经营难以为继，无力支付租金。如何在保障双方当事人的合法权益的前提下，化解这两难困境呢？

在2022年5月的重庆市巴南区麻柳嘴镇八角村，一航空俱乐部负责人与当地村民发生了激烈的冲突。八角村村委会主任雷飞禄说："再不给钱的话，就把他们营地给堵了，不让他们运营。"

　　这个航空俱乐部所在的位置，是重庆市四个江心岛之一的南坪坝岛，这里是巴渝文化的重要发源地，也是重庆重要的生态留白，素有小呼伦贝尔草原之称。自然风光、田园风景、草原风情在小岛上多有呈现，风光非常漂亮，麻柳嘴镇正在举全镇之力发展南坪坝的观光旅游。

　　2017年，南坪坝岛上开始发展旅游，就是因为这家航空俱乐部的到来，该航空俱乐部和八角村签订了10年的租赁合同，前五年按照每亩每年1300元的价格租用，总共租用130亩地，后5年按照实时价格调整租金。

　　2018年该航空俱乐部正式营业。2018年开始到2019年的两年间，航空俱乐部的经济效益尚还可观。然而从2020年疫情开始，该航空俱乐部的经营受到了很大的影响。人流量不能聚集了，生意自然而然就淡下来了，经营收入也随之而来降下来了。收入的下降直接导致航空俱乐部无法按时支付村民的土地流转金。而很多村民依靠土地租金作为生活来源，收不到土地流转金，将给他们的家庭生活带来很大的困难。

航空俱乐部和村民之间的矛盾越来越激化。冲突不断发生，让企业经营一度暂停。最后闹到司法所和派出所。

随着老百姓的法律意识越来越强，他们遇到有法律纠纷的问题一般会先找村委会，村委会解决不了的，就会找到司法所，司法所如果解决不了，就会咨询法院，实行司法所和法院的联动。

这里所说的联动，正是巴南区人民法院实施的联动联调在线司法确认工作法，这个工作法也入选了全国新时代"枫桥经验"，成为全国104家先进典型中的一家。巴南这个"枫桥经验"，重在一个"联"字，把公安联起来、司法联起来、法院联起来，"联"是一个形式，要让它动，那么怎么动呢？就是在案件发生的第一时间，在萌芽状态的时候，我们就走到群众的身边去看，这个问题发生在哪儿，为什么会发生。

现在矛盾到了麻柳嘴镇派出所和司法所，司法所所长陈修玲立即和巴南区人民法院的法官进行联动，法官全程进行调解指导。

比如，当事人是写户主呢，还是写某某承包户呢。

又比如，调解当事人是户主来签字吗？

类似这些调解过程当中遇到任何法律问题，都可以直接连线咨询在线法官，法官全程在线指导作答。就这样，建立微信群，通过24小时在线联系指导，将基层一线派出所、司法所基层经验丰富、熟悉群众工作的优势，与法官审判经验丰富、对法律的理解更加精准这两个优势强强联合，这样一庭两所就可以在群众遇到纠纷的时候提高解纷质效。

这次的纠纷涉及的有138户人家，人员众多，要想把所有人的意见统一也极为困难。而且这次不光是要安抚村民给航空俱乐部一定的时间补上流转金，还牵扯到原先合同中后5年租金涨价幅度的问题。

首先，要统一村民的意见。调解中，陈修玲反复跟群众说：你要理解企业，现在你去影响创业经营的话，你的土地流转租金更收不到了。通过一次又一次地做工作，终于在2022年12月份把群众思想统一了，让他们涨租金不要一次性涨那么高，就控制到1500块钱一亩。然后及时去找到航空俱乐部负责人蒋总，但是蒋总也表示，就算是1500块钱一亩，他们一时之间也拿不出来这20多万块钱，希望能够稳定群众情绪，他们再继续去筹措资金。

调解工作进入了又一个拉锯战，这中间老百姓提的各种问题，调解员都通过巴南法院建立的巴南区在线司法确认微信群以及调解平台，反复和法官咨询沟通。如果我们没有调解成功，没有达成协议的话，我们要怎样帮助村民维权？有很多村民的过激行为，会造成的一些后果，要如何给村民做答复？村民提到的其他法律问题，有些超出我们认知的问题，要怎么回复？这些都及时跟区法院的法官沟通，做好村民的解释工作。

经过持续努力，调解员和法官在充分了解村民和企业的意愿后，决定组织双方现场调解。

调解中八角村村委会主任雷飞禄发出疑问：吴法官，签了协议过后，还是拿不到钱怎么办？

区人民法院立案庭副庭长吴继超解释说：双方达成调解协议后，可以共同向法院申请司法确认，经法院确认了调解协议，就赋予了强制执行力，一方不履行的话，另一方可依据法院出具的民事裁定书申请强制执行。法院出具的裁定书，赋予

了调解协议强制执行力，一方不履行的话，当事人可以依据我们出具的民事裁定书向法院申请强制执行，有法院强制执行力做后盾，当事人可以放宽心；而租赁方，也愿意积极筹措资金，只是一时的经营困难。既要保护村民权益，也要兼顾民营企业发展。

双方的疑问和顾虑都消除后，最终达成调解协议，调解员通过人民法院调解平台录入相关案件信息，并向巴南区人民法院申请司法确认，法官当即立案并制作司法确认裁定书。当事人在调解室就可以实现现场申请，实现一次不多跑，30分钟就可以把盖有法院印章的生效裁定书、民事裁定书发到调解员的调解平台账号里面，当场打印出来送达给当事人。

30分钟后，盖有法院印章的司法确认裁定书，送达到了双方当事人手上，村民吃下定心丸，企业也迎来发展转机。为了保障案件后期顺利执行，巴南区人民法院还建立案件履行回访制度，由调解员督促当事人主动履行调解协议。

2023年春节前夕，老百姓拿到了之前被拖欠的土地流转金。2023年5月份，下一年的土地流转金，航空俱乐部一天也没有耽误，按照1600块钱每亩支付给了村民。

（二）案例：联动联调"在线司法确认"帮104名工人讨回173万元欠薪

2024年6月，巴南区司法局麻柳嘴司法所、派出所联动区人民法院高效调解一起劳务合同纠纷案件，帮104名工人讨回了共173万元被拖欠的工资，促使矛盾纠纷源头化解，保障了群众合法权益，维护了社会和谐稳定。

"陈所长，我是宋某，现在我家人去世了，我没有钱回山西，你能帮帮我吗？"6月28日18时20分左右，麻柳嘴司法所所长陈修玲接到当事人宋某的求助电话。

原来，该所在5月20日就帮助宋某等人调解了工资纠纷，并达成还款协议，但对方还差4000元没有支付给宋某。

"宋师傅，你莫急，我这几天也一直在催促公司尽快履约，我马上与公司联系，尽力先把你的问题解决了，你等我一会儿。"陈修玲安抚道。

挂了电话，陈修玲立即与某设备公司负责人贺某联系，动之以情，晓之以理，贺某立即将4000元工资尾款支付给宋某。当日18时45分，贺某将转款凭证发给了陈修玲，宋某也打来了感谢电话，并表示已收到剩余欠款。

据了解，宋某、蹇某、段某等104名外地农民工于2月到位于巴南区麻柳嘴镇的某建材公司安装生产线。该工程由某建材公司发包给某设备公司，某设备公司又分包给某科技公司，约定每月25日申报本月工程实际完成量，次月25日前支付工程额的80%的进度款，某科技公司又承诺工人，每月25日按工人实际上班时间支付上一个月的工资。因某科技公司未按承诺在4月25日支付工人3月份工资，工人找到负责人陈某讨要工资。陈某表示，因为某设备公司没有按约支付进度款，造成他没有钱履行承诺。随即，工人找到某设备公司负责人贺某，贺某又表示是因为某建材公司没有按约支付进度款。而后，工人找到某建材公司负责人罗某讨要工资，罗某表示某科技公司和他们没有合同关系，他们没有义务支付。多方讨要无果，导致104名工人与某建材公司产生矛盾纠纷。

5月20日10时许,巴南区公安分局麻柳嘴派出所接到这一警情,第一时间到达现场处理。在安抚工人情绪、了解实情后,派出所立即联动司法所共同参与纠纷调解。

13时30分左右,104名工人与三家公司的负责人来到麻柳嘴司法所进行调解。陈修玲带领镇调委会调解员、驻所调解员分头对四方进行调解,安抚各方情绪,耐心普法劝解,但因104名农民工意见各不相同,某设备公司认为某科技公司出具的工资表不实等问题,调解一度陷入僵局。

于是,调解员现场组织三方核对工资,锲而不舍释法说理、耐心劝导。经过4个小时的调解,三方终于达成调解协议,由总承包某设备公司先行代偿,分三期支付,5月24日前支付3月份工资97万余元,5月31日支付4月份工资49万余元,6月25日支付5月份工资27万余元,共计173万余元。

随即,4名调解员、3名社保所工作人员立即收集104名工人信息,在线联系巴南区法院木洞法庭法官指导拟定104份人民调解协议书,于当晚组织三方完成全部人民调解协议书和司法确认申请书签订事宜。

104 起劳务合同纠纷案件，1 天之内完成调解和协议书、司法确认申请书等文书签订工作，3 天内完成司法确认系统录入工作，跑出了麻柳嘴镇调解为民的新速度。

事后，麻柳嘴司法所持续跟进履约情况，得知某设备公司未按约履行，立即督促履行并帮助其协调与某建材公司的进度款支付问题。在司法所的督促与帮助下，7 月 1 日，某设备公司全部履行协议完毕，该纠纷得到圆满解决。

（三）案例：联动联调"在线司法确认"化解群众信访诉求

阻拦施工信访维权，是不少农民工讨要工资的主要方式，也是当前地方政府维稳面临的主要难题之一。2024 年的某天下午 3 时许，农民工老郑和其他 12 名工友冒雨在重庆市巴南区界石镇一正在施工的楼盘门口站成一列，情绪激动："如果不把工资结了，搁不平！"

老郑和工友们这么一闹，有人报了警。接警后，巴南区公安分局界石派出所民警罗琪按照巴南区矛盾纠纷一体化处置的流程，第一时间电话通知了巴南区人民法院立案庭副庭长吴继超。两人很快赶到了现场，一同前往的还有巴南区法院特邀调解员徐斌斌。

"有话好好说，你们在门口堵着影响了正常施工不说，要是做出过激行为可能还涉嫌违法了。大家坐下来聊一聊。"在警察、法官和调解员的劝说下，老郑和工友们的情绪缓和了些。工地里有几间临时搭建的板房是项目方的办公地，成为本次"谈判"的场地。

原来，老郑和他的工友，每人有 1 万多元的工钱没有拿到手，共计金额 13 万多元。包工头孟某不否认，但因为项目方没有结账，他也拿不出钱来支付工人工资。而项目负责人则企图打太极，认为项目方只和孟某签了合同，付给他的钱公司正在走流程。这些农民工是孟某带到工地来干活的，欠薪的事和他们没关系，应该他们自己协商。

吴继超立即现场释法："农民工是到你们工地上做工，怎么会没关系呢？不管是项目方还是包工头，在法律上都和你们脱不了关系。分包单位拖欠农民工工资的，由施工总承包单位先行清偿。"

调解中，包工头提出，等项目方的钱到位了，八月份先付一部分钱，剩下的工资年底结清。但老郑和工友们担心夜长梦多，坚决不同意年底结清。大家你一言，我一语，始终没谈到一块儿，气氛越来越僵。

经多方协商，吴继超最终提出建议：大家各让一步，欠老郑他们的钱，八月底前全部结清。但为了农民工们的工资发放到位，包工头与项目方这边约定，由项目方直接把工资打入每位农民工的银行账户。这一提议得到各方当事人的赞同。

"我们可以等到八月，可万一到时间他们赖账怎么办？"老郑又提出了新的疑问。

吴继超解释并保证："如果今天你们能够达成协议，大家可以在界石派出所线上申请司法确认，法院半小时之内就能审查完毕，签发裁定书。如果他们到期不结工资的话，你们可以向法院申请强制执行，而且这些都是免费的，司法确认也不收诉讼费。"下午 5 时许，13 份调解协议拟好了。调解员徐斌斌通过重庆法院"易解"平台上传了调解协议及相关证据。赶回法院的吴继超在线审核了证据及协议的合法性，出具了民事裁定书，并通过"易解"平台的文书电子签章功能，将盖章后的法律文书传回了派出所。

20分钟后，老郑拿到了盖有巴南区法院公章的民事裁定书，有了法律保障，让老郑悬着的心终于放下了。

四川武侯指标分析和"社区信托制"

四川省成都市武侯区持续推动基层法治实践创新，针对小区治理难点，积极探索开展信托制物业服务，高标准完成社区信义治理国家级标准化试点工作。2023年，信托制预防化解小区物业矛盾工作法入选全国新时代"枫桥经验"先进典型。吉福社区获评"全国民主法治示范社区"，簇桥司法所获评第四批省级"枫桥式司法所"，丽都花园社区获评"全省民主法治示范社区"。

一 武侯区基本情况

武侯区位于成都市中心城区西南部，是成都老五区之一，因区内蜚声中外的武侯祠而得名。2023年，武侯区生产总值增长6%左右，社会消费品零售总额增长9%左右，外贸进出口总额增长15%，一般公共预算收入增长10.6%，主要经济指标排名五城区前列，进入"2023赛迪百强区"前15名，位居西部上榜城区第一名，获省委省政府通报表扬。

火车南站街道位于武侯区东南面，面积4.23平方公里，有6个社区。长寿苑社区成立于2001年12月，地处火车南站中环路内侧、人民南路四段以东、科华南路以西。社区占地0.723平方公里，人口1.4万余人、5409户，是以拆迁安置居民为主的复合型老旧居住社区。2012年，长寿苑社区已实现院落、小区党组织全覆盖，现有下属党支部14个、党员274名。社区党组织在8个院落分别建立了院落民情议事会和居民自治管理小组等居民自治组织，在3个物业小区推动建立了小区业主委员会和小区议事会，创建了"1+3"党员公开服务承诺制、"234"院落居民自治工作法（2018年被民政部评为全国优秀社区工作法）、"144"物业小区治理党建工作法、"12385"离退休干部党建工作模式（2019年被中组部评为全国离退休干部先进集体）、"4432"规范微权力运行工作法。为推动和谐社区建设，建立了谈心角、小院议事厅、有事来商量、十街坊老党员工作室等协商议事平台化解各类矛盾。

2023年，长寿苑社区在6个院落开展成片式信托制物业，从源头化解矛盾纠纷，助推火车南站街道获评"全国新时代枫桥经验工作法"先进典型。社区先后获得全国离退休干部先进集体、全国百强优秀社区工作法、全国民主法治示范社区、全国和谐社区建设示范社区、全国科普示范社区、全国群众体育先进社区、全国残疾人工作先进社区和四川省文明社区、四川省充分就业社区、四川省防震减灾科普示范社区、四川省残疾人"量体裁衣"式个性化服务工作教学示范点、成都市先进基层党组织、成都市文明社区标兵、成都市首批近零碳示范社区等荣誉。

2023年，火车南站长寿苑社区召开信托制物业推广——坝坝会

二 若干指标数据分析

法治指数指标是直观反映评估一个地区法治建设情况的重要科学依据。武侯区在推进法治建设的过程中，及时完善法治评估体系，确保在各个层级都能得到有效推进。

（一）行政机关负责人出庭应诉率

《最高人民法院关于行政机关负责人出庭应诉若干问题的规定》（法释〔2020〕3号）对被诉行政机关负责人应当出庭应诉作出规定，被诉行政机关负责人依法应当在第一审、第二审、再审等诉讼程序中出庭参加诉讼，行使诉讼权利，履行诉讼义务。"行政机关负责人出庭应诉率"是指行政机关负责人在行政诉讼中出庭应诉的比例，该项指标反映行政机关对于依法行政的重视程度以及其对于法律规定的遵守情况。通过量化行政机关负责人出庭应诉率，体现政府对于法治建设的重视，体现法律面前人人平等的法治意识。"行政机关负责人出庭应诉率"的计算公式：行政机关负责人出庭案件数÷行政案件受理数。

2023年，武侯区人民法院立足新起点，紧抓新机遇，通过改革创新优质化提级，队伍建设优质化提能，深化府院联动，促进行政审判质效优质化提升。据统计，该区"行政机关负责人出庭应诉率"由2022年的83%提升至2023年的97.6%。具体原因包括：一是持续巩固政府和法院联席会议机制。充分发挥多模式政府和法院联席会议功能，协助区委召开行政争议多元化解工作的府院联席会议，协同共商新阶段共推法治政府、法治成都建设举措。二是围绕重点热点问题，加强沟通联系。紧密结合行政复议体制改革、行政机关机构改革等新形势，关注城建规划、综合执法、工伤认定等领域的热点难点问题，积极同相关部门开展"专业对专业"府院联席会议，及时沟通预警行政执法普遍性、倾向性、趋势性问题，从源头规范执法，深化诉源治理。三是强化行政诉讼司法审查白皮书决策参考效能。定期全面分析反馈行政机关涉诉、败诉、行政争议实质化解等整体情况，助推依法行政和法治政府建设。

优化建议：一是按照上级法院关于行政审判重点工作部署，参照制定武侯区行政机关负责人出庭应诉规则，统一负责人出庭通知文书样式，规范庭前随案发送程序，增设行政案件负责人出庭信息报结提示弹窗，提升负责人出庭应诉工作规范化水平。二是加强同司法行政部门常态沟通对接，定期反馈负责人出庭情况，做好行政诉讼事项党务、政务目标考核，推动负责人出庭应诉率持续向好。三是依托常态化示范观摩庭审，推动"一把手"、高层级负责人出庭示范，推进出庭负责人发表实质化解行政争议意见，促推负责人实质参与纠纷化解，提升出庭应诉工作实效。

（二）共享法庭矛盾化解率

共享法庭是一种创新纠纷解决机制，旨在通过"法院+"方式，创新服务模式和社会治理机制，实现矛盾纠纷的高效化解。共享法庭机制也是近年来坚持和发展新时代"枫桥经验"，双向融合诉源治理与基层治理，扎实推动基层治理现代化和司法体制改革的重要力量。

2023年，武侯区法院积极践行新时代"枫桥经验"，致力于前端诉源治理工作，主动融入基层社会治理，与武侯区委统战部、武侯区她妆美谷管委会在她妆美谷产业园区共同设立了"她妆美谷共享解纷空间"，同时，还与武侯区公安分局、武侯区司法局等部门在吉福社区共同设立"共享解纷空间·石榴籽调解"，实现了共享法庭零的突破。全年通过共享法庭化解矛盾纠纷300余件，化解率达85%。主要措施：一是重视"一站式"建设，着力夯实解纷阵地。根据上级法院关于实体入驻矛盾纠纷多元化解"一站式"平台的工作要求，武侯区法院围绕区产业园区打造、社区基层治理设置了"共享法庭"，提升纠纷化解的专业性与及时性。二是创新实施"法院+"联调联动机制。致力于为各方提供平等对话、协商解纷平台，把诉调对接中"调"的环节再向前延伸，构建多方协同、运行规范、高效联动的诉源治理新模式，促进产业园区、社区街道的矛盾纠纷源头治理。三是整合解纷资源。集成并联合人民法院、行政部门、党派及行业力量，建立法官指导组、特邀专家组及志愿者组，充分发挥深入联系人民群众、广泛凝聚社会共识等强大优势。

优化建议：武侯区可从以下三个方面不断优化提升"法院+"纠纷解决机制：一是不断完善"共享解纷空间"的制度建设。建议围绕解纷实质出台《调解工作流程》《调解员管理制度》等制度规范；二是不断完善内外协同联动机制。充分发挥"法院+"联调联动机制，通过法官指导、座谈总结经验，有效减少当事人诉累，促使矛盾纠纷源头化解；三是着力拓展"共享解纷"需求领域。注重企业需求、基层治理需求，着力开拓更多领域，共建"共享法庭"。

（三）公职律师覆盖率

公职律师制度是在习近平总书记亲自部署、亲自领导、亲自推动下建立实施的一项重要制度，其在服务党政机关依法决策，促进依法行政、依法执政等方面发挥了重要作用。2016年以来，围绕公职律师，中央、各部委出台了系列文件。2021年7月，中央依法治国办还印发了《关于加快推进公职律师工作的意见》（中法办发〔2021〕4号），部署县级以上党政机关普遍设立公职律师或开展公职律师工作。

为贯彻落实意见精神和省、市相关规定，武侯区司法局持续加大对公职律师工作的指导督促力度，着力提高全区党政机关特别是具有行政执法权的行政机关公职律师工作覆盖率。

2022年、2023年，武侯区公职律师覆盖率连续两年达到100%。该项指标数据持续稳定的原因包括：一是不断完善制度机制。为充分发挥法律顾问、公职律师在推进全面依法治区工作中的作用，进一步推动武侯区法治环境良性发展，大力支持与鼓励全区各部门有条件的设置公职律师。二是大力提升覆盖率。充分认识推行公职律师制度的重要意义，着力做到公职律师全覆盖。三是积极发挥作用。全区公职律师积极参加到党委政府的经济合同审查、行政执法、立法及规范性文件审查、法治宣讲等行政法律事务实践中，充分发挥公职律师的业务水平和法律素养的"双倍效能"，得到充分肯定与认可。

优化建议：一是进一步提升意识，充分发挥职能作用。各单位要加强听取专业意见的意识，在作出重大决策前，要充分听取公职律师或有关专家意见。二是进一步完善公职律师的专业分类，提升专业化水平。目前专职从事法制工作岗位的不多，且公职律师接触的法律事务基本为本单位事务，能参与办理的案件类型较少，法律实务能力相对欠缺。三是保障水平。建立专业技术评定机制和培训培养机制，公职律师分类培训、交流、惩戒和退出等机制。

(四) 警情数

"警情数"是用于衡量一定时间内发生的各类报警、求助、投诉等警务活动的数量的指标。这些警情包括但不限于刑事案件、治安案件、交通事故、火灾、自然灾害、群众求助、纠纷调解等多种类型。警情数的多少可以反映出一个地区的社会治安状况、警务工作繁忙程度以及公众对警务服务的需求情况。

通过分析警情数及其变化趋势，可以及时发现社会治安中的热点问题和潜在风险，从而有针对性地调整警务部署，加强巡逻防控，提高快速反应能力，有效维护社会稳定和公共安全。

2023年，武侯区警情数为24967宗，较上年的32023宗，减少7056宗，同比下降22.03%。具体原因包括：一是做强警源治理。强化落实协同协办等机制，进一步紧密联动政法委、民政、法院等部门，抓实案件闭环管理。二是做深重点打击。常态化开展扫黑除恶，打掉多个强迫交易、开设赌场等团伙，聚力命案全破，保持现发命案全破态势。三是做实规范执法。推进简案快办机制，精简文书、简化程序，实现相关程序平均用时缩减，开展"教科书式执法"创新实践活动，指导一线民警执法合法规范。

优化建议：经过分析相关数据，发现不同区域、不同时间段的警情数存在较大差异，因此武侯区在充分考虑上述因素后，不断调整警务分配、重点领域治理等工作。同时，随着社会的进步和科技的发展，不断探索创新警务模式和工作方法，以更好地适应社会治安形势的变化和人民群众的需求。

（五）万人法律援助率

万人法律援助率是用于衡量一个地区法律援助服务的覆盖程度和效率。根据不同地区的数据，万人法律援助率有所差异，反映了各地在提供法律援助服务方面的努力和成效。

2023年，全区万人法律援助率达到7.3%，较之上年6.9%，同比提升0.4个百分点。具体原因包括：一是对于法律援助的认识有所提升。有法律援助需求的群众对于接受法律援助的抵触心理逐步降低，也愿意接受法律援助。二是法律援助的方式更加方便。通过对受援群众的精准识别和精准帮扶，促进法律援助从人找政策向政策找人转变。三是法律援助的效果大幅提升。通过扩大服务范围、优化服务流程、加强人员培训等措施，不断提升法律援助的服务水平和受援人的满意度。

优化建议：一是持续加强法律援助队伍建设。一方面要不断健全现有的法律援助机构，规范机构设置，解决岗编分离问题；另一方面要不断提升志愿者及公职律师参与度，提升多元主体参与法律援助工作的积极性及能动性。二是持续创新服务方式。创新打造一体化服务机制，统筹利用全区的法律援助资源，为群众提供更加便捷、高效的法律援助服务。三是推进"援调对接"。法律援助机构要加强与基层司法所、人民调解组织的沟通协作力度，进一步扩大法律援助覆盖面，提升法律援助机构办案量。

（六）代表议案、建议办理满意度、提案办理满意度

代表议案是指人大代表在人民代表大会期间，就国家重大事项、人民群众关心的热点难点问题等方面提出的具有全局性、根本性和长远性的重大问题。代表建议是人大代表在会议期间或闭会期间，就国家各项工作和人民群众关心的问题向国家机关提出的书面建议、批评和意见。提案则是指政协委员和参加政协的各党派、各人民团体以及政协各专门委员会向政协全体会议或常务委员会提出的、经提案审查委员会或者提案委员会审查立案，交承办单位办理的书面意见和建议。对于代

议案、提案的办理,是各级党委政府高度重视,积极推进的重要内容。

2022年、2023年,武侯区代表议案、建议办理满意度、提案办理满意度均达到100%,相关立法项目已经审议通过,相关监督项目也通过执法检查、专题询问、专题调研等形式积极予以推进落实。具体原因包括:一是议案、建议、提案受到高度重视。总的来说,无论是代表议案、代表建议还是提案的办理工作,都得到了区委、区政府,以及相关部门的高度重视,增强了代表和委员的履职信心和积极性。二是议案、建议、提案得到有效处理。虽然可能存在部分议案、提案处理差强人意的情形,但区委、区政府以及相关部门都制定了相应的制度和措施,确保代表建议得到有效落实,得到了人大代表、政协委员的肯定。

优化建议:一是推动代表建议高质高效落实落地。围绕代表议案、建议、委员提案的提出、交办、承办、督办、落实等各个环节发力,全过程规范办理,用高质量的办理积极践行全过程人民民主,推动代表议案、建议、委员提案转化为促发展、惠民生、暖民心的政策举措。二是做好联系沟通,做到办理有温度。及时沟通、充分沟通,真正把工作做到群众心坎上,持续保持代表、委员对落实效果的满意度。三是定期开展"回头看",确保件件有落实。通过定期全面梳理,聚焦评价"基本满意""不满意"的办理案例,明确解决措施、办理时限、年度目标等确保建议落地落实。

三 "社区信托制"产生背景

老旧院落片区"信托制"预防、化解小区物业矛盾纠纷工作法是在实践中不断探索总结形成的。从一开始的农转非、村转居,到"院落居民自治234工作法",都取得了较好成效。然而在小区治理工作稳步前进当中,现有的院落自治机制也出现了短板。为了妥善解决老旧院落治理难题,长寿苑社区通过广泛走访调研、充分探索研判,率先提出引入"信托制"革新物业管理传统模式。

(一)农转非由村转居的演变

长寿苑社区的成立缘起于2001年12月对4个村17个生产队村民的集中安置。集中居住后,村民变成了居民,原有的邻里关系、亲缘关系被打散,院落人际关系面临重建;公共空间的使用缺少公约,院落缺乏治理主体,加剧了如违建、破坏绿化种菜、楼道堆物等现象的产生,引发了居民间的矛盾;因物业费收缴困难,而社区公共收益无法支付购买物业服务,小区管理每况愈下。

(二)社区探索"院落居民自治234工作法"

居民安置入住工作结束后,长寿苑社区开始探索非物管院落治理路径,不断积累院落居民自治的经验。2006年下半年启动院落居民自治实践,同年冬季完成1个院落的改革试点工作。2007年院落自治管理模式在7个院落全面推行,逐渐获得居民认可。至2010年前后,"院落自治234工作法"在经过不断调整优化后,趋于成熟,并于2018年被民政部评为全国优秀社区工作法。

1. 搭建"两级"居民自治平台

为了更及时地回应院落居民提出的诉求,更便捷、高效地解决院落居民反映的问题,长寿苑社区推动党组织、服务载体等由社区向院落的"下沉",从而搭建起"社区+院落"的"两级"居民自治平台。一是社区党委在街道党工委的领导下开展工作,是组织开展居民自治的领导核心和政治保障。其下设网格党(总)支部,负责网格片区事务,协调、监督院落居民自治工作开展。二是社区成员代表大会是在社区党组织领导下,社区居民参与民主选举、民主管理、民主决策、民主监督,实现社区依法民主自治的最高权力机构。社区居民议事会是受居民会议委托,在其授权范围内行使社区自治事务议事权、决策权,讨论决定社区日常事务的常设议事决策机构。社区居民委员会是社区自治事务的主要执行机构,负责执行居民会议、社区居民议事会的决定。社区居民监督委员会在社区党委的领导下,对居民管理工作进行全程监督。

基于社区党委领导下的社区居民自治架构,搭建起在院落党支部领导和监督下,以院落自治管理小组和小组长(院长)为核心的院落居民自治平台。院落党支部受社区党委委托,全面参与院落居民自治。通过发挥党员的作用,行使社区党委赋予的院落议事会的召集权,并主持会议,监督院落居民自治管理小组。

2. 创新"三化"院落居民自治模式

为进一步发挥院落居民自治平台的作用,更好地服务于院落居民，长寿苑社区将自治管理端口前移至居民院落，以院落为单位，创新实践"组织细胞化""管理民主化""服务自主化"的"三化"院落居民自治模式。

（1）组织细胞化。为推动院落居民"自我服务"，将院落作为社区生命体的组织细胞，参照社区两委的设置，建立院落党组织和院落自治组织，形成主要由院落民情议事会和院落自治管理小组为主，以楼栋长、单元议事代表和志愿者为辅助构成的院落居民自治组织体系。

（2）管理民主化。为真正发挥院落党员群众在居民自治中唱主角、挑大梁的作用，促进院落居民"自我管理"，长寿苑社区组织居民制定并践行《院落居民自治章程》、会议制度、民情制度、财务制度、考评制度等相关制度，落实居民的知情权、参与权和监督权，做到"院落事务大家议，院落决策大家定，院落管理大家评"。

（3）服务自主化。为方便居民生活，实现"细小服务不出院落、一般服务走进院落、特殊服务深入院落"的目标，长寿苑社区坚持以人为本，倡导多元参与的社区发展治理理念，发动社区组织开展院落生活服务、为老服务、残疾人服务、就业服务、宜居服务、文化服务这"六大服务"，不断优化全方位、便捷式的社区服务自主运行机制。

3. 落实"四有"院落居民自治保障举措

为了确保及时、便捷、高效地将居民反映的事务化解在院落，社区党委和社区居委会制定了系统方案，为院落自治组织提供"有人办事、有钱办事、有能力办事和有地方办事"的综合支持，为院落居民自治的顺利开展提供多重保障。

长寿苑社区部分院落居民小组工作部署会

（1）有人办事：选对人，用好人，激励人。设立院落自治管理小组组长（院长），通过多种方式为"一把手"树立权威。充分考虑集中安置后，居民反映问题倾向于到社区找书记（一把手）的习惯，每一个院落培养一个"一把手"，作为居民"主心骨""调解人"，并通过设立院落办公室，实行坐班制，强化居民的心理认同。

（2）有钱办事：支配院落收益。通过赋予院落公共收益支配权力，确保有钱办事。将院落机动车停车费、非机动车棚承包费、个别商铺出租费等公共收益约定为院落支配，统一集中管理。根据《长寿苑社区院落财务管理办法》：100元以下开支，由居民自治管理小组自行做主，自治管理小组成员3人签字，再由社区主任签字后，予以报销。花费在100元以上500

元以下的，3人小组协商一致后，与院落党支部书记协商，报告社区主任批准后予以使用。保洁员、门卫、居民小组成员生活补贴以外的500元以上的用款，需提交院落民情代表议事会讨论表决通过后方予使用。院落公共收益纳入社区专户统一管理，由社区副书记负责财务监管、季度清算、季度公示等工作，以确保严谨规范。

（3）有能力办事：培训和指导。集中培训社区党委、居委会的工作内容，确保社区和院落工作有效对接。定期以会代训，不定期现场指导，不断提升院落骨干服务理念、服务能力，确保有能力办事。

（4）有地方办事：设立院落办公室（小院议事厅）。为使院落自治工作"实体化"，院落居民有事找得到人，有人能够办事，长寿苑社区统一为居民自治管理小组挂牌，统一安排院落居民自治小组服务场所。

长寿苑社区通过搭建"两级"居民自治平台，创新"三化"院落居民自治模式，落实"四有"院落居民自治保障举措，推行院落居民自治，组织院落居民广泛参与院落治理，完善了社区居民自治体系和程序。逐步实现"细小服务不出院落、一般服务走进院落、特殊服务深入院落"的全方位、快节奏、便捷式社区服务运行机制，最大限度满足了社区居民需求，增强了邻里互助，提升了居民归属感。从"代民做主"到"让民做主"，从"直接管理"到"主动服务"，居民群众从"被动参与"到"主动参与"，院落事务"策由民定、事由民理、权由民用"，长寿苑社区实践出了一条院落居民自我管理、自我教育、自我服务和自我监督的可行路径。

长寿苑小区信托制物业导入宣誓仪式

（三）老旧院落片区"信托制"预防化解小区物业矛盾工作法探索

长寿苑社区虽然在小区治理工作中稳步前进，但在三年新冠疫情和文明典范城市创建中，现有的院落自治机制逐渐出现了短板，其中最核心的问题在于院落居民自治管理小组因年龄增大导致入户能力不足、社区兜底管理任务过重、物业管理服务水平较低等问题逐步暴露，与居民对幸福美好生活向往的需要存在着差距。基础条件差，居住人口复杂，使得院落治理工作难度一直很大，单一的居民自治管理已经跟不上形势的需要。问题倒逼改革，社区通过多方调研问需论证，老旧院落引入物业管理机制成为此轮改革的突破口。是直接套用传统包干制物业管理模式，还是走风华园信托制服务模式，抑或是提炼出一条属于长寿苑社区自己的信托制物业管理模式，成为摆在社区面前亟须解决的现实问题。社区党委与保利、万科等传统包干制物业进行了沟通，物业负责人表示可以投入上百万资金对该片区进行基础改造，但除了社区每年常规的近200万元公共区域收益外，物业方还要收取物业费。基于这种情况，经过很长一段时间的参访、调研和学习后，社区党委明确了开展"老旧院落连片信托"。

长寿苑社区物业服务信托推进会

到2022年下半年，长寿苑社区两委班子下定决心要把信托制物业搞起来。社区党委积极推动机制变革和制度升级。一是党建引领，凝聚共识。多次组织召开网格党员、居民代表、各部门代表、自治小组以及"微网实格"等会议，广泛听取主管部门、司法部门以及群众意见，组织开展信托物业参访和宣讲，在较短时间内主管部门及居民达成了共识，特别是得到居民自治小组的支持。二是社工助力，物业先行。2022年底，社区引入专业社工，梳理关键环节，拟制重要文本，邀请多家信托物业企业实地考察座谈，以公开招标的方式，通过居民代表会议确定中选物业企业，入驻6个院落开展连片物业管理。组建了近50人的物业管理队伍。三是紧盯新规，深化创新。2023年3月，银保监会发布信托业务分类新规后，在武侯社区基金会引介和区委社治委的支持下，社区党委积极接触多家信托公司，经过深入论证，最终确定了在行政管理服务信托类别下开展物业服务信托试点的框架和路径。四是多方联动，模式升级。区委社治委牵头，组建由区法院、街道、社区、社区信义治理学院、信托公司、社区基金会、专业律师和物业公司等组成的专项工作组，多次会商研讨，经过居民代表会议授权，以邀请招标的方式确定信托公司，签订三方协议，推动物业服务信托新模式顺利落地。

社区老旧院落连片物业服务信托模式，是对原有信托物业模式的迭代升级，其核心在于引入信托公司、设立信托计划、受《信托法》保护，能够真正实现资产隔离和保值增值。该模式下，社区居委会为信托计划委托人和受益人，信托公司为受托人，物业公司为信托计划的物业服务执行方。项目落地以来，该老旧院落片区物业管理水平得到大幅提升，"社区＋自治小组＋物业公司＋楼栋长"的多元主体治理合力进一步增强，社区两委工作压力得到有效缓解。

四 "社区信托制"主要内容

长寿苑社区老旧院落片区由长富院（3号院）、长乐院（5号院）、长安院（7号院）、长康院（9号院）、长祥院（A13）和长和院（13号院）组成，寓意富乐安康祥和。该片区共51栋楼，208个单元，2818户居民，有党组织6个，党员162名，6个居民小组微网格长51人。这6个院落，都是2001年建成的农转非拆迁安置院落，至今已经23年，现有居民近万人，被称为"万人小区"。长寿苑社区的中心位置是十街坊广场，这是由东门、西门、南门、北门合围形成了一个片区，这6个院落都已进行过老旧院落改造，其中2017年3号院、7号院完成老旧院落改造；2018年5号院、9号院完成老旧院落改造；2019年13号院、长祥院完成老旧院落改造。过去一直实行院落居民自治管理，没有专业物业公司开展物业服务。在长寿苑社区老旧院落片区落地信托制物业主要从以下几个方面展开。

（一）坚持党建引领，强化法治根基

充分发挥党组织在小区治理中的核心引领作用。社区党委充分认识到，推动社区治理向院落延伸，党支部建设是关键。在探索信托制的过程中，要健全小区党组织体系，选优党组织带头人，发动广大党员亮身份、践承诺、做示范，让他们在小区院落日常管理中敢于站出来，树立鲜明导向，倡导文明新风，形成引领作用。2022年年底，社区居委会组织召开居民代表大会，对是否将原有自治管理模式转型为信托制物业模式，

以及选聘物业公司进行了表决，最后以到会人数100%赞成的比例，通过了由智乐物业社会企业实行信托制物业管理的决议。2023年1月1日，智乐物业签约入驻长寿苑社区，按照信托制物业1.0版模式，进行6个院落的连片信托制物业管理。武侯区紧紧依靠社区、网格、院落党组织，根据《民法典》有关规定，重构了党建引领下的信义治理关系。一是党组织牵头立规矩。由小区党组织牵头，业主代表、业委会、物业服务企业共同组建物业联盟，指导居民制定业主公约，开展信托制导入基础性工作。二是居民票决选物业。通过公开招募、业主筛选、路演比选等程序推选物业企业，"一户一票"表决选定信托制物管企业，实现物业管理的"全过程民主"。三是信托管理明关系。编制《住宅小区"信托制"物业服务指南》，重构物业管理基本关系，明确业委会为委托人、物管方为受托人、全体居民为受益人，将委托人、受托人、受益人三方信义关系条文化、规范化，保障小区全体居民的知情权、参与权和决策权。

（二）坚持创新治理，培育信义理念基础

与传统的"包干制"物业管理比较，信托制物业模式主要有三个显著变化：一是物业费、小区公共收益等资金所有权，从原来属于物业公司独有，通过全体业主与信托公司的自治性约定，将相关资金性质约定为全体业主共有；二是双方关系归位，业主由相对弱势变成"小区主人"，物业由相对强势变成"忠诚管家"；三是监督权，由原来业委会"专权"、业主"形式上有权而实质上无权"，变为全体业主和监察人"人人有权"。从2019年武侯区开展导入信托制物业管理宣传、试点、

推广开始，长寿苑社区党委书记就全程参与，到2022年下半年，社区党委才下定决心要把信托制物业搞起来。在区委政法委、区委社治委和街道党工委的指导帮助下，通过社区信义治理学院，邀请专家到社区，先后开展院落党支部、自治小组和微网格长培训，举办群众坝坝会宣讲，并组织到其他信托制物业小区观摩学习，让广大群众有认知、有感受、再认同。同时，社区党委牵头，邀请多家物业公司到院落实地考察，会同党支部、自治小组成员开展开放式预算，测算年度所有公共收益，制定年度收支计划，按照"有多少钱办多少事"也就是"质价相符"的原则，确定物业服务标准。"信义"治理理念在片区居民中初步形成。

长寿苑社区第十一届成员代表大会，
对信托制物业履行过程中的相关事项进行表决

（三）坚持以人为本，引入服务信托关键

长寿苑老旧院落片区过去一直实行居民自治管理，没有专业物业公司，但随着群众对更美好生活的向往，特别是在三年新冠疫情和文明城市创建工作中，暴露出很多的问题：一是院落居民自治管理小组能力不足，导致末端落实不力。院落居民自治管理小组成员退出及递进培养不完善，目前平均年龄超过70岁，思维方式、精力能力已完全不能满足当前工作需要。居民自治管理小组成员在联系群众、听取意见、反映情况充当重要角色，但其参与院落管理具体工作，实在力不从心，难以保证落实。二是社区工作重心偏移，兜底管理任务过重。引入信托制物业之前，社区两委70%以上的精力和时间，都放在老旧院落管理服务和矛盾纠纷调解上，两委成员身兼"物业经理""物业管家""保洁员""水电工"等多重身份，影响到社区两委的主责主业，以至于累得不可开交，有时还得不到群众的理解。三是管理服务水平较低，居民矛盾纠纷频发。过去自治管理期间，由于管理不正规、服务不专业、资金监管不够严，加上农转非拆迁安置人员依赖性很大的原因，经常由于环卫保洁不干净、停车收费没人管、公共设施被损坏等问题，矛盾不断、纠纷频发，有时社区党委书记一天当中就要协调处理二三十个投诉，苦不堪言。这些矛盾问题，是严重制约长寿苑社区发展的"绊脚石"，亟须解决。

为此，长寿苑社区积极引入信托制物业。一是居民当家做主。在信托制模式下，改变了一般的物业小区那种"物业强势、业主弱势"的对立关系，让业主回归"小区主人"，让物

业公司回归"忠诚管家"。一方面，监督渠道多样。包括：双密码账户查询；公示栏；线上的信息化平台查询，业主登录"天府市民云"上的"信托制物业信息公开"平台，随时可查看本小区收支明细；还可以到物业服务部，现场查看财务账簿。另一方面，物业公司主动公示。每个月的所有财务收支明细账目，张贴公示在小区显眼位置，赋予每个居民监督权力，物业公司受到的监督非常有效。二是更加公平公正。自治院落的停车费、清洁费收缴一直以来都是"老大难"问题，缴费不及时，长期拖欠，不缴或少缴等现象长期存在，自治小组碍于邻里关系，有时"听之任之"。信托制物业入驻后，各种费用一律按规定标准收缴，有效杜绝缴费不规范问题。三是环境质量持续提升。通过专业化物业管理，片区内的管理秩序逐步好转。同时，通过网格员、楼栋长调查摸底，及时收集居民诉求、排查矛盾纠纷，搭建"居民面对面"等对话平台，与物业服务企业会商，组织物业专家、律师、调解员等力量对涉及物业管理的疑难问题先调解，无法达成调解意愿的按流程分流处置；改进人防、技防等设施，改善保洁、绿化、电梯维保等服务，提高小区问题处理的效率，融洽了居民与物业公司的关系，居民满意率提高至95%以上。

（四）坚持多元共治，构建法治体系

针对"信托制"在导入过程中容易出现的纠纷，武侯区积极搭建"一站式"解纷平台，把矛盾排解在源头、化解在网格、消除在萌芽。一是在法院、街道指导下，多部门充分参与，依法重构了业主、业委会、物业服务企业三方关系。由小

区党组织牵头，业主代表、业委会、物业服务企业共同组建物业联盟，法院、住建交等部门共同指导居民制定业主公约或业主规约，督促全程开放重要事项，依法保障业主参与权。各部门还共同编制《住宅小区（院落）"信托制"物业服务指南》、服务合同样本，将委托人、受托人、受益人三方信义关系条文化、规范化。二是扭住"公开透明"的牛鼻子，消除小区各利益主体"信任赤字"。坚持"以收定支、质价相符、量入为出、开放自治"的基本原则，实行"开放式预算""可查询账户""多维度监管"三位一体的工作方法，实现了物业费"收得明白、花得清楚"。完善基金受益人监督制度，小区矛盾大家评，实现矛盾早发现早化解。针对传统物管"物业费收支不透明、维修基金缺乏监管"等业主"看不见、管不着"的问题，探索物业共有基金"阳光管理"制度，从源头防范物业纠纷。一方面通过"开放式预算"讲清楚钱花在哪儿。通过业主参与开放式协商，编制年度财务预算和物业服务标准，物业费"收支两条线"笔笔清晰，物业企业获取小区总收益的5%—15%作为管理费，其他收益作为小区共有基金全部用于小区管理，实现了物业费"收得明白、花得清楚"。另一方面"可查询账户"清楚钱怎么花。建立小区业主共有基金独立账户，设置物业取款和业主查询"双密码"账户，授予每位业主随时查阅、抄录、复制物业财务收支的权限，极大地压缩了物业服务企业、业委会暗箱操作的空间。此外，还通过"多维度监管"明确谁来监察。针对6个老旧院落管理薄弱的问题，引入信托公司为受托人、物业公司为服务执行人、律师和会计师等为监察人，进一步拓展了小区治理的社会化参与渠道。三是同步完善多元解纷机制与"信托制"管理模式的有机衔接。人民法院、住建局、街道、社区等相关部门共同搭建"一站式"解纷平台，围绕"信托制"物业导入前、导入中、导入后易出现的矛盾纠纷，由包保法官、人民调解员、网格员或平台驻点的其他工作人员进行前端调解，倒逼原物业按规有序退场，并实现依法追缴欠费。对于疑难物业纠纷，组织包保法官、物业专家、网格员、调解员等现场调解，源头防范与化解物业纠纷。

（五）坚持实事求是，五步落实信托物业服务

长寿苑社区在探索老旧院落连片治理信托制解纷工作法中，创新摸索出了社区推广信托制物业服务的五步法：

一是宣传培训。2022年10月，在区委社治委和街道指导下，拨付专项工作经费2.9万元，用于长寿苑社区6个老旧院落片区信托制推广。社区党委主动邀请社区信义治理学院专家到社区开展宣讲答疑，先后开展院落党支部、自治小组和微网格长培训，举办群众坝坝会宣讲，并组织到其他信托制物业小区观摩学习。信义治理学院专家团队深入讲解了信义治理的理念及现行方法、小区治理实践案例，详细介绍了信托制物业的原则、特点、构成要件及导入方法，并通过分析物业服务纠纷典型事件、如何在党建引领下导入信托制物业及成功案例等，深入浅出地讲解，让大家了解信义治理的根本逻辑与实操方法，为化解当下老旧小区、物业管理困境提供了新思路、新方法。确保居民对信托制物业的知晓率达到90%以上，让广大群众有认知、有感受、再认同。

二是开放预算。2022年11月,社区党委牵头,邀请多家物业公司到院落实地考察,会同党支部、自治小组成员开展开放式预算,测算年度所有公共收益,制定年度收支计划,按照"有多少钱办多少事"也就是"质价相符"的原则,确定物业服务标准。社区党委从公共收益核定的准确度、潜在开发空间、年度开放预算详细程度等多个维度进行了初筛。

三是居民表决。2022年12月在社区层面召开两次社区居民代表大会信托制物业服务模式培训,再通过长寿苑社区第十一届居民代表大会表决,表决以票决的形式进行。最后以到会人数的100%赞成,通过了由智乐物业社会企业实行信托制物业管理的决议。2022年12月20日社区召开第十一届成员代表大会,会议表决通过了《长寿苑社区范围内小区(院落)开立对公(信托)账户实施办法》。

四是物业签约。2023年1月1日,长寿苑社区受全体居民委托与智乐物业签约,智乐物业按照信托制物业服务模式,进行6个院落的连片信托制物业管理。信托制物业项目部设立在长康院。从6个连片院落的情况来看,这个地方位置相对比较居中,房屋面积也相对大一点,所以用这里作为信托物业服务中心。协议签订后,社区党委受该片区全体居民及社区居民代表大会委托与物业公司再次进行了开放式预算商定工作。主要以该片区公共区域总收益为基础,商定《长寿苑质量管理控制标准体系》(准2星服务标准),同时在协商过程社区拥有更多的自主权。如:为节约人工费用开支,将原来6个院落共计12名门卫值守,更换为物业通过监控加巡逻队员三班次巡逻模式。又如,在楼道清扫环节中,将原有的1天1扫1拖地,更换为3天1扫1周一拖地，居民通过微信群等方式直接反馈清扫意见，保洁员跟进维护。通过专业化管理，片区内的秩序、环卫、绿化、设施维护等逐步好转。同时，长寿苑社区引入信托制物业"成片"管理服务模式，相对于传统的单个小区信托制服务，"成片"管理能将多个小区的公共资源及公共收益进行集约管理，节约人力、物力、财力等支出，建立公开透明、开放参与、信义为本的物业管理协调机制，构建党建引领小区治理的新体系，形成职责明晰的治理共同体，推动小区治理提质增效。

五是信托升级。社区党委通过近半年的摸索，发现现有公共收益账户虽然是以社区的名义建立，但是由信托物业进行代管，存在一定的风险。社区党委于2023年8月与中国外贸信托公司签约，将"信托制物业服务"升级为"物业服务信托模式"。社区通过社区居民代表大会授权，开展比选招标引入中国外贸信托公司对社区公共收益代管，再由中国外贸信托机构招聘物业服务机构执行信托公司提出的"信托计划"，明确了信托公司服务内容，开创了物业服务信托，并在中国信托登记公司进行了登记备案，成为《信托法》修订后"服务信托"全国第一个登记备案案例。

（六）坚持系统思维，完善诚信体系保障

长寿苑社区用了半年时间，将信托制物业1.0模式升级成了现在的2.0版本，取名叫"物业服务信托模式"，已经于2023年5月签约落地，并且在中国信托登记有限公司进行了依法审查登记，这在全国尚属第一个。

![中国信托登记有限责任公司 China Trust Registration Co., Ltd]

编号：Y202305150271

中国信托登记有限责任公司
信托登记系统预登记形式审查完成通知书

中国对外经济贸易信托有限公司：

根据贵司2023年05月15日预登记（编号：Y202305150271）的申请，我已已在信托登记系统对外贸信托-金诺1号成都市长寿苑老旧院落物业服务信托（信托登记系统产品编码：ZXD33Z202305100025043）完成预登记形式审查。

特此通知。

中国信托登记有限责任公司
2023年05月16日

信托登记系统预登记形式审查完成通知书

在1.0的基础上，物业服务信托强化了信托关系、确保了资产隔离，提升了风险管控效能，还实现了资金的保值增值。社区居委会在居民代表大会授权下，代表居民作为委托人；将片区内的停车费收益等所有公共收益，依照《信托法》设立为物业服务信托计划，专门用于该片区的物业服务管理；中国外贸信托公司作为受托人，负责该信托计划的资金监管、信息披露等职责，根据物业公司履行物业管理服务的情况进行审核和按月拨款；公司从信托计划资金的增值收益中，收取30%的低偿管理费；社区居委会作为受益人，是基于为片区院落居民物业管理服务的特定目的，其实质还是全体居民受益，只是从依法登记时便于操作的角度考虑，是以社区居委会这个特殊法人主体的名义登记的。物业公司作为信托计划中最重要的物业服务的执行方，依据各方参与的开放式预算确定的"物业服务质量标准"和"年度收支预算"，开展物业管理服务，每个月公示上个月所有收入、支出的明细。公示方式包括：片区广场公示栏张贴公示、物业服务中心张贴公示、线上可以登录"天府市民云"APP查看。而这些公示内容，不同于一般商品房小区对公共收益的公示，不仅会公示大账，还要公示明细。并且，居民如果对所公示账目有质疑，还可以到物业服务部去查阅财务票据凭证，物业公司对自己所做工作和资金收支负有自我举证的责任。在2.0管理机制下，每一位业主都能够进行低成本、低门槛的有效监督，从而督促物业公司更好履职，双方信任关系就会更好建立。在此基础上，为了增强监督效力，根据《信托法》，还设立了监察人制度，由社区党委以及聘请的律师事务所、会计师事务所等专业机构人员作为监察人，享有和业主同样的监督权。这就打通了多元社会主体参与小区治理的制度化渠道，有效实现"公开透明、开放参与、信义为本"的治理逻辑。同时，将信托计划与社区基金关联起来，从信托计划资金的增值收益中，提取一定比例，不定期捐赠给社区微基金，反哺社区，用于社区发展治理。

五　成效和启示

在武侯区委政法委、区委社治委的指导下，长寿苑社区党委坚持和发展新时代"枫桥经验"，在老旧院落连片治理过程中探索信托制解纷工作法，重构并理顺业主、业委会、物业服务企业三方关系，发动各方力量参与小区物业纠纷源头排查和化解，初步实现对物业矛盾纠纷可感可查可控，形成共建共治共享的小区治理格局，得到了省委政法委、市委政法委和市委社治委的充分肯定。运用"信托制"工作法管理的小区矛盾纠纷与2022年相比下降95%，无一例物业合同诉讼案件，有效保障了小区全体居民的知情权、参与权和决策权，实现了物业服务水平、居民满意度明显上升和物业矛盾纠纷明显下降的"二升一降"效果。2023年11月，火车南站街道"信托制"预防化解小区物业矛盾工作法被中央政法委评为全国新时代"枫桥经验"先进典型。

武侯区在连续耕耘信托制物业工作中取得了一定的成绩。一是基层党组织组织力进一步增强。社区两委从"物业经理""水电工"脱身变为"党建引领者""监督协调员"，把更多的精力投入党群中心提质升级、智慧小区建设、近零碳社区创建、片区屋顶整治等党建引领社区发展治理的重要项目上去。自治小组也不再从事具体的门卫、保洁等事务，而是投入更多精力去做民情民意收集、邻里帮扶服务等工作，社区党委的组织功能、动员能力和公信力进一步增强，基层基础进一步夯实。二是老旧院落治理效能进一步提升。信托公司参与资金监管，律师、会计师等社会化专业力量受聘为监察人，每位业主都有权且低门槛地参与监督，确保物业公司公开透明地开展专业化物业服务，有效提升了院落治理合力。三是群众满意度幸福感进一步提高。通过信托公司依法独立监管资金、物业公司提供质价相符的物业管理服务，院落的物业服务管理水平大幅提高。通过"微网实格"力量开展源头防范治理，居民间矛盾纠纷大幅下降，满意度大幅提高。从网络理政投诉数据来看，

2022年1—10月关于长寿苑小区治理投诉件为501件，2023年1—10月为231件，同比下降54%。四是院落物业管理风险进一步规避。依据《信托法》设立信托计划，选聘物业公司为物业服务执行方，使物业资金独立于物业公司，有效保障了资金安全和保值增值，有效建立了依据居民满意度选（解）聘物业公司的机制渠道。五是小区矛盾纠纷数量进一步下降。围绕"信托制"物业导入前、导入中、导入后易出现的矛盾纠纷，由包保法官、人民调解员、网格员或平台驻点的其他工作人员进行前端调解，倒逼原物业按规有序退场，并实现依法追缴欠费。对于疑难物业纠纷，组织包保法官、物业专家、网格员、调解员等现场调解，源头防范与化解物业纠纷。2021年至2023年，武侯区法院受理物业服务合同纠纷数量分别为3104件、2539件、1887件，实现连续三年下降，累计降幅达39.21%。

信托制解纷工作法主要有以下几个方面的启示：

第一，要做到党建引领，让基层党组织成为城市治理的坚强"主心骨"。紧紧依靠社区、网格、院落党组织，根据《民法典》有关规定，重构党建引领下的信义治理关系。做到党组织牵头立规矩。由小区党组织牵头，业主代表、业委会、物业服务企业共同组建物业联盟，指导居民制定业主公约，开展信托制导入基础性工作。做到居民票决选物业。通过公开招募、业主筛选、路演比选等程序推选物业企业，"一户一票"表决选定信托制物管企业，实现物业管理的"全过程民主"。做到信托管理明关系。编制《住宅小区"信托制"物业服务指南》，重构物业管理基本关系，明确业委会为委托人、物管方为受托人、全体居民为受益人，将委托人、受托人、受益人三方信义关系条文化、规范化，保障小区全体居民的知情权、参与权和决策权。

第二，要做到敦本务实，让信托制物业服务成为小区治理的"新密码"。2023年年初，国家银保监会出台了"信托业务三分类新规"，明确提出要大力发展"服务信托"，这为社区的工作提供了有力的政策支撑指引。相比于传统的"信托制物业服务"，升级版的"物业服务信托制"模式，最核心的就在于引入信托公司，设立信托计划，信托公司成为受托人，而物业公司变成了信托计划中的物业服务执行方。与信托制物业相比，升级后的信托存在四个方面的优势：一是法理依据更充分。依法设立信托计划，包括委托人、受托方和受益人等各方主体资格都是在中信等公司登记备案的，受《信托法》保护和调整；二是资金监管更有保障。将共有资金设立为信托计划，就依法实现了信托资金与物业公司资金的完全隔离，具有法定的独立性。信托公司履行资金使用信息披露职责，所有资金的收支完全公开透明；三是保值增值更有利。信托公司对信托计划的资金，根据约定的方式进行专业经营，相较于一般只能存银行活期，信托资金能更好实现保值增值；四是风险管控更严格。信托计划资金项目，要受国家金融监管总局等监管机构监管，相较之下风险更可控；同时，对物业公司的选聘和解聘，可以由小区自行制定规则，根据委托人、受益人和监察人的意见，由信托公司直接实施，相比之下更为便捷可行。

第三，要做到公正公开，让阳光管理成为源头解纷的"金钥匙"。针对传统物管"物业费收支不透明、维修基金缺乏监管"等业主"看不见、管不着"的问题,探索物业共有基金"阳光管理"制度,从源头防范物业纠纷。一是"开放式预算"清楚钱花在哪儿。通过业主参与开放式协商,编制年度财务预算和物业服务标准,物业费"收支两条线"笔笔清晰,物业企业获取小区总收益的5%—15%作为管理费,其他收益作为小区共有基金全部用于小区管理,实现了物业费"收得明白、花得清楚";二是"可查询账户"清楚钱怎么花。建立小区业主共有基金独立账户,设置物业取款和业主查询"双密码"账户,授予每位业主随时查阅、抄录、复制物业财务收支的权限,极大地压缩了物业服务企业、业委会暗箱操作的空间;三是"多维度监管"明确谁来监察。针对6个老旧院落管理薄弱问题,引入信托公司为受托人、物业公司为服务执行人、律师和会计师等为监察人,进一步拓展了小区治理的社会化参与渠道。

第四,要做到共建共治,让多元解纷成为传承枫桥经验的"着力点"。针对"信托制"在导入过程中容易出现的纠纷,积极搭建"一站式"解纷平台,把矛盾排解在源头、化解在网格、消除在萌芽。一是扫清物业交接障碍。待原物业合同到期后,如果交接中存在业主欠缴物业费、阶段工作未完成等问题,通过"一站式"解纷中心,由律师或平台驻点人员进行调解,实现平稳有序交接;二是搭建居民对话平台。发动微网实格治理力量调查摸底,实行一院一策解决方案,搭建"居民面对面"等对话平台,在长寿苑等社区引入老党员工作室和"大爷帮帮团"等调解组织,对涉及物业管理的疑难问题先调解,居民满意率提高至95%;三是提升居民缴费意愿。在信托制模

长寿苑社区第十一届社区成员代表大会

式下,拖欠物业费是拖欠小区公共收益的行为。全体业主通过"信托制"信息公开平台可实时查询未缴费信息,对拖欠物业费用的业主形成心理压力,直至全体业主诉诸法律途径,依法追缴欠费。

针对自治院落矛盾纠纷多发的情况,火车南站街道长寿苑社区在深入总结的基础上,探索实践"信托制"工作法,有效预防化解小区物业矛盾,把各类矛盾纠纷化解在基层、化解在萌芽状态,持续提升居民群众获得感、幸福感和安全感。

六 典型案例

深耕基层居民自治，实现从"人治"到"善治"转变

2022年，长寿苑社区在6个老旧院试点推行"信托制物业"服务模式前，社区年度收到投诉700余件，社区书记每天接居民投诉电话近150通，书记上班就在社区谈心角化解居民矛盾，下院落就被居民围堵解决物业相关问题。2022年5月，第八届区委巡察组第一轮巡察直巡长寿苑社区时指出：社区党委对社区发展治理工作的新形势、新要求认识不足，日常疲于应付老旧小区的物业管理服务等事务性工作，回应居民的新诉求思考不深、谋划不足，存在"吃老本"现象；院落党组织与居民自治组织协同共治不畅，党员参与自治组织的人数比例普遍不高，未有效形成以社区党组织为核心、小区院落党组织为引领、物业服务机构为基础、党员群众互联互动、共建共治共享的联动工作体系。针对问题，社区党委决定下深水，将原有的居民自治管理模式升级为"信托制物业"服务模式。但在社区党委征询各院落居民自治小组负责人意见时，大部分院小组持反对态度。一方面各院长期施行的是"234院落居民自治"工作法，院小组无法脱离舒适圈；另一方面，推行"信托制"会大大削弱院小组的各项权益。如，以前各院落自行管理的公共收益，将由统一账户管理；清扫保洁、门卫及志愿者的工作安排，都将从院小组转为物业统一调配。社区党委为了统一思想，对院小组成员逐一开展谈心谈话，经过不懈努力，2023年1月1日，社区与智乐物业签订协议，最终让信托制在老旧院落片区得以落地。

2023年1—6月，信托制新模式尚未"满月"，居民的吐槽接踵而至，"绿化带被居民堆放杂物、停车难、整体环境卫生差，现在引入了物业基础设施啥都没有改变，卫生也没多大变化""老年住户多、基础设施老化、维修费用支出缺口大等问题突出，导致过去很难吸引专业物业公司入驻，而居民自治下的物业服务又不能满足小区居民的现实需求，造成了居民满意率低、社区认同感弱等现象。"

"转制"到底为了啥？"就是为了发动居民参与小区治理，让每个人都成为主角"。居民对物业存在"不理解"，诉求与服务之间总有落差，这条"鸿沟"似乎总也填不满。实行信托制物业服务模式，居民参与其中，人人都是主角，了解了资金流向，误解也就少了。公开透明的财务管理，让双方彼此都能接受。

长寿苑社区党委依托"还权""归位""赋能""固本"等一系列的制度创新，以关系之变、权属之变、监督之变重塑业主与物业公司的功能定位，建立更加牢固紧密的合作关系和治理格局，探索出一条通过制度创新解决基层治理难题的实践路径。

一是党组织搭台协商聚共识。成片式信托制物业管理服务模式，不单单是物业为居民提供物业服务，更加要强调如何做好党建引领下的社区治理。由党组织牵头，搭建党组织、业主委员会、民情议事会、居民代表、物业企业等治理主体有效参与的议事平台，了解各方态度，形成意见归集，磋商管理模式，共同协商决定开展信托制物业工作。同时，党组织全程领导把方向。街道社区党组织牵头研判小区院落导入信托制物业服务模式的可行性,组建导入推进小组,及时协调解决导入过程中存在的困难和问题。在小区居民自决基础上,党组织全程介入选聘物业、拟制合同、商讨物业管理和收费标准、确定公开形式和监督方法等关键环节,确保信托治理模式落地不偏向、实施不走样。长寿苑社区将该片区划分为 5 个网格党支部、6 个居民自治管理,其中 3 位院落支部书记、11 名党员兼任"微网格"楼栋长。

长寿苑社区召开信托制导入研讨会

二是激发"居民自治"最大潜能。引入信托制物业的 6 个老旧院落自治小组成员发生了职能变化,存在工作职能转换不灵活对自身角色无法定位等问题。完善为民服务全过程,深化整改成果运用。推动《长寿苑社区居民公约》《长寿苑社区院落居民自治章程》的持续完善，不断优化"信托制小区治理模式"，推动社区基层治理全面发展，让居民自治管理小组重新思考自身的角色定位和对组织的定位，提升自身沟通能力、多部门协作能力、服务策划能力，激发小区新活力，不断满足人民群众多样化、多层次、多方面对美好生活的需求，为构建和谐社区贡献更多的力量。

三是通过微网格解难题。社区通过建立楼栋群，由楼栋长随时收集居民意见反馈给居民小组长和党支部书记，再由小组长或支部书记直接反馈给物业经理，达到信息的直接互通，充分发挥了小区骨干的沟通桥梁作用，让社区基层治理"下沉有抓手、服务有平台"，成为激活老旧院落信托制物业成片管理的"法宝"。同时也为早出晚归的社区青年提供了参与社区基层治理的途径，避免了因沟通不畅直接投诉"12345"市长热线或信访举报等。

2023年度通过微网格治理模式收集、化解居民各类诉求问题1500余件，如居民反馈飞线充电、楼道堆积杂物及楼道卫生差等以前必须耗费大量人力物业巡楼才能发现的问题，现在只需要居民一键就能反馈。让所有居民都成为问题的发现者，基层治理的参与者。同时做到事事有回应、件件有着落、凡事有交代，增强了居民的参与感和对社区的认同感。再如社区微网格员走访独居、空巢、残疾老人过程中，了解到部分单元楼道灯电费不足，按照以往的惯例，是由每户居民轮流收取费用，但独居、空巢、残疾老人年龄大了腿脚不便，再加上有好几家是租住户，收费很困难，他们希望社区能够帮忙想办法解决。经过社区党委认真审议，6个院落已经纳入了信托管理，单元楼道是公共区域，可以将单元楼道的路灯费纳入物业的开放式预算中，社区党委将此议题提交社区居民代表大会表决并通过。现在，6个院落208个单元2818户居民再也不用为收取楼道灯电费而发愁了，由物业通过公共收益统一代缴。

四是"监察人"全程"在线"。作为第一个"吃螃蟹"的社区，打通了社会主体参与小区治理的制度化渠道。信托制物业导入后几个月都是社区主动对接的物业方，物业经理很少主动与社区沟通院落治理相关情况，同时，面对居民反映各种问题，物业也一直以刚接手、还在逐步摸索为由，正面回应较少，导致居民怨气较大。于是，作为信托监督人，社区两委便主动靠前，引导物业与院落党支部、院小组进行会商，对关键节点的关键事件依合同约定大胆管理，同时制定了问责物业公司及管理人机制。

信托制物业模式创立了监察人制度，实现多元协同共治。社区、小区党组织和居委会以及聘请律师、会计师等作为监察人，写入信托物业合同，明确其享有与业主同等监督权，既可监督物业公司履职，也能监督业委会行使权力，打通了党组织、社会主体参与小区治理的制度化渠道，这也使得民主管理和民主监督权利得到更充分的保障和更有效的行使。

导入信托制，是小区信义治理的起步，而不是终结。长寿苑社区老旧院连片推行"物业服务信托"模式的实践表明，信托制物业导入要坚持党建引领，社区党组织要通过把握方向、制定规则、建强组织、搭建平台等途径，实现党组织引领下的多元社会力量共同参与小区共建共治的治理格局。除了赋能居民自治，信托制物业服务模式的创新，也让回归"忠诚管家"的物业企业被赋能。

以长寿苑社区6个集中连片老旧小区推行信托制物业服务模式为基础，火车南站街道作为成都市唯一代表，入围中央政法委评选的104个"枫桥式工作法"单位。街道党工委书记作为基层单位代表参加表彰大会，受到习近平总书记等中央领导亲切接见。长寿苑社区坚持和发扬新时代"枫桥经验"，走群众路线推动小区治理由深耕到善治，初步实现了社区有变化、居民有感受、社会有认同。

山东岱岳指标分析和矛盾纠纷化解法治化

近年来，山东省泰安市岱岳区坚持以习近平新时代中国特色社会主义思想为指导，深入贯彻落实党的二十大精神，坚持以法治思维和法治方式解决群众诉求，着眼于打造全国法治示范区，以"一站式"矛盾纠纷多元化解工作为抓手，坚持守正创新，全力探索具有岱岳特色的"三融三通"矛盾纠纷多元化解法治化新机制，着力提升矛盾纠纷化解法治化水平，持续擦亮"岳调越好"矛调品牌，构建起"全链条、大调解、惠民生、保平安"的格局。岱岳区曾获全国文明城市、国家卫生城市、全国粮食生产先进县、全国社会治安综合治理先进区、全国休闲农业与乡村旅游示范县等荣誉称号。2023年11月，辖区夏张镇"众议众调三步走"工作法被中央政法委评为全国新时代"枫桥经验"工作法。2024年2月，岱岳区法院打造的"加强分类分级调解指导提升基层社会治理效能"特色模式，入选最高人民法院第六批新时代人民法庭建设典型案例。

一　岱岳区基本情况

岱岳区地处山东省中部，是泰安市市辖区，面积1408平方公里，辖15个镇街、631个行政村社、1个省级经济开发区、1个省级化工园区、1个省级旅游度假区，常住人口82万人。

建制历史悠久，文化积淀深厚。早在6000至4000年前，汶河两岸的氏族部落就创造了繁盛的"大汶口文化"。随后，历代在此设邑、置郡、建府，见证了中国历史上的多次政治、文化变迁，史前72家帝王和史后的12位皇上封禅曾到过岱岳，家喻户晓的泰山石敢当文化发源于此。1985年泰安建市划区时设区，是原泰安市（县级）的主体。全区有齐长城遗址等国家级重点文物保护单位5处，有山西会馆等省级重点文物保护单位18处，有黄巢寨遗址等市级重点文物保护单位25处，有泰山剪纸、泰山泥塑、泰山茶制作等非物质文化遗产142项，曾涌现出文曲星之称的赵国麟，明万历年间兵、刑两部尚书萧大亨等历史名人，有泰安抗日烈士公墓、全国第一个主题党日活动中心等丰富的红色资源。

交通体系完善，区位优势明显。岱岳区位于山东省中部、举世闻名的泰山脚下，北依省会泉城济南，南临孔子故里曲阜，国家森林公园徂徕山雄踞东南，大汶河横贯东西，地处"一山、一水、一圣人"旅游热线中点。境内京台、青兰、济泰、泰新、泰莱"三横两纵"高速公路穿行而过，拥有上下道口10个；京沪高铁泰安站距区政中心5分钟车程，乘高铁17分钟到济南，2个小时达北京，3个小时抵上海，对外开放独具优势。

自然资源丰富,产业基础较好。岱岳区已发现矿产49种,已探明储量17种,其中,石膏保有储量、自然硫保有储量均居全国第一,岩盐储量在山东省占有重要地位。粮食和蔬菜种植面积分别保持在70万亩、50万亩以上,夏粮单产位居山东省第三,泰山茶、泰山黄精、泰山樱桃、泰山板栗种植面积分别达到1万亩、2万亩、6万亩、18万亩,拥有省知名农产品企业11个,汶阳田农作系统入选第五批中国重要农业文化遗产。全区有泰山天颐湖、天平湖等153个水库湖泊,星罗棋布,山青水绿。同时进一步助力生态资源的开掘和盘活,让传统村落更加活力充盈,培育了故乡的云、故乡的月、花田北张、春天里峪、泰山佑等众多网红打卡地,提升了人气,增加了烟火气。

产业体系完备,发展潜力巨大。现代产业体系日渐完善,建立了新型工业化四大主导产业、"1+3"现代服务业、现代农业四大特色产业体系;泰山玻纤规模国内第二、全球第三,泰山石膏产销量世界第一;绿色建筑材料、玻璃纤维新材料、精细化工特色产业集群入选省特色产业集群名单;企业研发投入占GDP的比重达到3.06%。金融企业达到68家,涵盖了银行、保险、证券等业态;区域股权交易市场挂牌企业达到73家;城区范围内78万平方米高端商务楼宇,聚集了众多总部型、科技型企业。人力资源富集,拥有山东科技大学、泰山学院等高等院校6所,在校大学生近5万人;院士工作站2家、省级工程技术研究中心7家,国家高新技术企业117家;是山东省唯一同时获评首批科技创新强县、技术转移先进县两项荣誉的县、市、区。入选山东省高质量发展进步县、省绿色低碳高质量发展先行区建设创新引领型综合性区域试点。

人居环境优良，区域特色明显。全区城市绿化率超过40%，亮化率超过90%，乡村景区化率超过50%，空气质量优良天数比例超过70%。望岳塔、泰安老街、泰山云集、泰山秀城成为城市新地标；天颐湖繁花节、大汶口"小戏小剧"节、新青年音乐节等时尚活动滚动实施。列入山东省公园城市建设试点和第一批城市公园绿地开放共享试点。九女峰示范区被确定为首批山东省乡村振兴齐鲁样板省级示范区。重点打造了现代文化产业、特色文化旅游、生态休闲健身、历史遗址保护等四大文化产业项目聚集区，重点培育了大汶口黑陶、夏张艺术剪纸、泰山泥塑等一批凸显岱岳特色的文化旅游产品，逐步形成了"泰山观光、岱岳休闲"的文化产业格局。

二 若干指标数据分析

为全面、深入了解岱岳区，经数据分析显示，岱岳区法治建设水平总体良好。本报告选择2023年政府依法行政、司法公正、全民尊法守法、法治监督等4个一级指标、12个二级指标进行分析，总结岱岳区法治建设的总体情况，梳理工作亮点和不足，并提出建议。

（一）政府依法行政若干单项指标分析

1. 下沉执法人员占比

下沉执法人员占比是指下沉到镇（街道）执法一线的编

制、人员在区级执法队伍中所占的比例。下沉执法人员占比情况可以反映执法编制资源和人员配备向基层倾斜的力度,对掌握岱岳区执法力量配置情况具有重要意义。

根据岱岳区的测评数据,2022年下沉执法人员占比约80%,2023年下沉执法占比约82%,增长2个百分点。涉及执法人员下沉的执法领域主要包括综合执法、市场监管和交通运输等。2017年以来,岱岳区持续健全完善综合行政执法体制机制,制定《岱岳区综合行政执法体制改革实施方案》,实施全区综合行政执法体制改革,以推动执法重心下移、减少执法层级、相对集中行政执法权、整合规范执法主体、优化执法力量配置、完善执法制度体系和创新执法监管方式为主要内容,着力破解职责交叉、多头执法、重复执法的问题,改革后取得良好成效。

2. 行政诉讼一审败诉率

行政诉讼一审败诉率是指在一审行政诉讼案件中,行政机关或相对人(通常为公民、法人或其他组织)败诉的案件数与该时段内全部一审行政诉讼案件数的比值。这一指标是衡量行政机关依法行政水平和司法公正程度的重要指标之一。行政诉讼一审败诉率的高低直接反映了行政机关依法行政的能力和水平。败诉率较低说明行政机关在行政行为中能够较好地遵守法律法规,依法行政水平较高;反之,则说明依法行政水平有待提高。

根据岱岳区的测评数据,行政诉讼一审败诉率自2023年的7.63%下降至1.69%,同比下降近6个百分点。该比例的显著下降,表明行政机关在执法过程中更加注重规范性和合法性，减少了违法行政行为的发生，行政机关通过加强内部培训、完善执法程序等方式，提高了执法人员的专业素养和执法能力，这使得行政机关在应对复杂案件时能够作出更加准确、合理的决策，降低败诉风险。败诉率的降低也体现出行政争议多元化解机制的作用，行政机关和法院加强协作配合，通过加强诉前调解、完善行政复议制度等方式，引导当事人通过合法途径解决行政争议，降低了行政诉讼案件的发案量和败诉率。此外，败诉率的下降也反映了全社会法治意识的提升，公民和企业更加注重通过法律途径维护自身权益，同时也更加尊重和支持行政机关依法行使职权。

3. 信息公开行政争议纠错率

信息公开行政争议纠错率是指在信息公开领域，通过行政复议程序，对行政机关原错误或不当的信息公开行为进行纠正的案件数量占全部信息公开行政复议案件的比例。这一指标直接反映行政机关在行政复议阶段对信息公开争议的自我纠错能力和效率，也是衡量行政机关依法行政水平、保护公民知情权等合法权益的一个重要标尺。如该比例较高，说明行政机关在信息公开工作中存在较多的违法、不当或疏漏之处，可能是由于行政机关对信息公开法律法规的理解和执行不到位，或是由于内部管理制度不健全、执行不力等原因导致的，这些问题不仅会损害公民的知情权，也可能影响行政机关的公信力和形象。

根据岱岳区的测评数据，信息公开行政争议纠错率2022年为2%，2023年为1.45%，下降0.55个百分点。该数据的显著下降说明行政机关依法行政能力提升，通过加强对信息公开相关法律法规的培训和学习,加强对信息公开工作的监督和检查,提高工作人员的法律素养和依法行政能力,使行政机关在信息公开工作中更加规范、严谨,减少了违法或不当行为的发生。此外,也反映出了信息公开制度的不断完善,随着信息公开相关法律法规的修订和完善,为信息公开工作提供了更加明确、具体的指导和要求,行政机关在信息公开过程中有法可依、有章可循,减少了争议和纠纷的发生。

4. 优化建议

岱岳区坚持以习近平新时代中国特色社会主义思想为指导,深入贯彻落实习近平法治思想,以法治政府示范创建为抓手,在推进依法行政、建设法治政府工作方面取得了重大进展。但不可忽视的是,法治政府建设还有一些难啃的硬骨头,如依法行政观念不牢固、行政决策合法性审查走形式等问题没有得到根本解决,必须进一步扎实推进依法行政,全面建设职能科学、权责法定、执法严明、人民满意的法治政府。

一要持续推进执法人员下沉。编制部门要持续探索多种措施,科学配置执法人员,持续下沉执法力量,进一步优化调整人员下沉计划,配合组织、人社部门做好下沉执法人员管理工作,不断提升执法程序化、规范化水平。

二要提高政府依法行政水平和司法审判质量。降低行政诉讼一审败诉率是一个系统性工程,需要行政机关、法院以及社会各界共同努力。要加强法律法规培训,特别是对新出台的法律法规进行及时学习,提高依法行政能力。要完善调解和多元化解机制,积极推行诉前调解和诉讼调解制度,减轻当事人诉累。要建立败诉案件分析机制,定期对行政诉讼一审败诉案件进行分析研究，提出改进措施和建议，提高行政机关依法行政水平和司法审判质量。

三要不断完善政府信息公开制度。明确政府信息公开范围和标准，确保行政机关在公开信息时能够遵循统一的标准和程序；优化信息公开流程，简化信息公开申请和处理的流程，提高办理效率；提升行政复议制度的效能，重点审查行政机关在信息公开过程中是否存在违法或不当行为，减少正式纠错程序的使用频率并降低纠错率。

（二）司法公正高效若干单项指标分析

1. 一审服判息诉率

一审服判息诉率是指当事人对人民法院判决表示服从并息诉的比率。服判息诉率的高低反映人民法院化解矛盾纠纷的能力以及当事人对法院裁判的认可度和接受度。一般来说，服判息诉率高意味着当事人对法院的裁判结果接受度高，代表法院的审判工作得到了当事人的认可，这通常被视为法院审判质量良好的一种体现。相反，服判息诉率低可能表明判决结果未能得到当事人的普遍接受，可能需要进一步审查判决过程和结果是否公正。

岱岳区测评数据显示，岱岳区法院2022年服判息诉率为86.87%，2023年上升为90.72%。该比例的上升表明岱岳区在提升审判工作质量和效果方面取得了积极进展。首先，准确查明案件事实，这是实质性化解矛盾纠纷的前提和基础，是当事人信服裁判的根本保障。其次，加强类案检索，有效解决类案不同判问题，同时进行好全流程释法明理，增强案件裁判的说服力。最后，强化审判监督管理，充分发挥专业法官会议及审委会能动作用，对案件进行精准研判和讨论，提升案件质量。

2. 诉前羁押率

诉前羁押率是指检察机关移送审判机关之前采取羁押措施的人数占同期移送审判机关总人数的百分比。这个指标反映了犯罪嫌疑人被提起公诉前被采取羁押强制措施的适用情况，目的是引导检察人员在办案中落实宽严相济的刑事政策，认真履行羁押必要性审查职责，减少不必要的羁押，减少社会对立面的同时，根据具体情况采用强制措施。

岱岳区该项指标2022年为9.93%，2023年为14.56%，增加了4.63个百分点。诉前羁押率上升的主要原因：一是在新冠疫情防控常态化期间，羁押工作要在整体上实现依法办案与疫情防控之间的平衡，做到既严格依法依规办案，又严格落实疫情防控与隔离措施，公安机关报捕也更加谨慎。自疫情防控实行全面放开政策后，诉前羁押措施的适用受到了更少的限制，诉前羁押率的上升是立足案情实际与调整适应政策背景的综合结果；二是刑事案件数量上升，公安机关提请批捕的人数增加，导致诉前羁押率上升；三是积极发挥侦查监督与协作办公室作用，提前介入引导侦查，将证据完善工作做到前头，进一步完善和优化侦查监督与协作平台，在一定程度上有利于完善逮捕案件证据体系，提高逮捕率，对诉前羁押率提升有一定促进作用。诉前羁押率为中性指标，与全国2023年公布的诉前羁押率26.8%相比相对偏低。

3. 认罪认罚从宽适用率

认罪认罚从宽适用率是指犯罪嫌疑人、被告人自愿认罪并接受处罚的情况下,检察机关和审判机关在实际刑事诉讼过程中适用认罪认罚从宽制度的比例。认罪认罚制度的核心在于,犯罪嫌疑人或被告人承认自己的罪行并愿意接受相应的处罚,从而获得法律上从宽处理的机会。认罪认罚从宽制度的适用,旨在提高刑事诉讼效率,减少社会对立面,促进犯罪嫌疑人或被告人更好地回归社会。

岱岳区认罪认罚适用率2022年为91.99%,2023年为93.14%,反映了该制度在岱岳实践中的广泛应用和接受程度。2022年以来的数据显示,超过90%的犯罪嫌疑人在检察环节认罪认罚,这也充分表明该制度在促进犯罪嫌疑人快速认罪和节约司法资源方面发挥了重要作用。这不仅体现了制度适用的广泛性,也反映其在提高司法效率和保障司法公正方面的成效。认罪认罚从宽适用率的提升原因主要包括制度保障加强、办案流程规范、激励约束机制完善等方面。

4. 优化建议

司法公正是司法制度的生命和灵魂,是实现依法治国的前提。进入新时代,人民群众在民主、法治、公平、正义、安全、环境等方面都提出了更丰富的内涵、更高水平的需求。

一要深刻领悟习近平总书记关于"我国国情决定了我们不能成为'诉讼大国'"的重要论述。坚持能动履职,以能动司法做实诉源治理,努力抓前端、治未病。发挥司法建议"把脉开方"的作用,聚焦房地产、征地拆迁、金融等矛盾纠纷多发领域,向有关部门发出司法建议,提出治理良方。

二要坚持司法公正、司法为民,高质效办好每一个案件。要不断健全完善公开听证、人民监督员、行政机关内部审核把关等制约监督机制，给行政权"加把锁"，实现有效制约监督。要适应刑事犯罪新形势新变化，加强对轻罪非刑罚、非羁押性刑事强制措施的监督，坚持治罪与治理相结合，促推联合治理、系统治理，推动社会治理体系和治理能力现代化。

三要进一步规范开展认罪认罚工作。充分发挥认罪认罚从宽制度优势，注重制度适用前移，确保简案快办，规范推进，实现程序正义。在依法量刑的基础上，全面提升精准量刑能力水平。同时也要加强在刑事诉讼各环节的释法说理，做好矛盾化解，避免引起不必要的上诉、申诉等情况。

（三）全民遵法守法若干单项指标分析

1. 信访量

信访量是指一定时间内，信访局通过来信、来访、网上信访等多种形式接收到的信访事项的总数量。信访量作为衡量公众通过正式渠道向政府机关提出诉求的数量指标，反映政府与民众之间互动的一个侧面。它不仅包含民众对于政策执行、公共服务、法律法规等方面的反馈，还是政府了解社情民意、改进工作、预防和化解社会矛盾的重要依据。

岱岳区测评数据显示，2022年信访量为2063件，2023年降至1857件，同比下降了9.99%。信访量的减少源于多方面的因素。一是做实领导公开接访，领导带头推动工作落实，区、镇（街道）建立完善信访工作联席会议机制。镇街按照"信访工作示范乡镇（社区）"建设标准，做到场所、人员、机制、制度四个强化，为全区信访工作稳定扎实开展夯实了基础。二是集中开展信访"清源"行动，逐个完善台账，真正做到"心里清、底数明、早介入"。三是以深入推进"信访法治化"为目标,深入开展"《信访工作条例》落实年"活动,先后组织宣讲活动14场,培训基层干部2000余人次,推动工作提质增效。

2. 宪法宣誓覆盖率

宪法宣誓制度在弘扬宪法精神、加强宪法实施、约束公职行为和凝聚社会共识等方面具有重要意义。主要是指各级人民代表大会及县级以上各级人民代表大会常务委员会选举或者决定任命的国家工作人员,以及各级人民政府、监察委员会、人民法院、人民检察院任命的国家工作人员,在就职时应当公开进行宪法宣誓。宪法是国家的根本法,是治国安邦的总章程,具有最高的法律地位。国家工作人员必须树立宪法意识,恪守宪法原则,弘扬宪法精神,履行宪法使命。

岱岳区测评数据显示,岱岳区人大常委会组织由区人大选举或任命的国家机关工作人员的宪法宣誓:2022年,组织宪法宣誓145人次;2023年,组织宪法宣誓30人次。由区人大选举或任命的国家机关工作人员全部进行了宪法宣誓,覆盖率达100%。通过组织开展宪法宣誓,可以进一步增强任命干部的宪法观念,提升法治意识,彰显宪法权威。国家公职人员带头进行宪法宣誓,维护宪法权威,将形成良好的示范和模范效应。庄严的仪式让广大人民群众强烈感受到宪法的神圣和至上,宪法宣誓的庄重感和严肃性,能激发人民群众对国家、对宪法的思想认同和情感认同,凝聚起整个社会尊崇宪法、知法守法的共识和氛围。

3. 万人失信率

万人失信率是指以常住人口和登记在册的流动人口为基

数,每万人当中被法院列为失信被执行人员的数量。这是一个衡量地区信用状况的重要指标,反映了该地区居民遵守法律、履行义务的情况。具体来说,万人失信率高可能反映出该地区的信用环境不佳,居民的法律意识和信用意识有待提高。反之,万人失信率低则表明该地区信用状况良好,居民普遍能够遵守法律、履行义务。需要注意的是,万人失信率受多种因素影响,如经济发展水平、社会文化环境、法律制度完善程度等,因此需要综合考虑这些因素,以全面、客观地评估地区的信用状况。

岱岳区测评数据显示,万人失信率在2022年比例为24,2023年这一比例下降至6,同比下降75%。该比例的下降表明岱岳区社会信用体系建设氛围日益浓厚,居民诚信意识逐渐增强,随着社会道德水平的提升和法律教育的普及,越来越多的居民开始认识到诚信的重要性,并主动遵守法律、履行义务,从而减少了失信行为的发生;其次是法院执行效率的提高,法院在加强执行工作力度、优化执行程序、提高执行效率方面取得了显著成效,从而降低了万人失信率。万人失信率的下降是对岱岳区信用体系建设和社会治理能力的一种肯定,有利于维护社会的稳定和谐,促进经济的持续健康发展。

4. 优化建议

全民尊法守法成效显著,得益于持续加强的法治建设。近年来,岱岳区通过多种形式开展普法教育,如法治讲座、法律咨询、法治宣传栏等,让公民了解法律的重要性和必要性,增强他们的法治意识。这种教育不仅让公民知法、懂法,更让他们学会如何运用法律武器维护自己的合法权益。

一要始终坚持法治思维。着力推动行政事业单位工作人员牢固树立法治观念，善于运用法治思维和法治方式干事创业、管人治权，不断提高运用法治方式深化改革、推动发展、化解矛盾、维护稳定、应对风险的能力，营造办事依法、遇事找法、解决问题用法、化解矛盾靠法的法治环境。

二要突出抓好依法治理。进一步提高"全国民主法治示范村（社区）"创建质量，健全公民和组织守法信用记录，完善守法诚信褒奖机制和违法失信行为惩戒机制，形成好人好报、德者有得的正向激励。持续依托当地特色产业或特色文化，将法治思维和法治方式贯穿于服务之中，着力提升服务水平，优化营商环境，通过法治引领护航乡村社区经济发展。

三要加强法治文化阵地建设。广泛开展群众性法治文化活动，推动法治文化与地方、行业、企业特色文化有机融合，促进法治文化进机关、进农村、进社区、进企业、进学校、进军营、进网络等，让社会主义法治精神有形呈现、有效覆盖、深入人心。

（四）法治监督健全若干单项指标分析

1. 信访案件办结率

信访案件办结率是指信访部门在处理信访事项时，成功解决并完成相关程序的信访案件数量占总受理信访案件数量的比例。这一指标反映信访工作的效率，是衡量信访工作质量的重要标准之一。工作内容主要包括提高及时受理率、缩短办结时间、加大抽查和回访力度，以及创新信访机制、规范信访行为、加强闭环管理等方面。

岱岳区测评数据显示，2022年和2023年的信访案件办结率均为100%，表明在这两年内所有的信访案件均得到妥善处理和办结。岱岳区坚持以初信初访办理、推进逐级走访、化解信访积案等关键环节为抓手，严格落实首接首办责任制，采取及时转送、实时跟踪、定期通报、网上督办等方式，压实有权处理单位责任。综合运用法律、政策、经济、行政等手段和教育、调解、疏导等办法，精准发力，促进了问题及时就地解决。

2. 提案办理满意度

提案办理满意度是政协委员或提案者评价党委政府提案承办部门办理所提提案的一个量化指标，即在所交办的立案提案中，经承办部门办理并答复委员或提案者后，委员和提案者对答复或办理结果表示"满意"和"基本满意"的提案所占的比例。它能够督促提案承办部门认真办理政协提案，也是衡量一个部门办理提案工作的具体体现。

岱岳区测评数据显示，2022年，十四届区政协一次全会提案立案206件，交59家承办单位办理，委员满意率（包括基本满意）为100%；2023年提案立案207件，交73家承办单位办理，委员满意率（包括基本满意）为100%。提案工作要以习近平新时代中国特色社会主义思想为指导，全面贯彻中央和省委、市委、区委决策部署，落实提案工作方针，努力推动新征程提案工作高质量发展。

3. 优化建议

法治监督是法治实施体系实现良性循环的前提和保障，法治监督的健全不仅提升执法质量，还促进社会治理的优化。通过不断创新监督方式、加大监督力度、增强监督实效，有力推动了法律法规的贯彻实施，促使一大批问题得到顺利解决，监督工作取得明显成效。

一要强化人大、政协监督职能。各级人大、政协要围绕宪法和法律的要求，围绕人民群众的愿望，有目的、有计划地进行监督。要大胆地行使监督权，充分运用评议、调查、视察以及质询、罢免和特定问题调查等监督手段，加强对"一府两院"的监督。要克服畏难情绪和不敢碰硬的思想，抛开私心杂念，轻装上阵，切实履行监督职能，大胆地进行监督。人大代表和人大常委会组成人员要切实增强责任感和主人翁精神，认真行使宪法和法律赋予的权力，切实担负起监督这一神圣职责，不断地促进改进工作方法，提高服务质量，推进各项工作。

二要提升议案、建议质效。把牢提案工作正确政治方向，发挥提案工作在建言资政与凝聚共识"双向发力"的重要作用。着力在提高提案质量上下功夫。加强选题引导，引导委员聚焦党委、政府中心工作和人民群众"急难愁盼"的问题深入调研、撰写提案。深入推动成果转化，引导委员将进街道进社区、参与基层协商等成果转化为提案。强化提案跟踪协商，探索创新政协各专门委员会参与提案"回头看"工作机制，推动提案意见建议落实。

三要提高社会力量参与监督。人民是法治的主体力量。法治建设是一项复杂的系统工程，除了党和政府的统筹规划，社会参与监督也必不可少。因此，要充分调动广大群众参与和监督的积极性，做到党委统一领导，党政群齐抓共管，政法委组织协调，有关部门各司其职，全社会共同参与的工作格局，有序推进法治中国的建设。

三 "三融三通"矛盾纠纷化解法治化模式产生背景

习近平总书记强调，"基层强则国家强，基层安则天下安，必须抓好基层治理现代化这项基础性工作""有事好商量，众人的事情由众人商量，找到全社会意愿和要求的最大公约数"。岱岳区针对基层治理中存在"三多""三低""三分散"的问题，坚持问题导向，创新形成"三融三通"工作模式，有效化解土地流转、征地拆迁、项目建设、公共事业等矛盾纠纷，推动"小事不出村、大事不出镇、矛盾不上交"。

岱岳区探索"三融三通"工作模式，成立社会治理服务中心

（一）着眼解决基层社会治理中存在的矛盾多发、纠纷多样、诉求多元的"三多"问题

岱岳区是泰安市两个市辖区之一，属于城中区，城中村多、外来人口多、人口结构复杂，长期以来，岱岳区基层社会治理任务较重。同时，近年来伴随着岱岳区持续加速产业结构优化、加快项目谋划实施，经济社会快速发展，三年新冠疫情过后经济金融、房地产、社会民生等领域的一些矛盾时而引发，劳资纠纷、债务纠纷燃点多，利益诉求群体持续活跃，社会结构、产业结构、治理体系等随之深刻调整，一些深层次矛盾不断出现，纠纷类型不断增多，呈现出多发易发、类型多样、诉求多元等特点。同时也有历史遗留得不到妥善解决的问题，也有新形势下出现的新问题；既有按政策一时难以解决的情况，也有期望过高、要求过于苛刻、问题难以解决的情况。根据数据统计，2020年岱岳区受理办结各类矛盾纠纷4898件，2023年受理办结各类矛盾纠纷12302件，矛盾纠纷一直在高位运行。从矛盾类型来看，岱岳区社会矛盾纠纷已由婚姻家庭、继承、赡养、邻里等民间纠纷扩展到征地拆迁纠纷、医疗纠纷、房地产物业纠纷、劳动争议纠纷、消费纠纷等以经济利益诉求为主要特征的新型矛盾纠纷，约占2023年全区矛盾纠纷总量的57%，成为影响全区社会稳定的热点、难点问题。

（二）着眼解决基层社会治理中存在矛盾解决效率低、社会治理效能低、群众满意度低的"三低"问题

随着现代化分工的日益精细化、专业化，社会矛盾纠纷日趋复杂化、多元化。需求决定供给，在此背景下，当前基层人民调解员专业化程度和综合素质现状难以满足人民群众日益增长的纠纷调处需求。2022年，岱岳区调解力量为1229名，但只有11个专业性调解组织，专业化调解员21名，仅占1.7%，特别是镇街、村（社区）调解员队伍大多由退休政法干警、村（社区）"两委"干部、"五老"志愿者和其他职业者专任或兼任，存在高龄低历、重情理甚于重法理的不足。不可否认，这类的调解员群体占有此特点在熟悉度、与群众沟通上占有一定的优势，但也应充分认识到，当矛盾纠纷的调处更多的是依据主观意识时，存在随意性较大、专业化、法治化水平较低的问题。对调解的专业知识了解较少，缺少法律、司法等专业调解人员，就无法从专业的角度帮助村民解决矛盾纠纷。调处能力不足，调解效果差强人意，需要进一步着力解决有人办事、专业事由专业人办的问题。同时在工作推进中，一些基层单位存在推诿扯皮、敷衍塞责等问题，基层干部缺乏必要的工作技能和方法，导致工作效率低下。2022年之前，岱岳区矛盾纠纷调解率均低于80%。同时，随着经济社会发展、物质文化生活水平提高，人民群众对法治、公平、正义、平安等方面的要求日益增长，群众对政府工作期望值不断攀高，而当前矛盾纠纷多由利益冲突引发，当事人情绪容易失控、行为较为激烈，以求问题的解决，这就导致矛盾的对抗性加剧，群众满意度较低。从全区12345市民热线投诉数据来看，有接近20%的投诉是由于群众对政府工作期望过高而利益诉求达不到满足引起的，这也在一定程度上降低了群众满意度。

（三）着眼解决基层社会治理中存在部门场所分散、职能分散、行政权分散"三分散"问题

基层社会治理工作是一项全局性、系统性的工作，必须坚持系统思维，凝聚起推进社会治理的强大合力，持续用力，久久为功，提升县域治理能力。在基层工作中，协调联动是非常重要的环节。但是，在实际工作中，各矛盾纠纷涉及部门分散在"四面八方"，有些问题往往因为沟通不畅而得不到及时解决。例如，一些群众反映的问题由于涉及多个部门或地区，需要多方协调配合才能得到解决。如果沟通不及时、不充分，就容易导致问题的积压和矛盾的激化。根据数据统计，岱岳区目前存在邻里纠纷、消费纠纷、劳动人事纠纷、房产物业纠纷、婚恋家庭纠纷、交通事故纠纷、合同纠纷、征地拆迁纠纷、金融借贷纠纷等19大类纠纷，初步统计涉及51个区直部门，但由于场所分散，工作性质、工作内容不同导致群众在处理矛盾纠纷等诉求事项上，往往需要找多个部门，加大了群众的办理成本。在全面推进"一站式"矛盾纠纷多元化解工作前，岱岳区在社会矛盾纠纷解决上，人民调解、司法调解、行政调解、行业调解、专业调解等非诉讼解决方式都有运用，诉调、检调、警调等建立了衔接机制，但各类调解方式之间缺乏明确分工，尚未形成完整的多元化纠纷解决机制。同时，对非诉讼解决方式功能、程序等宣传不够，群众对非诉讼解决方式了解不多。

习近平总书记强调："要坚持社会治理为了人民，创新为民谋利、为民办事、为民解忧的机制。"县域社会治理的本质，就是解决群众急难愁盼的问题。岱岳区围绕群众对美好生活的

向往和基层社会治理体系建设滞后的矛盾，以完善社会治理体系、提升社会治理现代化水平为出发点，以建设质量高、规范化便捷化程度高、矛盾纠纷化解率高、群众满意为目标，以"三融三通"工作模式融合职能、整合力量，实体化打造"一站式"矛盾纠纷调解中心，加强全区矛盾纠纷隐患排查和调处化解工作的协调、调度，信息共享、协作配合，全面打造集矛盾纠纷调处、调解、仲裁、诉讼、法律援助、困难帮扶、民政救济、司法救助、心理安抚等多功能于一体的调解中心，推动矛盾纠纷"一窗受理、一次解决"。征地拆迁、村级道路建设、占地补偿等一批矛盾纠纷得到有效化解，让新时代"枫桥经验"在基层实际应用中开花结果。

四 "三融三通"矛盾纠纷化解法治化模式主要内容

岱岳区坚持深化矛调体制机制改革创新，着眼于提升矛盾纠纷在受理、办理、监督等调处方面的法治化水平，坚持融合部门最大化、融合机制最优化、融合效能最佳化；着眼于提升矛盾纠纷预防方面的法治化水平，坚持矛盾纠纷化解与网格治理相贯通、与议事协商相融通、与部门帮扶相联通，以更大力度推动矛调工作全面纳入法治轨道。

一是要素重组，融合力量最大化。坚持统筹力量、集约资源、高质高效、实战实用，推动区、镇（街道）、村（社区）三级矛调中心建设，将各方力量汇聚到矛调中心，形成"一中心统揽、全链条化解"工作体系。区级中心突出实体化。强化区级矛盾纠纷调处化解"终点站"功能定位，着力提升区级矛

岱岳区社会治理服务中心为群众提供全覆盖、全领域、全过程优质服务，实现了"进一扇门、解万般愁"

调中心整体把控、精准研判能力，疑难复杂矛盾纠纷化解实战能力。投资1300万元创新成立泰安市首家"一站式"矛调中心，按照"常驻、轮驻、随叫随驻"原则，推动法院、检察院、公安局、司法局、住建局等51个部门入驻，关停原分设于各部门单位的矛盾纠纷受理办理窗口，实现部门集中办公、工作人员统一管理。依据权责清单、职责任务清单、职责边界清单、"三定"方案等规范性文件，制定《入驻部门履职清单汇编》，依法明确51个入驻部门权责，为矛调中心依法交办、各部门依法分类处置提供了指引。镇级中心突出实战化。强化镇（街道）重大矛盾纠纷调处化解"主战场"功能定位，15个镇（街道）所有受理矛盾纠纷窗口全部整合至矛调中心，标准化设置"七室一厅一窗口",办公、服务、信息化等设施齐全完备,入驻部门达到7个以上,组建镇(街道)矛盾纠纷调处"最强战队",落实无差别受理登记、联合处置、领导包案等措施,以最优设施、最强力量做强矛盾纠纷调处化解"主战场",实现矛盾纠纷化解率95%以上,推动矛盾纠纷"定纷止争"于镇(街道)。村级中心突出一体化。强化村(社区)矛盾纠纷预防调处化解"最前沿"功能定位,村级中心设置"两室一窗口",推动成立631个村(社区)综治委员会,选优配强村(社区)专(兼)职调解员队伍1035名。坚持"调委会+网格",每个网格均配备人民调解员,落实网格排查、议事协商、吹哨报到等措施,实现矛盾纠纷发现率95%以上,小微矛盾村内化解,推动矛盾纠纷防范在最基层、化解在初始。

二是流程再造,融合机制最优化。聚焦"每一件矛盾纠纷都有人办理,每一件矛盾纠纷都依法推进"目标任务,出台《岱岳区推进"一站式"矛盾纠纷预防调处化解法治化实施办法》,制定"一站式"矛调工作总流程,完善19类矛盾纠纷化解分流程,明晰依法履职路线图,实现权责明、底数清、依法办、秩序好、群众满意,确保各类矛盾纠纷得到实质性解决,努力以全面推进法治化的实绩实效,开创矛调工作新局面。抓前端,推动矛盾纠纷受理法治化。建立"首接规范、首交精准、首办负责"工作责任机制,对来自群众反映、上级交办、下级提报、信访转办、民生转办等七个方向的矛盾纠纷全部由中心综合受理窗口集中受理。建立事前合法审查制度,对群众诉求进行合法性审查,诉求合法地导入化解渠道,诉求不合法的及时释法说理,确保让每一件矛盾纠纷都能找到解决途径。

抓中端，推动矛盾纠纷办理法治化。建立分析研判机制，成立由行政管理人员、专业调解员、法律工作者、心理咨询师组成的分析研判小组，对受理的矛盾纠纷联动分析后分流至相关调解组织，推动问题化解。建立"访诉调"联动机制，对调解不成的，继续与信访、诉讼联动，对进入信访程序的按照信访程序办理，矛调中心全程跟进；进入诉讼程序的，矛调中心与法院联动参与诉前、诉中调解，形成一个完整的矛盾纠纷闭环流程。建立调解结果司法确认机制，调解结束后，对达成的调解协议再次进行合法性审查，对于当事人提出司法确认的，启动司法确认程序，确保法治贯穿矛盾调处化解全过程。抓末端，推动矛盾纠纷化解监督法治化。建立调解过程法律监督机制，法律工作者全程参与，协同调解人员做好调解工作，同时又对调解全过程进行审核把关，对调解中出现的不规范行为及时予以纠正纠偏。建立跟踪回访机制，在矛盾纠纷化解结束后，各级矛调中心建立跟踪回访工作台账，对全区矛盾纠纷情况全量掌握、及时研判、定时催办、超时督办、按时回访。对涉及面广、短时间内难以修复关系的矛盾纠纷持续重点关注，确保每起矛盾纠纷有人问、有人管、服务到底，防止矛盾纠纷反弹。建立督导考核机制，制定《泰安市岱岳区社会治理服务中心进驻窗口考核办法》，有效规范窗口管理。依托"一站式"矛盾纠纷多元化解调处信息平台，加强线上督导考核，做到矛盾化解成效可查询、可评价、可追踪。

三是综合赋能，融合效能最佳化。针对矛盾纠纷化解法治力量不足、工作成效不高等问题，坚持问题导向，补齐短板弱项，全面提升化解质效。线下强化专业赋能。成立泰安市第一家区级矛盾纠纷调解协会，吸纳调解人员2200名、调解组织669个，建立民商事、行政争议前置和解、刑事责任民事赔偿、涉外纠纷四大功能室，全面加强对各方调解力量的组织领导、统筹协调。推动物业、民政、医疗等8个重点领域专业性调解组织入驻区级矛调中心，成立"三姐调解室"等7个品牌调解室，建立由80名金牌调解员组成的调解咨询专家库，为群众提供专业化解纷服务。大力开展"三官一律"进乡村、进社区、进网格，为全区631个村（社区）配备法律顾问，全面提升村级矛调工作的法治化水平。线上强化智慧赋能。坚持调解上"云"，全面应用山东省"一站式"矛调线上平台，区、镇（街道）、村（社区）三级293个业务部门、650个调解组织、1278名调解员全部入驻，深度"串联"各级矛调中心，广泛"并联"部门力量资源，打造"一平台统揽、各部门受用、多资源共享"的线上调解平台，推动矛盾纠纷从受理、监督、反馈到评价实现闭环式管理和全流程可追溯。推动矛盾纠纷化解由"网上办"走向"掌上办"，加强对"山东解纷码"应用的宣传、指导，引导群众遇到矛盾纠纷首选"一码解纷"渠道寻求化解。群众只需点开手机扫一扫解纷码就能办理眼下的事情，为想要找个说法、尽快解决问题的群众提供便捷通道，实现数据多跑路、群众少跑腿。

四是延伸链条，与网格治理相贯通。注重源头治理与网格化治理相衔接，充分发挥网格探头前哨作用。选优配强网格队伍。在前期优化设置1165个网格、配强2145名网格员基础上，选优、配齐、用好楼栋长1597名、单元长4742名，构建网格长、专职网格员、兼职网格员、网格协管员、网格指导员"五

岱岳区法院"香椿树下"普法宣传

位一体"城乡网格员队伍体系，组建"四包一"网格工作队伍，引导1.8万名党员到村（社区）报到、入网格服务。健全网格工作机制。重点完善"网格+矛调"融合机制，夯实网格基座，推进关口前移，矛盾纠纷发现在初始、消除在萌芽。建立健全网格大排查大走访大整治，"发现即处、梯级响应、联合办理"等工作机制，强化网格矛盾纠纷排查、化解职能。依托山东省网格化服务管理平台，常态化开展"敲门问候"行动，采集信息29.8万户、85.34万人，形成"一张图、一张表、一套档案"，为特殊群体提供服务3.42万人次，推动"人在网中走，事在格中办，问题发现解决在网格"，确保小纠纷第一时间化解在网格。2023年以来全区各级网格调处矛盾纠纷7536起。强化网格积分管理。建立平安建设公益积分机制，与信用体系建设深入融合，把平安建设公益积分并入信用积分管理，纳入网格服务事项，将参与走访巡查、政策宣传、隐患排查、矛盾化解、心理疏导、治安联防、标语清理、线索提报、应急处置、民生服务等10项工作纳入平安建设公益积分认定范围，实施信用积分量化管理，设立见义勇为、矛盾调解等加分指标项，设立信用基金350万元，定期开展奖补和积分兑换活动，建立"红灰榜"制度，"红榜"激励、"灰榜"约束，引导群众明是非、辨善恶、守诚信，全面调动群众参与平安建设工作的积极性。

五是拓展方式，与议事协商相融通。坚持依靠群众、发动群众，坚持"有事好商量，众人的事情由众人商量"，将议事协商嵌入矛调链条。畅通协商渠道。成立"为民协商"领导小组，由"两代表一委员"、网格员、调解员等组成"为民协商"议事会。线下设立"您建议，我来办"征求意见箱，"有事您说话"便民服务卡，及时收集群众反映的突出问题；线上使用"为民协商"APP，群众通过点击"议题征集"、扫描二维码反映问题，组织"两代表一委员"开展"家庭式"议事协商，实现愁盼问题"码上办""大家办"。分层议事协商。制定议事协商目录，将适合协商的矛盾纠纷纳入目录。前移调解关口，涉及村（居）自治组织建设、公共服务管理等矛盾纠纷通过议事协商先行化解。对小型矛盾纠纷，通过小马扎、田间地头、邻里互助等协商形式，将矛盾纠纷化解在萌芽；对一般性矛盾纠纷，多方参与，联动处置，根据提、审、汇、议、督、示、档"七步工作法"流程，大家评大家议；对于疑难矛盾纠纷，组织专业调解力量介入，调解后具备协商意愿的，进行再协商，直至矛盾纠纷化解完成，实现矛盾纠纷"柔性"推进、梯级化解。强化跟踪问效。协商成果达成后，对协商成果进行监督、公示、归档。非涉密矛盾纠纷化解情况公示不少于 5 天，及时督促和监督村级和相关利益方将矛盾及时处理、及早化解。每个季度区、镇议事协商办公室对村级议事协商成果落实情况通过查阅档案、群众满意度调查等方式进行考核，确保协商真为民、为民真协商。2023 年以来，岱岳区通过基层议事协商平台，累计开展议事协商 2367 次，解决道路修缮、小区物业、环境整治等矛盾纠纷 7652 件。

2023 年 7 月 19 日，岱岳区夏张镇东城村召开"众议众调"工作会议化解村庄道路建设纠纷

六是惠民暖心，与帮扶救助相联通。坚持矛盾纠纷调处、帮扶救助"两手抓"，纾民困、解民忧、暖民心，推进事心双解。延伸调解链条，坚持"一帮到底"，在矛盾纠纷调解过程

中，同步了解群众实际困难。推动民政、人社、卫健、妇联、残联等部门和社工力量、志愿服务等力量广泛入驻调解中心，对确需多部门共同解决的事项，提前介入、共同研判。联合区检察院、劳动监察执法大队运用省农民工工资支付监管平台，对全区在建项目实行全程、全时、全域监管。2023年以来，为506名农民工提供法律援助，帮助追回工资5160余万元。延伸服务链条，针对了解到的实际困难和现实问题，精准用力、对症"开药"，广泛开展民政救济、法律援助、司法救助等多元化救助，力求群众利益最大化，努力使每一起矛盾纠纷化解到位，温暖人心。2023年以来，累计救助437人次，帮助群众解决生产生活难题2867件，发放临时救助金135万元、司法救助金87万元。大力开展"党员社区报到"行动，1.8万名党员认领法律咨询、政策宣讲、纠纷化解等服务事项，累计开展志愿服务2.3万余人次。

五 成效和启示

矛盾纠纷多元化解"三融三通"岱岳模式建设以来，通过顶格推动、整体推进、集中发力，岱岳区"一站式"矛盾纠纷多元化解机制建设取得明显成效，初步形成了以调解中心为载体、横向联通各部门单位、纵向贯通区、镇（街）、村（社区）三级的矛盾纠纷多元化解体系，有力维护了社会大局持续和谐稳定，人民群众安全感满意度不断提高。2023年以来，全区共调解各类矛盾纠纷12302件，调解成功率达98.6%。2023年全区进京访、赴省访同比分别下降92%、58%，民事案件调解撤诉率达到40%。

一是坚持充分发挥党的组织优势，推进"一站式"矛调工作实现从"碎片化解"向"集成化解"转变，矛调工作体系不断完善。党的领导是中国特色社会主义制度的最大优势，是推进国家治理体系和治理能力现代化的关键所在。从作用发挥角度来看，也只有坚持党的领导，坚决贯彻党的大政方针，才能在履行职能过程中，始终保持与党委决策部署一致、与政府工作一致、与社会脉搏一致，才能使矛盾纠纷化解工作更有成效。岱岳区坚持把提升"一站式"矛调工作纳入区委、区政府重要议事日程，统筹协调、统一调度，凝聚人心、汇聚力量，健全党委统筹、政法主抓、社会协同的矛调工作体系，厘清各方责任，凝聚治理合力，助推治理制度化、长效化，形成一级抓一级、层层抓落实的工作格局。在推进"一站式"矛调工作过程中，始终把党的领导贯穿到工作的各方面、全过程，跟进完善调度指导、领导包联、督导考评等推进机制，实现对矛调工作的统一领导，保证多元化解始终沿着正确的方向进行，有效推动群众诉求和矛盾问题化解。着力全面建强基层党组织，发挥基层党组织的"战斗堡垒"作用，准确把握矛盾纠纷多元化解工作中的职责定位，当好"施工队长"，持续增强行政执行能力、为民服务能力、议事协商能力，着力加强"一站式"矛调工作规范化建设，健全村民自治机制，增强组织动员能力，推动"一站式"矛调工作走深走实。着力发挥党员密切联系群众的优势，广泛建立党员联系群众制度，动员基层党支部、支部成员、党员参与矛盾纠纷化解工作，提升矛盾纠纷调处化解能力，切实把党的政治优势、组织优势转化为化解矛盾、解决问题的强大效能。

二是坚持系统思维，推进"一站式"矛调工作实现从"单轨化解"向"多元化解"转变，矛调综合效能不断提升。基层治理的核心理念在于共建共治共享，着力构建人人有责、人人尽责、人人享有的社会治理共同体。岱岳区在泰安市率先建设"一站式"矛盾纠纷调解中心，采取"集中办公、集约管理、集成服务"的模式，实现集信访、协商、调解、仲裁、速裁、社会救助等多功能于一体，形成互相补位、互促共进的多元治理体系，构建起"全链条、大调解、惠民生、保平安"的新时代治理路径。着力解决化解环节单轨化、化解手段单一化问题，推动矛盾纠纷调处化解多元化。坚持"以调化访"。对于受理的信访事项，实行"一事一方案一团队"，将调解贯穿信访化解全程，信访部门做好解释，相关部门协同联动，做到"矛盾不解、人员不撤"。坚持"以调减诉"。对于法院委托的诉讼事项，由法院吹哨，中心报到，通过委托调解方式，把矛盾纠纷推送至区矛调中心进行调解。坚持"访法促调"。对于矛调中心受理的涉访、涉诉事项，由中心吹哨，信访、法院等相关部门报到，组织相关人员提前介入，在调解中强化当事人对信访、诉讼结果的预期。在"访诉调"联动中需要进入其他解纷途径的，区中心充分发挥统筹协调作用，统筹调动仲裁、公证等功能室，尽最大可能将矛盾纠纷化解在中心、终于访中、止于诉前。

三是坚持以人民为中心发展思想，推进"一站式"矛调工作实现从"被动调解"向"主动化解"转变，群众满意度不断提高。基层治理的关键在于打通服务联系群众的"最后一公里",不断增强人民群众的获得感、幸福感、安全感。为了群众、服务群众是"枫桥经验"不变的价值导向,必须始终坚持一切为了人民、一切依靠人民,始终保持同人民群众的血肉联系。在广袤的基层,涉及群众利益的决策和工作无所不在,有事多商量、遇事会商量,既是为了出感情、出团结,更是为了解民忧、纾民困。岱岳区坚持"调解优先",把调解、协商等方式作为化解矛盾纠纷的有效手段,积极回应群众关切、提出解决对策、妥善化解群众诉求,并针对了解到的实际困难和现实问题,精准用力、对症"开药",广泛开展民政救济、法律援助、司法救助等多元化救助,力求群众利益最大化。同时注重用好群防群治力量,在潜移默化中凝聚"构建党群干群责任共同体、发展共同体"的共识,充分发挥新乡贤、网格员、楼栋长、"五老"人员、平安志愿者等贴近群众、熟悉情况的优势,就涉及面广的问题,开展"智库式"协商议事,使多元主体的利益关切、政策预期在参与过程中得到有效整合,实现大事要事难事共商共治,实现基层干部群众"要我协商"变"我要协商",切实做到"用党员干部辛苦一点、劳累一点,换来人民群众的幸福感、获得感、安全感多一点"。

四是强化大调解观念,推进"一站式"矛调工作实现从"稳定器"向"助推器"转变,持续赋能高质量发展。倾听民声、尊重民意、顺应民心,是政府部门的职责所在,是"一站式"矛盾纠纷多元化解工作的最终目的,也是推动发展的重要途径。岱岳区在推进"一站式"矛盾纠纷多元化解工作全面开花结果的过程中,不仅仅只关注发生的矛盾纠纷,更强化工作前瞻性。通过推进"一站式"矛盾纠纷多元化解工作强化普法,扩大教育范围,提升广大干部群众法治思维,积极引导群众办事依法、遇事找法、解决问题用法、化解矛盾靠法。创新对直接关系人民群众切身利益的行政决策,规范开展"众议众调",将"众议众调"作为行政决策的前置程序,广泛征求群众和相关利益群体的意见,推动科学决策、民主决策、依法决策,提升行政决策水平。以"一站式"矛盾纠纷多元化解促进高质量发展,把"十四五"工作安排、乡村振兴战略实施、信用体系建设、村(居)民公约修订、为民实事确定等涉及本地经济社会发展的中心工作和群众关心关注的热点难点问题,及时纳入"一站式"矛盾纠纷多元化解工作中,规范开展调处化解,真正实现把党委政府部署要求"落实下去"、把社会各界智慧力量"凝聚起来",优化行政工作,助推经济社会高质量发展。

五是坚持创新思维,推进"一站式"矛调工作实现从"一片空白"向"多点开花"转变,全面推进基层社会治理工作。创新是引领发展的第一动力。加强和创新基层社会治理,是推进社会建设的重要任务,也是不断增强人民群众获得感、幸福感、安全感的内在要求。岱岳区按照"区级有品牌、镇级有特色、村级有亮点"的思路,同时结合"枫桥经验"核心内涵和精髓要义,加大典型挖掘和培树力度,及时抓好总结宣传和推广落实,分层级创新打造特色品牌经验、品牌矩阵,典型引路,以点带面,推动理念、机制、方法等全面创新发展,在全区范围内形成重发展、谋创新的工作氛围,助推全区基层社会治理工作提档升级。区级层面形成"三融三通"工作模式,打响"岳调越好"工作品牌。区人社局"劳动监察+"解决农民工烦"薪"事、区法院化解房地产领域矛盾纠纷"三加一减"工作法等；镇级层面形成夏张镇"众议众调"工作法，天平街道"称心天平"、角峪镇"两员一长"等特色；村级层面涌现里峪村"三联三调"工作法、枣行社区"商调"工作法等一大批经验做法，形成了各层级、各线条均有工作经验的良好局面，点状盆景汇聚成连片风景，引领推动全区矛调工作创新发展。2023年以来，先后迎接山东省外、省内各级调研、观摩122场次，全区基层社会治理工作品牌影响力不断扩大。相关做法先后在《山东新闻联播》《新华社·高管信息（山东）》《大众日报》等主流媒体刊发，并被山东省委政法委、省住建厅等部门发文推广。

六　典型案例

案例一：岱岳区夏张镇东城村"众议众调三步走"工作法化解村庄道路建设纠纷

1. 基本情况和化解难点。2023年6月，夏张镇东城村计划改造提升村内道路，村"两委"核算成本后，拟先对3条主街两侧铺设步道砖。17户村民因自家门前道路未纳入范围，向村委会提出意见，村委会以资金有限为由，未予采纳。村民酝酿上访，村委会说服教育成效不明显。2023年7月14日，17户村民向镇"一站式"矛调中心反映诉求。该矛盾纠纷属于村级决策存在偏差引发的行政决策类矛盾纠纷，化解的难点主要集中在涉及人员较多、诉求难统一，镇"一站式"矛调中心研判后决定通过"众议众调三步走"工作法妥善化解。

2. 调处化解过程。一是深入研究分析，寻求最大公约数。夏张镇"一站式"矛调中心接到诉求后，立即召集镇司法所、法律服务所、"三资"管理中心、东城村"两委"等，召开专题会议分析研判。7月15日，镇"一站式"矛调中心组织镇直相关部门有关人员，到东城村查看现场、走访座谈，会同东城村村委会研究制定了初步解决方案，提报镇党委审议后列为众议众调议题。二是开展众议众调，找到问题最优解。7月19日上午，镇"一站式"矛调中心指导东城村村委会，召开众议众调会议，提出诉求群众、村民代表、镇直相关部门负责人、镇村调解员、法律顾问、建筑公司技术人员等参加。会议首先宣布了众议众调规则，建筑公司技术人员介绍了有关情况，东城村党支部书记对初步解决方案进行了说明，与会人员充分发表意见，东城村村委会对解决方案进行了优化完善。7月21日下午，再次召开众议众调会议，经充分讨论、反复磋商，达成共识，形成最终解决方案：（1）村委会招标确定施工单位，完成全村道路两侧土地整平和$800m^2$样板路铺设；（2）施工单位提供原材料和技术指导，村委会组织村民完成样板路之外其他道路铺设；（3）纳入"一事一议"范围，动员村民广泛参与。三是切实抓好落实，画好和谐同心圆。7月22日，东城村村委会在村务公开栏张榜公示解决方案。镇"一站式"矛调中心督导东城村村委会严格落实众议众调成果。9月9日，东城村道路提升工程顺利完成，共铺设步道砖$3500m^2$，村庄面貌焕然一新。夏张镇党委要求东城村"两委"吸取教训，严格执行民主决策程序，切实维护好村民合法权益。东城村召开"两委"会议，认真对照检查，坚决避免类似问题再次发生。9月12日，镇"一站式"矛调中心回访，村民均表示满意。

3. 启示和思考。此案例充分体现"众议众调三步走"工作法在化解涉众行政决策矛盾纠纷方面的实用性、可操作性和有效性，是坚持和发展新时代"枫桥经验"的生动实践。只要坚持发动和依靠群众，有事好商量，疙瘩众人解，就能找到群众诉求最大公约数，推动小事不出村、大事不出镇。工作法实施过程中要重点把握三个方面：一是坚持依法调解，"众议众调"必须在法治轨道上运行；二是规范有序开展，要严格众议众调程序、遵守议事规则和把握"五不原则"等，确保众议众调规范有序高效，避免操作不规范导致事态扩大、久议不决等情况发生；三是确保成果落实，这是问题解决的关键，也是取信于民、防止问题反弹的重要保证。

案例二：岱岳区"劳动监察+"联动化解农民工欠薪纠纷

2017年6月，王某某等11名农民工跟随郑某某为山东某水利水电工程项目提供劳动服务。工程完工后，郑某某未足额支付农民工工资，拖欠4个月的工资14万元。郑某某以各种理由久拖不支，王某某等11人5年多来一直未拿到自己的"血汗钱"。2023年1月9日上午，王某某等11人到岱岳区劳动者权益保障中心反映诉求。

1. 快速受理，精准研判。区劳动者权益保障中心受理该纠纷后，联合区"一站式"矛调中心，召集行业主管部门水利局，详细了解纠纷基本情况，认真查看证据材料，初步确认王某某等11名人员"农民工"身份。1月12日，区劳动者权益保障中心联合行业主管部门走访施工单位和郑某某所在社区，实地了解项目施工、资金拨付情况及郑某某生产经营状况。经调查，工资拖欠主要原因是郑某某将施工单位拨付的人工费14万元挪作他用，工资拖欠属实。1月13日，区"一站式"矛调中心联合区劳动者权益保障中心、区人民法院、区司法局、区人民检察院、区水利局召开联席会，本着"先调后处"的原则，制定调解方案，依法引导双方先行调解处理。

2. 依法调解，达成协议。1月14日，区"一站式"矛调中心召集相关部门和法律援助律师共同组成调解队伍，组织民工代表、施工单位、郑某某开展联合调解。调解中，区劳动者权益保障中心、区人民法院、区人民检察院分别向郑某某告知调查了解情况、本人真实生产经营情况以及继续拖欠农民工工资的法律后果，动之以情、晓之以理、明之以法。经调解，郑某某接受调解建议，形成最终解决方案：由郑某某先行支付王某某等11名农民工5万元，剩余9万元由施工单位监督郑某某于2023年元宵节前付清；如郑某某未按期支付，则由施工单位垫付。在法律援助律师指导下，双方签订《调解协议书》，由区人民法院进行司法确认。

3. 督导落实，案结事了。区"一站式"矛调中心持续跟踪，督促郑某某按期履行协议。2023年3月3日，王某某等11名农民工顺利拿到欠薪款，案件顺利化解。3月4日，区"一站式"矛调中心回访，11名农民工对处理结果非常满意。郑某某表示通过此次调解，接受了教育，并保证今后自己一定守法经营。2023年3月8日，王某某等3人从济宁赶赴岱岳区劳动者权益保障中心专门送锦旗表示感谢。

河北冀州指标分析和基层法治促进机制

近年来,河北省衡水市冀州区深入贯彻习近平总书记关于坚持和发展"枫桥经验"的重要指示批示精神,以大党建统领大调解、维护大稳定、引领大发展,不断探索调解工作新机制,积累新经验,全力打造"调冀和"调解品牌,通过"夯实基层及时调,行业组织专业解,司法联动合力消,党建+两化(网格化、信息化)增质效",实现矛盾纠纷"及时调、调即和、零上交",确保"矛盾及时调、问题不上交、服务不缺位、平安不出事",构筑起人民调解、司法调解、行政调解、行业调解共建、共治、共享的社会法治新格局。

一 冀州区基本情况

冀州,位于河北省东南部,东邻衡水市枣强县,西与宁晋县毗邻,西北与石家庄市辛集市、衡水市深州市接壤,南接邢台市南宫市,西南与邢台市新河县为邻,北隔衡水湖与衡水市桃城区相望。辖区东西最大距离39.589千米,南北最大距离

37.180千米，辖区面积878平方千米，辖8个社区、6镇4乡382个村，常住人口30.49万人。1993年撤县建市，2016年7月"撤市建区"，属衡水市两个市辖区之一。

冀州历史文化悠久，生态环境优美，产业基础良好，城乡发展优越，先后被评为全国平安建设先进县（市、区）、全国环境优美小城镇、国家级生态示范区、国家康复辅助器具产业综合创新试点、全国自然资源节约集约示范县、全国休闲农业重点县、全国基础教育管理服务平台集团化办学试点地区、全省第三批法治政府创建示范地区等。

冀州是一座底蕴厚重的历史之城。据《尚书·禹贡》记载，上古时期，黄帝划野分州，冀为"九州之一"；大禹治水后，重新划分九州，冀为"九州之首"。河北省的简称"冀"便来源于此。根据历史记载，唐尧、虞舜、夏禹的都城都在古冀州境内，自西汉起，冀州便是州、郡、县三级治所，至今已有2200多年的建制史，现留有汉代古城遗址、诸侯王古墓20余处，献文帝南巡碑等古碑刻107处。文化传承丰厚。冀州自古儒风昌盛、人杰地灵，"头悬梁、自勤苦"的汉代大儒孙敬、东汉开国功臣"云台二十八将"之一的"药王"邳彤、佛教释姓创立者东晋高僧释道安、北燕国君冯跋和冯弘，率先推行"班禄制、均田制、三长制"促进民族融合的北魏改革家冯太后、隋朝著名经学家、天文学家刘焯、唐代"竹溪六逸"之一的孔巢父等皆出于冀，汉光武帝刘秀曾在此起兵，唐代名将尉迟恭据传在冀州南尉迟村安葬。清代三皇炮锤第四代传人宋迈伦、八卦掌第三代传人李子鸣、近代著名书法家胡宗照、著名古陶瓷鉴定专家孙瀛洲等均是冀州人。近代以来，冀州商帮在京津兴起，"中国文房四宝文化第一街"的北京琉璃厂一度被誉为"冀州街"，并走出了孙殿起、雷梦水等冀州籍版本目录学家，杨全仁创建的北京全聚德烤鸭、傅秀山创建的金鸡鞋油驰名中外。冀州是革命老区，河北省委党校前身——冀鲁豫边区省委党校于1938年在冀州开班授课，徐向前、陈再道、宋任穷、杨秀峰等老一辈革命家曾于此执教，原铁道部部长刘建章、原外交部副部长张海峰、《平原枪声》作者李晓明等曾在此学习。

冀州是一座风光优美的生态之城。境内拥有1湖20河，163.65平方公里的衡水湖国家级自然保护区有99.38平方公里在冀州，水域面积75平方千米（其中57平方千米在冀州），相当于10个杭州西湖。拥有华北平原唯一保持水域、草甸、沼泽、滩涂等完整的湿地生态系统，被誉为京津冀最美湿地、华北之肾、东亚蓝宝石。衡水湖是连接印度洋、南亚大陆、东亚和西伯利亚生物多样性的中心点，是北温带野生动植物的聚集地，有植物594种、昆虫757种、鱼类45种、两栖爬行类17种、哺乳类20种。现已观测到鸟类334种，其中，丹顶鹤、白鹤、黑鹳、金雕、白肩雕、大鸨等国家Ⅰ级重点保护鸟类20种，大天鹅、小天鹅、灰鹤等国家Ⅱ级重点保护鸟类63种，是全球候鸟"东亚—澳大利亚"迁徙路线上的重要驿站。风光旖旎，美景如画，吸引了大量游客前来观光。

冀州是一座交通便捷的枢纽之城。冀州地处"环渤海经济圈"东出西联的中心地带，距北京248千米、天津240千米、石家庄150千米、济南220千米、雄安新区130千米，位居四大城市和国家级新区辐射之内。交通出行便捷：106国道、大

广高速、邢衡高速、邯黄铁路穿境而过，石衡高速、石济客专建成通车，半小时可抵石达济。石衡沧港城际铁路正在建设，京雄商高铁即将完工，未来1小时即可进京、20分钟到达雄安，融入"北京1小时经济圈"，拉近了冀州与京津、雄安新区科技创新资源高地的距离，方便了人才的自由流动。

冀州是一座活力勃发的产业之城。经过多年发展，构建起"3+1+3"产业体系："3"，即三大工业主导产业。包括：医疗器械和康复辅具产业，现有生产企业293家，配套企业100余家，2023年营业收入65亿元。其中，医用护理床、防褥疮气床垫、拐杖、轮椅四大单品网络销售量全国第一，是国内四大县级医疗器械产业生产基地之一；复合材料产业，以中意公司为龙头的产业集群占据国内市场的20%左右，其中食品级玻璃钢储罐市场占有率达到90%以上，胶辊行业占国内市场的30%以上；精密铸造产业，以采暖铸造、汽车配件、游乐设备等行业为主，采暖产品占国内市场的25%以上，其中散热器占50%左右。实宝来、旺明是国内最大的陆地、水上游乐设备生产企业。"1"，即精细化工产业。以生物医药、新型化工、新材料等行业为主，工业用硝化纤维素国内市场占有率30%、国际市场占有率60%，产品规模全国第二；食品级氨基酸年产4万吨，占国内市场的70%以上。"3"，即三大特色产业。现代农业，引入北京新发地、京东科技、天津科芯、恒蔬无疆、千喜鹤、快乐小羊等龙头企业；北京新发地（冀州）农副产品智慧物流园暨城市安全保供仓项目即将投产，打造"京津优质果蔬供应基地"；文旅产业，落实"这么近、那么美、周末到河北"品牌战略，以衡水湖国家5A级旅游景区创建为抓手，古城遗址入选全省第一批考古遗址公园，冀州老街、直隶六师（旧址）省级历史文化街区正式挂牌，"一城、一湖、一带"旅游板块初具规模，打造"京津冀地区生态休闲旅游目的地"。

冀州是一座宜居宜业的魅力之城。城区依湖而建，位于衡水湖南岸，与衡水湖"零距离"，坚持亲湖向水、拥湖发展。建成区面积21平方公里，搭建"6纵7横1环"城市路网框架，形成"三公园、两广场、一湿地、二十三游园"格局，人均公园绿地13.52平方米，绿地率40.35%，绿化覆盖率42.38%，打造了"三分秀色二分水、一城风景半城湖"的水城风光。生态旅游提速发展，建成冀州博览馆、碧水湾码头、滨湖公园、古城遗址等一批旅游景点，衡水湖5A级景区创建正加快推进。

二 若干指标数据分析

近年来,冀州区认真贯彻落实习近平法治思想,以法治政府示范创建为契机,大力实施行政提效、执法提标、法治提速等工程,法治思维深入人心,法治氛围日益浓厚,先后获评全国社区矫正机构先进集体、全省法治政府示范地区等荣誉称号,创建全国"民主法治示范村"3个、省级"民主法治示范村"15个,省级"枫桥式"司法所1个,法治建设、依法行政工作连续4年位居衡水市前列。

(一)行政争议总量

行政争议是以实施行政行为的国家行政机关为一方,以作为该行政行为相对人的公民、法人或者其他组织为另一方,针对行政机关实施的行政行为是否合法、是否适当而引起的争议。主要工作就是在源头上预防和减少行政争议,严格依法行政,维护好人民群众的切身利益,促进社会和谐稳定。行政争议总量是指人民群众要求职能机关协调解决的行政争议数量。

2023年冀州区收到的需要协调解决行政争议总量为94件,截至2024年6月,行政争议总量为65件,上年同期行政争议总量为40件,行政争议总量呈现增多的趋势。数据变化主要原因是近两年社会利益格局日益多元化和复杂化,人民群众维权的意识不断增强,行政机关在依法行政方面以及行政争议解决机制尚存在一定的问题。

优化建议:严格依法行政,继续规范行政执法行为,确保严格执法、公正执法、文明执法，从源头上预防和减少行政争议；探索建立行政争议案前解决机制，通过整合行政资源，综合运用协调、调解、和解等方式，有效化解行政争议，实现定纷止争、案结事了；创新监督机制，建立了行政执法监督制度；对一般执法投诉、举报事项，督促有关部门及时处理；行政执法监督部门及时受理执法监督案件，下达通知书，及时进行纠正，从而在源头上预防和化解行政争议。

（二）行政执法持证率

近年来，冀州区依托法治教育网对全区行政执法人员进行线上公共法律知识培训，2023年共733名行政执法人员（含新增）参加线上培训，持证率达86%；2024年共761名行政执法人员（含新增）参加线上培训，持证率达88%。2024年持证率的变化原因主要是行政执法人员学习意识不断增强，业务素质不断提高，考试合格率不断提升。

优化建议：严格按照上级文件要求，把好行政执法人员身份入口关；每年认真组织行政执法人员进行法律知识培训考试，把好行政执法人员年审关；严格落实行政执法"三项制度"要求，把好执法人员监督关。

（三）社区矫正对象再犯罪率

社区矫正对象再犯罪率指社区矫正对象在社区矫正期间再犯罪人数占列管人数的比率，社区矫正对象列管人数包括在矫期间及解除矫正的社区矫正对象。社区矫正对象再犯罪率是衡量社区矫正工作成效的重要指标，反映社区矫正机构对社区矫正对象监督管理、教育帮扶的工作质效,以及社区矫正对象观念转化和社会适应性能力改善的结果。

近年来,冀州区坚持以高质量实施《社区矫正法》为统领,以规范社区矫正执法为基础,以提升教育矫正质量为核心,以推进智慧矫正创建为支撑,以社区矫正对象"零再犯罪"为目标,提升社区矫正工作规范化、智能化、精细化水平,全区社区矫正工作呈现出持续良好发展态势。近两年累计接收社区矫正对象134人,解除社区矫正对象94人,列管社区矫正对象228人,再犯罪0人,社区矫正对象再犯罪率始终保持0。

优化建议:坚持监督管理与教育帮扶"一体两翼"相结合的工作理念,在加强监督管理确保在管可控的基础上,建立心理矫治服务机制,利用专业人干专业事,以社区矫正对象实际需求和帮助其修复社会关系为导向,开展心理疏导、健康教育和危机干预工作,提高矫治的针对性;联合社会力量,扩展教育帮扶活动广度,开展"志诚"品牌特色教育,组织社区矫正对象参加个性化教育矫治、多样化公益活动和针对性帮扶救助,将管控、教育、关怀有机结合,实现既矫行又矫心,促进社区矫正对象回归社会,预防社区矫正对象再犯罪。

(四) 全国"民主法治示范村"数量

由区司法局、区民政局共同推荐申报创建全国"民主法治示范村",并接受司法部、省司法厅复核。2024年3月,司法部公布关于2023年度"全国民主法治示范村(社区)"复核工作情况的通报,徐家庄乡庄子头村、冀州镇岳良村、北漳淮乡北内漳村顺利通过复核。2024年拟申报创建全国民主法治示范（社区）1个。

全国"民主法治示范村（社区）"申报创建的周期是两年。2022年司法部、民政部命名徐家庄乡庄子头村为全国"民主法治示范村"，2024年将进行申报创建。

优化建议：区司法局、区民政局共同考察符合创建条件的村（社区），乡镇、社工部指导村（社区）根据实际挖掘法治特色亮点，加强对村（社区）党建引领，强化自治、法治、德治三治融合。

（五）公职律师覆盖率

通过司法考试或有律师执业资格的公职人员受到单位指派，可以申请办理公职律师执业证，成为公职律师。作为公职律师，不得为社会提供有偿法律服务，可受单位委托为所在单位处理各项法律事务，以提高党政机关依法执政、依法行政水平，依法维护单位利益。2022年冀州区党政机关35个，公职律师10名，通过横向调配，部分公职律师为没有相关人才储备的单位提供法律服务，公职律师覆盖率达到48%，2023年共有16名公职律师，通过横向调配，公职律师覆盖率达到100%。

为进一步推动公职律师全覆盖工作，冀州区将该项工作放在依法治区的高度进行系统谋划，以依法治区委员会办公室名义在全区全面推动。对全区党政机关具有法律职业资格或律师资格的人员情况进行调查摸底，动员符合条件的人员申请公职律师。对确实缺乏法律人才的单位，在取得公职律师所在单位、公职律师本人及被调配单位同意的前提下，通过指派的形式，为其配备公职律师。

优化建议：将会同公职律师所在单位，共同开展业务能力、执业纪律和职业道德等培训，全面提升公职律师的工作水平，同时为其依法执业提供各项保障，将公职律师参与决策过程、提出法律意见作为依法决策的重要程序，确保其充分发挥职能作用。

（六）村（社）公共法律服务点覆盖率

村（社）公共法律服务点是司法局整合各项工作职能，在乡、村、社区等地点设立的为基层群众提供法律咨询、法律援助申请转交、人民调解、公证、行政复议咨询等综合法律服务的站点。2022年冀州区10个乡镇、382个村落、8个社区，均设立了公共法律服务站点，覆盖率达到100%。2023年为完善乡镇村居公共法律服务站点的硬件设施建设，开展了乡级公共法律服务中心升级改造工程，扩大服务内容，增加服务窗口，全部制度上墙。对村情复杂、法律事项较多的村级公共法律服务站进行了提升。

村（社）公共法律服务站点是群众家门口的法律服务站点，是全区公共法律服务体系的终端，做好村（社）公共法律服务站点建设是实现普惠性公共法律服务的重要组成部分。冀州区高度重视此项工作，将其纳入综治工作统一安排部署，建立了公示公开、限时办结、办案存档等制度，确保了工作制度化、规范化，从而促进公共法律服务站点充分发挥作用。

优化建议：一是加大宣传力度，提高部门和群众的知晓率和参与度。通过传统的宣传方式与现代新媒体宣传模式相结合，让群众和部门知道公共法律服务站点职能，了解并正确获取服务。二是争取经费保障，打造专业服务队伍。积极向政府及财政部门争取财政保障，加大公共法律服务资金扶持力度，减轻对公益法律服务的依赖，提高专业法律服务机构的参与积极性。与乡镇政府沟通，增加公共法律服务机构工作人员数量，加强业务培训，提升业务水平和综合素质，培育一支专业化的公共法律服务队伍。三是强化部门协作，增加公共法律服务内容。持续加强公共法律服务中心（站）与法律援助中心、法律服务机构、人民调解组织、公证处等机构的工作衔接，加强与人民法院、人力资源和社会保障、民政、信访、工会、妇联、残联等相关部门的协作，在普法宣传、矛盾纠纷化解、法律援助等方面形成联动，实现公共法律服务与诉讼服务和社会服务的对接，提高群众获得公共法律服务的便利性。

三 "调冀和"基层法治促进机制产生背景

党的二十大报告指出："在社会基层坚持和发展新时代'枫桥经验'，完善正确处理新形势下人民内部矛盾机制，及时把矛盾纠纷化解在基层、化解在萌芽状态。"让"枫桥经验"焕发时代新彩，结合冀州实际，汲取传统文化，创新调解机制，根在调，意在和，是冀州区聚力打造"调冀和"基层法治促进机制的题中之义。

（一）穿越历史的时空，见证冀州初心

中国一直以来有一张牌——"和"文化，在我国古代社

会，人与人之间发生利益冲突时，不是通过官府动用法律在公堂上强制解决，而是通过各自的忍让去协商解决。衡水是大儒董仲舒的故乡，西汉武帝年间，随着董仲舒提出"罢黜百家，独尊儒术"的建议被采纳，儒家化的法制因儒家思想的"和"文化在法律领域的渗透而得以形成。调解作为一种解决民事纠纷的重要方式被人们所重视，即以和合精神实现用道德教化达到息事止讼的目的。冀州区不断从传统法律文化中发掘"和"文化，推动其与新时代"枫桥经验"冀州模式相融合，用心培育"调冀和"调解品牌，通过以文化人、以法育人，将矛盾解决在群众家门口，实现"小事不出村、大事不出镇、矛盾不上交"。这是一种从文化中寻源，又让文化"飞入寻常百姓家"的品牌成长之路，也是一条从群众中聚力，又让力量传导于群众之中的和谐发展之路。

（二）时代激荡的鼓点，向着和谐筑梦

党的二十大报告提出，要完善社会治理体系，在社会基层坚持和发展新时代"枫桥经验"，完善正确处理新形势下人民内部矛盾机制，加强和改进人民信访工作，畅通和规范群众诉求表达、利益协调、权益保障通道，完善网格化管理、精细化服务、信息化支撑的基层治理平台，健全城乡社区治理体系，及时把矛盾纠纷化解在基层、化解在萌芽状态。作为土生土长的中国智慧、东方经验，"枫桥经验"具有鲜明的中国特色，彰显了我国基层社会治理的独特优势和强大活力。"知者行之始，行者知之成"，习近平总书记亲自领导、亲自部署、亲自推动全面深化改革，以思想理论创新引领改革实践创新，在改

革使命、改革方向、改革目标、改革策略、改革动力、改革方法等方面作出系统阐述，提出一系列关于全面深化改革的新思想、新观点、新论断，也为进一步全面深化改革提供了强有力的思想武器。衡水市冀州区始终以高度的政治责任感和历史使命感，围绕"调冀和"调解品牌建设，主动服务全区经济社会发展大局，为推进高质量发展、谱写中国式现代化建设冀州篇章提供有力法治保障。

（三）风物背后的情怀，和风细雨促调解

当前冀州的改革发展正处于关键时期，伴随着发展的深化，矛盾纠纷将会进一步增多，表现方式也会更加激烈，各种民间纠纷在性质、规模、形式等方面发生了很大变化，调解工作的范围也从以往的婚姻、家庭、邻里等常见性、多发性民间纠纷扩展到公民与法人及社会组织之间的矛盾纠纷：如拆迁安置、环境污染、劳动争议、拖欠工资、医疗纠纷等方面，呈现出成因复杂、主体多元、规模扩大的态势，调解难度大矛盾易激化给社会稳定增加了新的不安定和不确定性因素。新时期、新阶段的调解工作任重而道远，在这种形势下，如何更好地维护社会稳定、创建平安冀州，为加快经济发展创造更加和谐稳定的社会环境，是冀州区必须认真思考的一个重大课题，人民调解以其程序简单、直接方便等优势，在化解民间纠纷、维护社会和谐稳定、促进经济社会发展方面的作用和优势日益显现，冀州区调解工作虽然在组织网络、工作机制、工作开展等方面取得了一定的成绩，但是还存在不容忽视的问题，如对调解工作的重视程度不够及调解组织的网络化建设、调解队伍的

专业化建设、调解工作的规范化建设不强等问题。面对问题，必须采取实事求是的态度，只有正视问题，看到"不足"，才能积极主动地解决问题。实现资源整合、创建冀州特色调解品牌刻不容缓，冀州区委、区政府高度重视，多次召开推进会和调度会，要求全力高标准打造新时代冀州"调冀和"品牌。"调冀和"就是要树立大调解观，协调各方面资源参与调解工作，通过"夯实基层及时调，行业组织专业解，司法联动合力消，党建＋两化（网格化、信息化）增质效"，努力实现"及调即和，纠纷全化解、矛盾全消除、社会稳定和谐"的良好局面。

四 "调冀和"基层法治促进机制主要内容

冀州区以整合各类调解资源为抓手，创新打造"调冀和"品牌，着眼查于萌芽、化于及时、止于调解，强化矛盾纠纷衔接零缝隙，及时把问题在第一时间内化解、处理在当时、当地，最终矛盾纠纷解决在冀州，积极打造枫桥经验冀州版，有力维护基层法治环境。

（一）坚持全民参与，建强矛盾调解"主阵地"

坚持人民主体，发动和依靠群众是"枫桥经验"的精髓所在、灵魂所在。必须坚定不移走好党的群众路线，把以人民为中心的发展思想落到每一项"关键小事"上，做到治理过程群众参与、治理成效群众评判、治理成果群众共享。

1. 完善横到边、纵到底、全覆盖的人民调解组织体系。建成五级人民调解大格局：第一级，开展"十户一员"创建活动，即在全区各个村每十户选出一名责任心强、有良好的群众基础、具备一定的法律知识和政策水平的群众担任矛盾纠纷排查员，共选出矛盾纠纷排查员3672人；第二级，在全区各个村成立村级调委会382个；第三级，在各个乡镇设立品牌调解室11个；第四级，在各个乡镇政府成立乡镇调委会11个；第五级，将21名律师及7名法律服务工作者纳入人民调解员队伍，成立和为贵调解室和律师调解室，在全区逐渐形成了以矛盾纠纷排查员为基础，以乡镇、社区调委会为骨干，以品牌调解室、律师调解室为补充的人民调解组织网络体系，全区建立人民调解委员会410个，村、社区、乡镇调委会覆盖率达到了100%。

2. 建立党建引领、网格化、信息化的社会治理服务平台。针对基层信访问题多头反映、民生问题发现滞后、诉求办理质效不高等一系列问题，筹建了全域社会治理综合服务中心，下

设三个分中心,按照"统一受理、统一交办、网格治理、司法调解、闭环管理、数字赋能"的工作思路,实现"一站式"受理诉求、"一平台"化解兜底。一是组建群众诉求处置中心,变"多头受理"为"一地通办"。该中心将基层群众向人民网三级书记留言、国务院互联网+督查、国家和省市三级信访联席办、问政河北、12345政务服务热线5类渠道反映的诉求,统一到平台进行汇总甄别,统一交办,全程闭环管理,确保上级交办案件及时稳妥处置到位。二是组建民生保障服务中心,变"被动处置"为"主动上门"。该中心以便民、惠民为目标,开发启用"智慧冀州"APP、"民生冀州"公众号、7100000便民服务电话,进一步畅通群众诉求反馈渠道,督促网格员在基层主动发现问题,推动民生服务向基层延伸。对网格员直接发现和群众反馈的诉求，由平台统一受理，依托《冀州区权责清单参考目录》，明确乡镇、部门具体办理事项，各单位成立专班推进，精准处置。截至目前，"民生冀州"群众注册达到5万余人，家庭对平台知晓率达到53.2%。三是组建"冀时语"法律服务中心，变"潜在诉案"为"诉前调解"。针对重复访、需多个部门协同办理事项及涉法涉诉类案件，该中心整合公检法司资源，政法委书记、公安局局长、法院院长、检察院检察长等区级领导干部轮流值班，从公检法司等部门抽调政治坚定、经验丰富、善做工作的检察官、法官、干警、律师等精干人员到中心集中办公，细化"证据收集、依法商定、沟通了解、督导落实、稳控化解"等处置流程，集体研究，一体推进，形成化解重点矛盾纠纷的司法合力，全力化解疑难杂症。2024年7月，中心共受理案件137件。其中诉前调解61件，群众咨询60件，疑难复杂8件，公安投诉6件，司法行政复议2件；已结115件，化解率达83.9%。通过诉前调解，使一批案件未进入审判环节，既节约了审判资源，又使当事人减少了讼累，取得了较好的社会效果。【案例一：2023年7月，平台收到冀州镇二甫村村民温某等17户村民反映因拆迁改造导致排水不畅而危及住房安全的问题，先后多次到相关部门反映诉求，但一直未彻底解决。收到诉求后，平台联系住建部门，并进行督办。住建部门在抓好问题解决的同时，安排人员随时做好全区雨季排水问题，最终帮助温某等村民解决了多年的"心病"，并推动了工作开展。】【案例二：2023年3月底，农民工夏某在墙面维修过程中摔伤，多次找包工头和建筑施工单位索赔无果，向平台进行反映。平台将问题交到人社局。因了解到受伤工人夏某与建筑施工单位建立劳动关系认定难度大，极可能与包工头有劳务关系，不能从工伤保险基金支付的情况后，人社局工作人员积极通过调解帮其找到上一级发包公司，并协调予以赔偿。经过 30 余次电话沟通、当面交谈，施工单位和包工头从一开始只赔偿 1 万元，到最终双方以 6 万元数额达成协议。】

3. 健全多维度、多元化、无盲点的矛盾纠纷化解机制。一是创新人民调解机制。发挥人民调解维护社会和谐稳定"第一道防线"作用，在各乡镇开展"流动调解"新模式，变"坐堂问诊"为"上门巡诊"，挂起"流动调解"牌，支起"流动调解桌"，将调解服务送到田间地头。建立定期走访流动调解制度，固定每周一次走访的流动调解日，每周流动调解不少于2次。各个乡镇司法所结合工作特色和实际情况，对发现的矛盾纠纷随有随调。"流动调解"积极统筹业务素质高、调解经验丰富的专职调解员、法律服务工作者、律师等资源，"对口化"吸纳退休老党员、村干部、志愿者共同参与，建立"排查员发现、司法所点单、协同调解"制度，排查员对于发现的矛盾纠纷能现场调解的，现场即刻调解，需要专业力量协同调解的，由各个乡镇司法所对矛盾纠纷进行"点单"，及时组建流动调解队伍，约定调解时间，下沉田间地头，开展调解工作，将"事后被动处置"变"事前主动预防"，自2022年开展以来，共排查出矛盾纠纷2300余起，解决纠纷2296起。二是健全诉调对接机制。加强与法院的沟通协调和制度衔接，完善区级"诉调对接"工作联动、问题联络等工作机制。在区法院、双冀律师事务所、顺成律师事务所均成立了律师调解工作室，与区法院联合建立集法律咨询、法律援助、人民调解、诉前调解、诉中调解、司法确认等多种法律服务于一体的诉调对接中心，积极引导群众开展诉前调解工作，"一站式"满足人民群众多元化个性化的法律服务需求，实现调解程序与诉讼程序的快速衔接，进一步加强源头预防。三是探索网络化解机制。探索"互联网+"人民调解工作模式，充分利用手机、微信、视频等设备或软件开展矛盾纠纷的排查化解,既有"面对面",又有"键对键",既通过"脚板",也通过"指尖",实现网上网下一体联动。2023年以来通过网上调解化解矛盾纠纷346件,全区无因调解不及时、不正确引发的矛盾激化案件,为构建平安冀州发挥积极作用。

(二）突出资源统筹，打造行业调解"新样板"

以大党建统领大调解、维护大稳定、引领大发展，全力打造行业枫桥，充分发挥行业性、专业性调解的作用，确保"矛盾不上交、平安不出事、服务不缺位"。冀州区的调解工作经验做法多次得到省市领导的充分肯定，无一件因调解不当引发信访上访问题。

1. 以"党建强"引领"发展强"，高位组织推动，建立领导组织。党建引领是新时代"枫桥经验"之魂，充分发挥党在基层社会治理中的领导核心作用，成立由区委常委、政法委书记任组长的专业性、行业性纠纷调处工作领导小组。强化党总揽全局、统筹协调，完善制定了以政法书记为召集人的全区行业性、专业性工作联席会议机制，各部门将矛盾纠纷化解工作纳入年度工作计划，建立健全多部门协调联动工作机制，形成党政领导重视抓、分管领导具体抓、各部门相互配合抓的工作格局，推动了矛盾纠纷化解走深走实。

2. 以"大调解"推动"大治理"，统筹行业部门，健全调解组织。行业性、专业性矛盾纠纷问题点多面广、分门别类、情况复杂，冀州区在矛盾纠纷相对集中的劳动争议、医患纠纷、土地管理、商品消费、婚姻家庭、征地拆迁、教育卫生、道路安全、环境、物业管理、知识产权等行业全部建立了专业人民调解组织。各部门配备独立办公场所，高标准建设不低于25平方米的调解室，配齐办公设施、设备；立足部门特色，统一标识、标牌，调解制度规范上墙。各行业性、专业性调委会全部配置2名以上专职调解员，全部颁发衡水市统一印发的人民调解员证。同时，组建人民调解专家库，从符合选任条件的律师、基层法律服务工作者、人民调解员、退休老干部、教师中选拔428名调解技巧高、调解经验丰富的调解专家建立专家库。在人、财、物上足额保证调解工作需求。截至2024年7月，全区行业性专业性民调组织18个，其中11个调委会被衡水市评为"优秀调委会"，12名调解员被衡水市评为"优秀调解员"，2名调解员被评为"省级优秀调解员"。

3. 以"聚合力"破除"单打"格局，凝心聚力，走出治理新路子。冀州区本着方便群众反映诉求、少花钱多办事的原则，在距离区委、区政府两百米范围内，在原老干部局地址上整合资源，建设了建筑面积1600平方米的高标准"一站式"矛盾纠纷多元调解中心，让老百姓反映的事项特别是复杂疑难问题能够一站式接待、一揽子调处、一条龙服务、一次性化解。同时，高标准完成各司法所公共法律服务中心建设，涵盖法律援助、法律咨询、人民调解等便民窗口，依托司法所为办事群众提供专业服务，对于复杂案件，积极与区中心联系，做好引流对接。【2023年11月，林某喜反映其加油站因土地问题导致过期不能年检，由于涉及发改、应急、环保、自然资源和规划、行政审批等多个部门和所在乡镇，当事人多次上访，问题迟迟不能解决。调解中心及时组织相关行业部门，研究解决办法，历时一个月，在各方的共同努力下，让事件得到圆满解决。】

(三) 坚持关口前移，筑牢防范风险"防火墙"

习近平总书记强调，"法治建设既要抓末端、治已病，更要抓前端、治未病""把非诉讼纠纷解决机制挺在前面"。冀州区依托各乡镇及司法所统筹全区力量，抓前端畅通诉求降纠纷，抓中端做细调解减纠纷，抓后端公正断案扬正气，推动诉源治理从化诉止争向少诉无诉转变。

1. 排查在先，苗头问题早消化。针对群众日常矛盾隐患，建立周六调研日、群众需求月恳谈、干部接访下访和乡镇党政正职周五信访接待日制度，坚持"三级排查"。严格落实矛盾纠纷排查走访制度，农村（社区）每天一次、乡镇（街道）每周一次、社区每月一次对本辖区矛盾纠纷进行定期排查分析，实行敏感信息即时报，发挥10个乡镇群众工作中心、8个社区和382个村群众工作站前沿站所作用，健全完善的维稳信息预警体系，了解基层诉求，解决信访苗头，吸附矛盾化解在当地、熄灭于萌芽状态。

2. 教育在先，重点对象早转化。针对容易引发群体性纠纷的事件，抓住要害，管住重点人，采取分层教育疏导，沟通思想，理顺情绪，晓以情理，把群体性事件解决在萌芽之中。落实好对刑满释放人员的衔接管理，认真做好刑满释放人员回归社会前后的信息登记、接送移交、帮教管理等工作，进一步落实"涉黑涉恶"刑满释放人员的接送机制，落实好防范措施，确保重点对象不脱管、不失控；对现有安置帮教人员 508 人，进一步完善刑满释放人员信息库，加强信息管理平台建设和身份核查，努力提升安置帮教工作管理水平。

3. 控制在先，敏感时期早防范。制定防范预案，按照"宜解不宜结，宜疏不宜聚，宜缓不宜激"的原则，靠前指挥，劝解引导，妥善控制，及时处理各种社会矛盾。大力开展矛盾纠

纷"大排查、大调处"专项活动：集中力量重点排查和治理各种因素引起的多发性、易激化矛盾纠纷，主动参与群体性矛盾、群体性上访纠纷的调解；完善排查调处机制，健全完善矛盾纠纷和社会不安定因素信息及工作建议报送制度；做好超前排查、超前预防，组织基层司法所和调解组织集中开展纠纷专项治理，针对易多发的矛盾隐患进行专题法治宣讲、法治教育，完善预防措施。

4. 调解在先，矛盾纠纷早处理。一是注重沟通联络，让"调"不缺位。区法院建立每月一座谈、每季度一培训制度，座谈会由区法院和区司法局一同组织，各司法所所长、人民调解委员会主任代表、法庭庭长一同参加，对当前的矛盾纠纷进行分析、研判，并对下一步的工作进行对接；为了切实提高各

调解员的调解能力和水平，由区法院和区司法局每季度至少组织一次人民调解培训会，确保各调解员及时充电。二是注重服务为民，让"调"有温度。建立登记受理、分类派单、限期办结、定期回访等制度，利用"司法所吹哨，调解员参与"的工作机制，实现矛盾纠纷就地解决，实行一站式受理。法院征得当事人同意调解的案件，统一流转到诉调对接室，按照"宜调则调、宜诉则诉"的原则及时分流到司法所，由司法所按照当事人的户籍及居住情况，安排当地的调解员进行调解。为防止案件挂空，采用"请进来""走出去"相结合的方式开展调解，定期对当事人回访，巩固调解成果。三是注重规范流程，让"调"有角度。做好各环节记录和签字背书，让调解过程全程可追溯。开展诉前辅导，法官"把脉问诊"，诉前调解室编立"诉前调"案号"挂号导诊"，调解组织"接诊"，采用"情理法"结合方式"对症下药"，疑难纠纷采取"调解员现场调解＋法官远程视频调解"方式合力攻坚。调解成功的签订调解协议，进行司法确认。坚持开展人民调解案卷质量评查工作，提高纠纷调解程序、文书制作、档案归类的专业化水平；积极贯彻《人民调解法》关于人民调解工作经费保障规定，完善人民调解"一案一补"工作，提高并落实"一案一补"资金发放标准，推动人民调解工作健康发展。四是注重分类施策，让"调"有力度。充分考虑全区经济社会发展不平衡、类型化纠纷突出的特点，根据辖区劳资、征地拆迁、经济债务、家庭婚姻等纠纷发生情况，与住建、人社、自然资源、民政、农业农村等部门建立协作机制，依托区级领导联乡包村工作机制，发挥司法所、村级调解委员会作用，完善纠纷案件移送、联调等制度，加强上下联动，实现"大统筹"，最大限度将纠纷化解在基层一线，努力从源头减少诉讼案件。

（四）坚持标准提升，打造服务群众"强保障"

1. 选优配强"和事人"。人民调解工作，离不开高素质的

调解人才，只有人会"调"，难事才能"解"。一是加强"三库"建设，储备行家里手。根据化解矛盾纠纷需要，突出专业、能力、威望等方面，加强区级调解专家库、镇级调解人才库、村级调解能人库"三库"建设。选聘调解技巧高、调解经验丰富、具有相关行业、专业领域以及法学、心理学等知识的专家学者进入专家库、人才库、能人库，并印制全区《人民调解员专家库花名册》，便于群众根据自己的需要选择合适的调解员。目前区级调解专家库26人、乡镇调解人才库20人、村级调解能人库382人。二是开展"全员培训"，提升能力水平。持续开展培训活动，提升调解员的素质和本领，是冀州区多年来坚持不懈的"硬动作"。区司法局联合区法院以及其他相关部门对全区调解员、矛盾纠纷排查员从人民调解的基本理论和规范程序、纠纷调解实践和技巧、常用法律法规及其实际应用等方面，进行深入讲解和互动，有效提升了全区调解员的理论水平和实战技能。同时，开设人民调解巡回大讲堂，组织由法官、律师、优秀调解员组成的讲师团巡回为1000多名基层调解员开展专题培训，做到所有基层调解员全部轮训一遍。三是选配"村居顾问"，服务方便快捷。实行村居法律顾问动态调整机制，优化人员配置，并将村居法律顾问姓名、联系电话、微信号、执业范围等重新制作公示牌在村委会进行公示，保障村民遇到法律问题可以方便快捷地获取法律服务。制定村居法律顾问下基层活动方案，提升村居法律顾问的责任心和服务质量，每季度开展一次普法讲座，将最实用的法律知识送到群众手里。四是实施"等级评定"，做到优中选优。把人民调解纳入考核，根据调解员的工作年限、调解能力、累计调解案件数、调解成功率、优秀调解案卷数、年度考核情况，将调解员划分为四个等级，实行动态管理，每年评定一次，并对各等级调解员实行比例控制。通过等级评定，极大地调动了人民调解员的积极性和主动性，在全区形成了人民调解工作"比拼赶超"的浓厚氛围。现有四级调解员1008人、三级调解员123人、二级调解员11人、一级调解员2人。

2. 打造"规范化"基地。以落实《全国司法所工作规范》为着力点，以打造示范化（"枫桥式"）司法所为抓手，推动解决司法所工作短板，促进司法所规范化建设再提升。一是统筹规划办公场所，推进其提档升级，实现司法所硬实力再提升。严格按照省司法厅下发的《司法所规范化建设标准》要求以及"枫桥式"司法所验收核查的标准，对冀州司法所、小寨司法所、门庄司法所、西王司法所从外到内进行升级改造。升

级后的新场所建筑面积达标、标识统一,公共法律服务、社区矫正、人民调解、所长室等各功能区一应俱全,配套制度全部上墙,社区矫正宣告室、个人品牌调解室、安置帮教办公室、普法宣传室等设置特色显著,电脑、打印机、相机、执法记录仪等电子化设备齐全。二是统筹司法所队伍建设,推进司法所不仅有"颜值",也要有"力量"。结合司法所工作,对基层司法所长不适应工作岗位的进行了调整,把能力强、素质高的人员充实到司法所队伍中,目前各个司法所长都有一定的乡镇基层工作经历，都是本科以上学历。按照"司法行政机关主导、各乡镇司法所自主运作、多方共同参与"的工作思路，定期组织各个乡镇司法所长以及工作人员学习业务知识。相继完善了《岗位目标责任制度》《矛盾纠纷定期排查调处制度》《廉政勤政制度》《学习培训制度》《档案管理制度》等制度，建立了司法所工作人员业务学习培训常态化机制，以制度化切实保障司法所各项工作有序有效开展。三是健全完善执法标准，升级社区矫正。根据《河北省社区矫正工作细则》，制定全区工作规范，细化调查评估、交付接收、监督管理、教育帮扶、考核奖惩、解除和终止、档案管理等社区矫正八大工作环节的工作标准，明确执法权限，规范执法程序，全面实行规范化、标准化工作流程，提升社区矫正执法规范化水平。2024年4月司法部在湖南省长沙市召开全国社区矫正工作推进会，冀州区司法局社区矫正科被授予"全国社区矫正机构先进集体"荣誉称号。

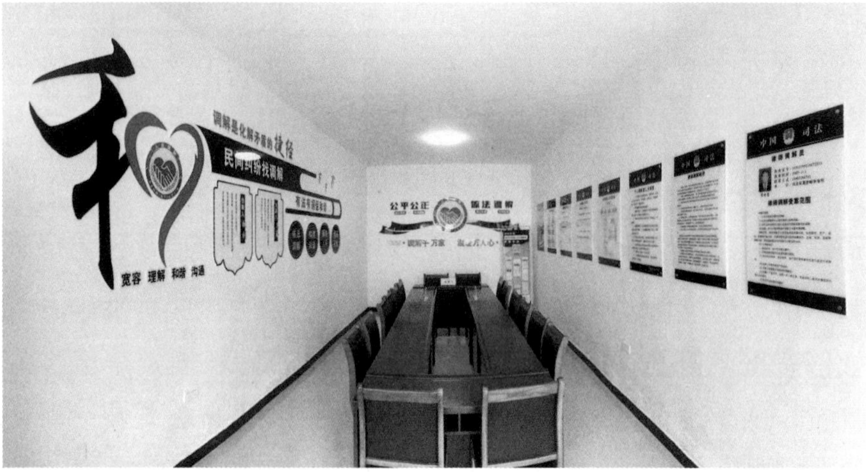
和
调解是化解矛盾的捷径
民间纠纷找调解
宽容 理解 和谐 沟通
公平公正
依法调解

公共法律服务中心
群众接待大厅
星级创建单位

3. 强化机制保障。一是组织调度抓统筹。按照"党委统揽、政府主办、部门联动、司法保障"的原则，区委定期组织召开专题会议，就诉求办理进展进行督导调度，会商研判，进一步加大部门联动和司法调解力度，完善工作体系，提升工作质效。二是"一人一案"化积存。筛选出22件信访疑难案件，明确由22名区级领导干部牵头,实行"一人一案"包化解制度,全过程分析研判,大力度攻坚克难,坚决盯紧盯死,一盯到底。先后解决了长达35年的78岁薛某农村宅基地诉争等一批重点、难点、堵点的信访疑难案件,做到了案结事了、事心双解。三是闭环管理强督办。按照"收集—交办—处置—反馈—验收—考核"闭环处置机制,对各类平台受理的各类诉求,安排专人统一交办、分派流转、限时办结,保障一网采集录入、一网分流督办、一网监督处置、一网考核评估。四是定期下访化矛盾。各级领导干部对受理的疑难复杂案件认真分析研判,主动带案下访,与当事人沟通对接,明理释法,既对当事人做好法律知识普及讲解,又注重情理法的有机统一,化解心结,解决问题,达到维护社会和谐稳定,减少涉法涉诉上访案件,防止"民转刑"案件发生的目的。

（五）突出品牌示范，创建排忧解难"杂货铺"

1. "一乡一品一特色"，家和万事兴。冀州区积极探索人民调解新机制，在各个乡镇打造"调冀和"个人品牌调解室，从退休干部、退伍军人以及一些德高望重的老同志中精挑细选，择优选聘调解员，建立"一乡一字一特色"品牌，形成了"人睦千秋福，家和万事兴"的格局。10个个人调解室：西王镇的"人为本调解室"、码头李镇的"睦邻调解室"、南午村镇的"独有千秋"调解室、周村镇的"秋实调解室"、门庄乡的"幸福调解室"、漳淮乡的"阖家调解室"、小寨乡的"和美调解室"、官道李镇的"万顺调解室"、徐庄乡的"百姓事调解室"、冀州镇的"兴国调解室"。个人调解室实行统一制作的标识、标牌，调解制度规范上墙，建立并完善日常指导监督制度，规范个人调解室的调解工作流程、工作制度、档案卷宗制作等。同时每个调解室配备了3名专职调解员。各个调解室数年如一日地排查一起起矛盾纠纷苗头，调解一件件矛盾纠纷案件，逐步成为冀州区一张响当当的"金字名片"。个人品牌调解室各显神通，各具其能，各有特色，把矛盾纠纷解决在基层、化解在基层。

案例一：西王镇"人为本调解室"抓准矛盾纠纷关键点，在调解各种类型的民间纠纷时，首先对纠纷进行综合分析，从多个矛盾中找出主要矛盾，抓住关键点。在调解过程中，做事公平，不让当事人觉得偏袒某一方；对调解中不讲理的人进行批评教育，不让其唬住；分析双方情况，先对一方进行安抚，尽量让一方先让步；提高自身的处事能力，遇到疑难纠纷不能慌，做到精准调解。西王镇某村张某在邻居李某屋后叫骂李某的鸡把他的菜吃了，李某在厨房内叫张某别骂，张某看到李某站在窗户处，就从地上捡起一块石头向李某砸来，李某及时躲闪没打上，引发双方对骂。随后张某赶到李某后院趁李某不在意时一拳将李某打倒在地，随即离去。李某带着伤痛前往张某家理论，走到张某院子时，张某与家人又将李某按倒在地，造成李某双脚、腰部、头部均受伤。李某受伤治疗花去医药费1500元，张某拒绝支付。李某求助村调解委员会解决，经调解员多次调解，双方各不相让，未能达成一致意见，导致矛盾加剧。随后，"人为本调解室"受理了此案，调解员知道现在双方的积怨颇深，必须充分了解事情的全过程，才能找到解决问题的关键。于是调解员采取上门提取证据、走访群众、听取村调委会意见、分别与当事人座谈等方式，了解事发全过程后，组织开展调解。经过双方的陈述和辩论，调解员从中抓住了问题症结：首先明确指出张某打人事实属实，是违法行为；同时，就李某治疗期间费用进行当场计算核定为1406元。从谁是谁非谈到邻里交往，从法律规定谈到做人的道德准则，晓之以理，动之以情的耐心说服引导，张某受到了法律和道德的教育，当面向李某承认了错误，并现场道歉；李某被张某的真情所感化，接受了张某的道歉，最后协商达成由张某承担医疗费、误工费、护理费、住院伙食补助费926元，李某自愿放弃检查费480元赔偿的协议，并自觉履行调解协议。

案例二：码头李镇"睦邻调解室"抓住调解关键人，调解工作有一套，即在调解工作中抓住纠纷当事人中起关键作用的人，采用说服、劝解等方法，让其接受某一调解结果，从而带动其他当事人接受调解结果的方法。"睦邻调解室"调解的某公司和冯某等欠薪纠纷，经过调解员积极耐心地调解，最终得到圆满解决。该公司安排冯某等人去国外干活儿，去之前已经协商好结付的工钱包括工资和新冠疫情期间的隔离费用、机票、车票等，干完活儿回国后，该公司却拒付回国后隔离期间的工资费用，冯某找到码头李镇的"睦邻调解室"，请调解室的人民调解员来调解此事，调解员先理清了此次纠纷的处置思路，此次纠纷是拖欠农民工工资，解决矛盾纠纷的关键是说服其公司老板，在查阅了关于拖欠农民工工资的一些法律规定后联系上了该公司老板罗某，对其从道德和法律层面上逐一做工作，最终经过多次劝解和努力，双方达成和解：该公司老板罗某同意结付冯某2022年3月—2023年9月的工资（包括报销回国后的隔离费用及往返机票、车票）52500元。

案例三：小寨乡"和美调解室"抓住调解关键字"和"，顺气又舒心，即在调解工作中调解员始终坚持"以和为贵"的思想，充分把握调解的局势，各方当事人在纠纷产生后，对利益、发泄、面子这三因素是一个什么心态，抱有多大的期待值，人民调解员在介入后迅速准确地把握当事人的这些心理状况，有针对性地做当事人的思想工作，对其给予正确的引导和劝解。马某和李某是姑嫂关系，马某的公公今年84岁，瘫痪在床，一直是两个儿子轮流照顾，马某认为李某没有尽到闺女的赡养义务，也不出钱，也不出力，十分气愤，要将小姑子李某告上法庭。李某则认为分家的时候财产都分给了两个儿子，两个儿子就该管老人，自己不应该再出钱出力。两家矛盾越积越深，马某要将李某告上法庭。"和美调解室"来受理此次案件。调解员劝双方先冷静下来，凡事以"和"为先，双方当事人又是亲属关系，矛盾还没有到不可调和的地步。《民法典》中明确说了父母对子女履行了抚养义务，有要求成年子女给付赡养费的权利。子女对父母有赡养扶助的义务。子女不履行赡养义务时，无劳动能力的或生活困难的父母，有要求子女付给赡养费的权利。女儿李某有义务赡养父亲或交赡养费，即使打官司，法院也会判处李某履行赡养义务的。在"和美调解室"调解员的主持下，双方协商赡养老人的事宜，并签署协议书，老人还由两个儿子轮流赡养，女儿李某每月出300元赡养费，老人如有其他大额支出再由三家按比例分担。双方对协议内容认可，至此案件得以结案。

2. 深化"示范化"创建，引领新风尚。在全区开展民主法治示范村创建活动，积极创建了15个省级民主法治示范村（3

个国家级民主法治示范村)。在小寨乡大寨村建设"法律明白人"广场,设立宣传展架5块,法治墙画300平方米。推行"1名村居法律顾问+N名法律明白人"模式,明确机制、培训融合、实践共促,开展普法活动,解决群众法律需求。动态清退"法律明白人"3人,新培养"法律明白人"270人。2024年2月,区司法局报送的《河北省衡水市堤北桥村民主法治示范村创建案例》入选司法部案例库;2024年3月,"冀州区青年普法志愿者法治基层行项目"获评2023年度衡水市文化科技卫生"三下乡"活动示范项目;2024年3月,司法部公布关于2023年度"全国民主法治示范村(社区)"复核工作情况的通报,徐家庄乡庄子头村、冀州镇岳良村、北漳淮乡北内漳村顺利通过复核;2024年4月,冀州区被河北省司法厅确定为河北省"1名村(居)法律顾问+N名法律明白人"行动观测点;2024年4月10日,冀州区司法局在全省公共法律服务工作会议上作《加大基层法律服务供给 打造特色普法文化品牌》典型发言;2024年6月19日,冀州区司法局在全省普法依法治理工作暨"1+N"行动推进会上作《从建章立制到培用融——冀州区探索"1名村(居)法律顾问+N名法律明白人"实践道路》经验发言。

3. 社区调解三步走,"一步一和谐"。一是主动发现,从源头掌握矛盾动态。为全面掌握社区矛盾动态,各社区组织社区民警、工作人员、人民调解员、妇联干部、网格员、志愿者、流动人口管理员等群防群治力量,扎实开展矛盾纠纷拉网式专项排查,广泛收集信息,及时发现隐患,做到早发现、早分析、早预防,做好矛盾纠纷排查化解工作的"千里眼"和

全国民主法治示范村(社区)
中华人民共和国司法部
中华人民共和国民政部
二〇二二年十二月

精心筑牢维稳前沿阵地 争创矛盾“零上交”村庄
冀州区“法律明白人”写“法”送“福”迎新年
福
福
福
福

"顺风耳"。针对外出务工人员、流动人员、社区矫正对象、信访人员等重点人群,落实重点管控,化解责任;对可能引发重大治安问题或群体性事件的苗头性问题,及时报告给党委、政府及有关部门,采取切实可行的措施,有效防止危害结果的发生。2024年7月,星宇社区通过各方力量的努力,共排查6987户,发现矛盾纠纷37起,已化解35起,正在化解2起,化解率达94.6%。二是及时化解,在萌芽状态消除。各社区对排查出来的矛盾纠纷,逐一登记造册,建立矛盾纠纷分级预警制度,组织分析研判,制定调处方案,落实调处责任人,明确调处措施和化解期限。同时,积极发挥人民调解、诉前调解、警民联调、访调对接的"多方联动"工作模式,综合运用法律、政策、行政等手段,切实做到哪里有矛盾纠纷,调解工作就落实到哪里,把矛盾化解在基层、解决在萌芽状态。对风险等级高的重点研判逐一落实化解稳控措施，坚持因人而异，因地制宜，因事施策，积极配合相关部门开展稳控化解工作，做到全部合理全部解决，部分合理部分解决，最大限度维护群众合法权益。对短期内难以有效化解的矛盾纠纷，抽调人员组成专班，深入了解当事人的诉求，认真做好教育疏导、帮扶救助等工作，防止衍生出新的不稳定因素。构建起"小事不出网格，大事不出社区，就地化解矛盾，矛盾不上交"的矛盾纠纷调解体系，切实提升人民群众的幸福感、安全感。三是跟踪回访，提升化解工作成效。各社区建立"一事一档一回访"跟踪回访制度，及时跟踪了解当事人心理、家庭、社会表现等状况，全面提高矛盾纠纷排查化解成效。同时，各社区探索"居民点单、社区下单、调解员接单、跟踪评单"的闭环式矛盾纠纷化解模式。在社区接到居民的"点单"后，社区立即组织共建单位、在职党员及"双报到党员"、志愿者等多方群防群治力量，根据自身优势、专业特点，对矛盾纠纷单进行"领单"，通过"一对一"或组织"调解团"等方式开展矛盾纠纷调解工作，确保每起纠纷"事事有人管，事事有结果"。2024年以来，已开展人民调解案件回访35次，群众满意率为100%。

五　成效和启示

以"调冀和"为统揽，创新"枫桥经验"，实现"多、快、好、省"的"枫桥式"大调解，促进冀州社会和谐稳定，赢得了群众口碑，冀州区调解工作在推动冀州改革发展上的作用成效显著。

(一) 主要成效

1. "多"——冀州区共建立健全各级各类人民调解组织 410 个。其中：村调委会 382 个，乡镇调委会 10 个，专业性、行业性调委会 18 个，社区调委会 8 个，社区调解室（志诚调解室）1 个，市区调解室（和为贵调解室）1 个，乡镇调解室 10 个，实现了人民调解组织纵横全覆盖，满足了群众多元化解矛盾纠纷需求。乡镇调委会基本达到"五有"的要求，即有工作场所、标牌、印章、调解文书、统计台账。截至目前，冀州区共创建省级"枫桥式"司法所 1 个，市级"枫桥式"司法所 1 个。

2. "快"——调解化解矛盾纠纷响应快，调解快，调解纠纷一般自受理之日起 30 日内调结。立足发现在早、防范在先、处置在小，在预防排查化解上采取硬实措施，用心用情用力及时就地化解矛盾纠纷，最大限度地把矛盾纠纷化解在基层、消除在萌芽状态，有效防范极端事件的发生，用实际行动践行和发展新时代"枫桥经验"。冀州区调解工作已实现线上线下多种形式融合开展，如现场调解、网上平台调解、视频调解、电话调解等，多形式满足当事人实际需求。

3. "好"——调解作为基层社会治理中矛盾的"减压阀"，有着不伤和气、修复好关系的天然优势。通过调解员的沟通协调，坚持情理法并重，热情服务当好"倾听者"；依法劝导，当好"减压阀"；正确引导，当好"指路人"。释明法理，促使当事人双方达成调解协议并自觉履行。冀州区已形成人民调解、行政调解、司法调解、行政复议、公证等非诉讼形式的有机衔接，构建非诉讼纠纷化解平台，提升矛盾纠纷化解的质效。

4. "省"——调解不收费，化解矛盾纠纷成本低。2023年12月，冀州区××建筑公司与山东××工程公司因合同纠纷诉至冀州区人民法院，经过冀州区民商事案件人民调解委员会的诉前调解，双方签订履行协议，合同标的66.8万余元得到落实，双方当事人未支付任何费用即化解了该矛盾纠纷，人民调解省时、省力、省钱的优势凸显。

"枫桥经验"在新时代不断丰富和发展，书写了一个个基层治理的鲜活故事，架起了一座座沟通党心、民心、人心的幸福桥。在新时代，冀州区要学习好、使用好、坚持好、发展好"枫桥经验"，强力推进和发展"调冀和"品牌，努力开创适应新时代、新形势的基层社会治理新局面，为冀州区的社会事业全方面腾飞和发展作出新贡献。

（二）工作启示

兵法云："兵无常势、水无常形"，战场瞬息的变化能够决定战斗的胜负。兵法如此，矛盾纠纷化解亦是如此。矛盾纠纷的出现，不是以特定的、固有的方式出现，其出现的方式有长期的、突发的、短期的、连锁引发的等，而矛盾纠纷的种类却涵盖了方方面面。在做调解工作时，面对不确定的环境、对象、事件等而引发的矛盾纠纷，应根据其成因、相关佐证材料、过程、结果及可能带来的后果等不同的情况，以多种手段、多种形式、多种方法来化解矛盾纠纷。

1. "冷却降温法"也叫"冷处理法"。当矛盾纠纷激化，有可能引发刑事案件的情况下，调解人员要临阵不乱，冷静思考，首先采取有效办法和策略，制止事态扩大和蔓延。然后依照法律法规，对双方当事人分别耐心细致地做思想工作，待双方心平气和，抓住有利时机，及时进行调解。这类纠纷的特点是：双方当事人一般文化程度低，脾气暴躁，容易冲动失去理智。气头上谁规劝也不行，甚至拉拢纠集亲朋好友参与其中，很容易发生群体性械斗事件。如果调解人员不明事理，盲目立即调解，不仅无法有效控制事态的扩大蔓延，反而由于处置不当会激发矛盾。

2. "情理交融法"又称"换位思考法"。俗话说"要想公道，换位思考"。在调解中，双方当事人由于自私自利思想作祟，跳不出个人圈子，好"钻牛角尖"。调解员要启发双方当事人转换角色，换位思考。在考虑个人得失的同时，也要替对方利益着想，做到知己知彼自我约束。然后，循循善诱，因势利导进行调解。

3. "扶正祛邪法"又称"主持正义法"。运用法律的规定、道德的约束等，去除纠纷当事人的无理要求和不正当诉求，弘扬正气，压制邪气，找准纠纷争议的焦点所在，不要被表面现象所迷惑，对症下药，进行调解。

4. "逆向求助法"又称"逆向思维法"。运用逆向思维的方式，让双方当事人首先明白争执结果如何？然后冷静思考，端正态度，辅之调解员法治宣传及耐心细致的思想工作，从而达到调解之目的。

5. "案例引导法"又称"以案释法法"。运用调解成功的相似案例，以案说法进行剖析，让双方当事人结合案例，对纠纷重新思考，最终达成调解协议。

6."亲友疏导法"又称"熟人感化法"。运用亲情友情加法律手段对纠纷当事人进行耐心疏导，在亲情友情的感化下达成调解。

7."亲情解怨法"又称"亲人拉近法"。在家庭、婚姻、赡养纠纷的调处中，运用亲情感化，使双方当事人消除积怨，化解矛盾纠纷。

六　典型案例

冀州区不断总结新时代"枫桥经验"工作中的实践经验与冀州实际工作相结合，逐步形成一批有特色、有借鉴性、有代表性的基层法治典型案例。

（一）案例：人民调解暖人心，为民排忧显成效

2022年10月左右，马某接到一个电话，对方（陈某）说自己通过别人介绍，找马某做点儿木工活。陈某在冀州市区某小区有一套2室2厅的新房，建筑面积94平方米，想让马某给他做房屋吊顶、主卧室的衣柜、入户门左侧的通顶鞋柜，具体板材和费用，两人约定10月下旬某天到陈某所在小区实地测量和计算后决定。测量后，两人口头约定了：吊顶使用石膏板、龙骨、衣柜和鞋柜板材的品牌和使用数量、五金铰链等细节；由马某提供施工材料和施工；由陈某分3次支付款项，当日支付定金3000元，所有材料入场并施工后支付4800元，施工完成检验合格后支付5000元，共计12800元；马某于11月

20日前施工完毕。马某如期完成施工，按时收到陈某支付的前两笔款项，但最后的5000元，陈某以施工没有达到标准，装修有瑕疵为由，拒不支付。马某表示：自己已多次找陈某要工费，陈某态度坚决，不予支付，本来这单总价就1万多，拖着我5000元一直不给，别说挣钱了，我自己还搭进去不少钱，这拖拖拉拉的这么久了，马上过年了，这活儿干得太窝囊了……我本来想找几个人跟他要回这5000元，家人劝我不要因为这钱触犯了法律，我也是听村里别人说，司法所能给调解，就过来看看，你们可一定要帮我要回这辛苦钱啊……调解员了解情况后，当即对马某进行劝解疏导，告诫其不要因此冲动行事，从而触犯法律。随后，调解员致电业主陈某，陈某拒绝面对面调解，并表示马某装修不合格，应该扣除其费用，经多次联系，双方同意到装修现场解决问题。2023年1月某日上午，调解员、马某和陈某共同来到陈某的新房处，几人共同对马某施工进行了细致查看。业主陈某反映，木工马某施工完成后，自己找到油工师傅继续施工，在施工过程中，油工师傅发现房屋吊顶不平整，要解决该问题，建议木工修复或者油工找平，费用约为1500元。陈某得知情况后，多次联系马某要求其修复，但马某不承认其施工有问题，并索要未结费用5000元，陈某以问题未得到解决为由，拒绝支付。调解员向马某核实，情况大体如此，在细节处略有分歧。至此，调解员厘清双方争议焦点在于房屋吊顶是否合格及处置问题。

调解员提出，由调解员联系一个木工，检查马某施工是否有问题。次日，调解员、争议双方和木工师傅再次来到业主陈某家中，木工师傅携带专业器械对马某屋顶吊顶施工进行核验。经核验，业主陈某房顶不平整，马某施工中，未能结合业主家实际情况予以找平，所以该房顶还需继续修正，马某也承认自身工作存在不足。本着化解矛盾纠纷、减轻双方困扰的原则，调解员在现场给双方当事人做工作，从法律层面摆事实，讲明诉讼程序的时间和经济成本较大，从情理层面劝说双方换位思考，互谅互让。针对实际情况，鉴于马某工作确有不足，双方同意，扣除马某费用1000元；马某在3日内按照陈某要求进行修缮，修缮完成2日内，赵某支付马某费用4000元。

此次案件的申请人是农民工，近年来，庞大的农民工群体，涉及建筑业、环卫、家政、餐饮等各个经济行业，是推动我国经济社会发展的重要力量。农民工进城务工，既增加了自身收入，又为城市创造了财富，同时为城乡发展注入了活力，但同时农民工面临的问题仍然十分突出：工资偏低，被拖欠现象严重；劳动时间长，安全条件差；缺乏社会保障，工伤事故多；法律意识淡薄，缺少自我保护手段……农民工问题事关我国经济和社会发展全局，解决好这些问题，直接关系到维护社会公平正义，保持社会和谐稳定，作为人民调解组织，要主动参与，积极探索与劳动保障部门协同办理机制，以案普法，增加农民工的法律意识，引导其以法律途径解决现实问题。

（二）案例：家事调解显成效，矛盾化解在庭前

李某（女）与张某（男）于2017年在民政局登记结婚，2019年二人产下一子，2022年1月，双方以感情不和为由，自愿离婚，并签署离婚协议书，约定孩子由李某抚养，张某每个月15日之前支付孩子抚养费2000元，至孩子满18周岁。但离婚后李某一直没有拿到张某支付的抚养费，李某多次电话催要，张某不是说手里没钱就是说再等两天，以各种理由推脱，到后来张某干脆就不接电话了。因双方利益纠纷，调解员与张某单独约定时间了解情况。张某来到调解室后，碍于面子，对拖欠抚养费的问题一直不愿多说，经调解员耐心劝说，张某终于愿意敞开心扉……离婚时承诺的抚养费是真心的，如果有钱，谁不愿意多给自己的孩子点钱，多领他出去玩儿，给他买玩具，但是离婚后，他才发现，他一个打工干零活的挣不了多少钱，可需要花钱的地方太多了，工资也不是按时发放，租房、日常花销、给自己父母的费用……自己已经花得七七八八了，根本无力支付抚养费，自己也觉得对不起孩子，但是，自己实在是手里没钱，自己打工每月工资大约3500元，2000元的抚养费，实在支付困难。后来，因为自己老是拿不出抚养费，前妻不让他见孩子，索性他就破罐子破摔，一直拖着了。征得张某同意后，调解员查看了张某的手机账单，与张某所说基本一致。

　　调解员在和双方分别沟通后，基本还原事实，安排双方在调解工作室进行背靠背调解，耐心倾听双方的难处和意愿。告知双方尽管离婚，但应履行的义务：一、《中华人民共和国民法典》第一千零八十六条规定，离婚后，不直接抚养子女的父或者母，有探望子女的权利，另一方有协助的义务。行使探望权利的方式、时间由当事人协议；协议不成的，由人民法院判决。因此，李某不应以任何理由拒绝张某探望孩子，李某当场表示，遵守法律规定，同意张某定期探望孩子。二、《最高人民法院关于适用〈中华人民共和国民法典〉婚姻家庭编的解释

(一)》第四十九条规定"抚养费的数额,可以根据子女的实际需要、父母双方的负担能力和当地的实际生活水平确定。有固定收入的,抚养费一般可以按其月总收入的20%至30%的比例给付……"结合当地平均收入水平和案件事实,2000元的抚养费对张某来说,难以支付,李某及孩子的利益也无法得到更好的保障,李某对这一事实也认可。建议根据法律规定和李某实际收入,重新约定抚养费用每月900元,其余约定款项不变,双方考虑后,均表示同意。

调解员准确掌握当事人真实诉求,结合法律规定释法明理,灵活把握调解方式,是本案调解成功的关键所在。在本次调解中,因有孩子这一感情纽带,调解员调动当事人的情感,弱化当事人的对立情绪,注重情、理、法结合,从而圆满化解矛盾纠纷。

(三) 案例:交通事故引纠纷,温情调解促案结

2023年9月,王某驾驶电动三轮车在国道由南向北行驶过程中,与驾驶电动自行车的赵某迎面发生碰撞,赵某倒地腿部受伤,电动自行车轻微损伤。因事故发生突然,双方感觉事故较小,便未理论责任,各自离开现场。后赵某自行到区人民医院治疗,产生医疗费用1700元,遂找王某协商赔偿事宜,未果。

2023年9月,赵某向调委会申请调解:自己在9月某天,骑电动自行车正常行驶在国道上,迎面驶来一辆电动三轮车,想到自己是正常行驶,对方是逆向行驶,对方肯定会减速,便没让路,结果两车相撞,自己的车摔坏、自己腿部摔伤。对方是个老大爷,一直道歉、询问伤情,自己的腿也没有出血,便觉得也没啥大事儿,就继续骑行回家了。结果晚上腿部肿胀,疼痛难忍,遂到医院就诊,经过 X 光和 CT 检查,确定轻微骨折,需固定、服用药物治疗。经过十余天的治疗,可自行活动,但越想越觉得自己又花钱又受罪,很委屈,可是自己当时也没留老大爷的联系方式,老大爷怎么称呼也不知道,思来想去,赵某便到事发地附近的村子里打听当时骑电动三轮车的老大爷,找到老大爷,赵某跟他说明原委。老大爷觉得事情已经过去那么久了,你说自己受伤了,要赔偿,受伤了怎么当时不说,这么多天,谁知道你的伤是怎么来的,难保不是讹人,自己一个老头儿,啥也没有,并不愿承担费用。赵某本就受伤委屈,一听老大爷死不认账更加生气,自己已经没要误工费、营养费了,就一个医疗费,对方还不愿支付,这后续没准还得治疗,凭什么让自己掏,本来就是老大爷违规行车在前,撞伤自己在后,自己只是大意了,看他一个老大爷,一时心软,结果给自己留下这么大麻烦,赵某表示如对方就是不赔偿,就赖在他家不走了……两人争执未果,赵某也怕因为这个事儿,老大爷一时着急再病倒,也不敢执意索要赔偿,不得已求助调解室进行调解。调解员电话联系老大爷王某,其因赵某多次索要医疗费,不堪其扰,同意调解。王某辩解,当时发生碰撞之后赵某说自己没事儿,事隔这么久,不确定赵某的腿伤是当时造成的。都是农村旁边道路,什么逆不逆行的,大家都这么走一直没事儿,怎么到了赵某这儿就有事儿了呢?

要想尽快解决问题,化解矛盾,必须首先厘清责任划分。调解员来到事故现场,惊喜发现附近有农户安装摄像头,事发录像尚可调取，但因距离较远，拍摄画面不甚清晰，调解员又结合双方陈述，还原现场：王某沿国道自南向北行驶，属逆行，期间没观察道路情况，未及时避让正常行驶的赵某，继而发生交通事故，应承担事故全部责任。

调解员要求赵某出具就诊记录和费用清单，经计算费用为1700元左右，但赵某说自己需要后续治疗，要求王某赔偿损失共计2500元。王某看到赵某的就诊时间和病例后，同意赔偿，但觉赔偿数额过高，调解员建议，赵某未造成严重伤害，根据《中华人民共和国道路交通安全法》第三十五条、第三十八条规定，《中华人民共和国民法典》第一千一百七十九条规定，建议王某向赵某赔付产生的实际费用1700元，双方均同意。

交通事故致人身损害赔偿纠纷在实际生活中为多发案件，大多时候双方私下解决，无交通事故责任认定书，缺乏明确的责任划分依据，一旦一方反悔，调解工作就会陷入僵局。调解员抓住了案件关键，前期做了充分准备工作，还原交通事故现场，划分了主体责任，最终促成双方达成一致意见。

9

浙江台州民营经济司法服务指数[①]

党的二十大报告中明确指出:"优化民营企业发展环境,依法保护民营企业产权和企业家权益,促进民营经济发展壮大。"这是坚持习近平总书记"两个毫不动摇"的重大部署,是保障民营经济高质量发展的时代强音。台州是中国民营经济发祥地,民营经济的贡献度已达到"889999"——贡献了86.2%的税收、80%的GDP、93.5%的新增发明专利授权、90%以上的就业、98.6%的企业数量、91.5%的进出口额。毫不夸张地说,民营经济就是台州经济的绝对主力和显著标识,服务保障营商环境就是服务保障民营经济发展。台州法院牢记政治使命和职业担当,以"建设司法服务保障民营经济新高地"作为自身定位和事业标杆,致力创新司法保护民营经济发展的台州模式。在实践过程中,台州法院为了科学评价全市法院司法保护总体水平,让优化营商环境工作可量化、可视化,同时深化落实最高人民法院"五五司法改革纲

---

① 由于台州民营经济司法服务指数被应用于各县区法院,故本部分不以样本县为例,而以台州民营经济司法服务指数整体为分析对象。

要"中关于"围绕经济社会发展大局，探索构建司法社会治理指数"的部署，于2021年开始着力构建"台州民营经济司法服务指标体系"，对全市法院司法活动进行量化评估并发布报告。目前，民营经济司法服务指标体系已经完成两年评测，2022年度指数报告在2023年中国民营经济发展论坛上公布，受到与会各部门和工商业界的广泛好评。同时民营经济司法服务指标体系测评工作机制也作为法院保护民营经济发展践行"八八战略"的实践案例在"八八战略主题展览"中展示。

一　民营经济司法服务指标体系的基本概况

2021年，台州市中级人民法院联合浙江大学钱弘道教授团体首创民营经济司法服务指标体系，指标体系设3个一级指标、15个二级指标和72个三级指标。2022年至2023年初，台州中院委托浙江省亲清民企服务中心开展指标测评工作，并邀请省、市两级工商联予以协助，完成2021年度、2022年度台州民营经济司法服务指标测评报告。

下面简要介绍现有民营经济司法服务指标体系项目的基本情况、数据采集方式，并对诉源治理、司法护航、综合效能这三类一级指标作简要分析。

（一）基本情况

1. 指标体系框架

表 9.1　　台州民营经济司法服务指标框架及权重

一级指标（权重）	二级指标（权重）
诉源治理（0.36）	纠纷源头预防（0.51）
	纠纷多元化解（0.49）
司法护航（0.36）	诉讼"一件事"（0.14）
	涉企案件实体裁判质量（0.19）
	涉企案件诉讼程序质量（0.15）
	涉企案件纠纷耗时（0.13）
	市场主体产权保护（0.13）
	市场主体破产保护（0.11）
	涉企案件执行效果（0.15）
综合效能（0.28）	数字赋能（0.15）
	司法协作（0.16）
	司法监督（0.18）
	司法公开（0.18）
	司法服务创新（0.16）
	司法获得感（0.17）

权重的具体计算方法为：

三级指标权重得分＝三级指标得分结果×三级指标权重；

二级指标权重得分＝对应各三级指标权重得分之和×二级指标权重；

一级指标权重得分＝对应各二级指标权重得分之和×一级

指标权重；

台州各法院民营经济司法服务指数＝一级指标权重得分之和×100。

2. 数据采集

（1）筛选

台州民营经济司法服务指标测评案件筛选是根据全市法院提供的各类法人民商事案件信息，从中确认用于涉案企业抽样的民营企业名单、用于无感监测指标计算分析的源头涉企案件信息。

涉企案件筛选规则具体为各类法人民商事案件中仅保留原、被告中至少有一方当事人为民营企业的案件。

（2）采集

测评通过无感监测、数据填报、调查问卷这三种方式完成数据采集。

无感监测主要收集法院内部系统（如办案办公平台、数据决策系统等）中的案件信息、部分指标在全省法院的排名和得分情况。

数据填报主要收集法院对部分指标的具体实施情况。评估单位、被评估单位通过扫二维码或点击链接的方式进行数据填报，并对填写或选择的内容进行说明和提供佐证。

调查问卷采用线上、线下结合的方式进行，线上以扫二维码或点击链接的方式参与问卷调查。调查问卷中的涉公问卷主要调查协同度、司法建议有效性；人大、政协和检察院的问卷主要调查监督主体的反馈建议；企业问卷是围绕民营企业展开的，为确保问卷调查的精确性和参与企业的代表性、全面性，遂对民营企业进行抽样调查，主要调查民营经济主体满意度和部分诉讼事项的便利程度。针对核心指标总计发出问卷1905份，有效回收933份。

（3）校核与计算

原始数据校核主要通过佐证材料对比和实地核验两种方式，对填报、问卷数据开展校核，组建专家队伍通过全面查阅佐证材料，赴实地座谈、体验式调查等方式完成校核。后以专家评价法组织专家对全市法院报送的案例材料进行评比，选取先进性、代表性、复制性和推广性较强的案例进行加分。最后采用李克特量表完成满意度指标的加总计分。

（二）诉源治理指标情况

一级指标诉源治理占0.36权重，下设2个二级指标和13个三级指标，侧重评估各级人民法院对涉企民事纠纷源头治理水平，旨在尽可能少地使矛盾纠纷转化为诉讼案件。

表9.2　2022年度基层法院诉源治理指标下三级指标同比情况表

三级指标	三级指标权重	同比情况
发布民营经济司法保护白皮书	0.17	29.63%
发布企业、行业法律风险防控指南	0.17	11.11%
发布服务民营经济典型案例	0.17	-4.85%
举办法治宣传讲座	0.16	12.52%
开展司法公开日活动	0.14	0.00%
建立纠纷源头预防联动机制	0.19	-16.67%
诉讼服务入驻当地矛调中心	0.17	-11.11%
推动矛调中心"一窗受理、调解前置"	0.15	0.00%

续表

三级指标	三级指标权重	同比情况
行业协会参与矛盾纠纷调解	0.14	-0.49%
开展类型化案件诉前化解	0.14	3.51%
诉前调解成功率	0.15	-3.47%
诉前调解用时达标率	0.13	1.20%
涉企案件收案同比下降率	0.12	-13.13%

从整体来看，台州法院在诉源治理方面的司法服务水平呈上升态势。各法院诉源治理指标具体得分情况见图9.1。

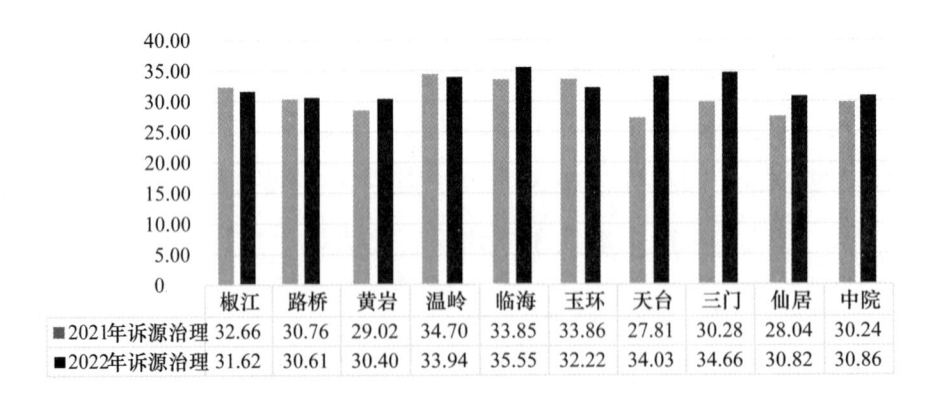

	椒江	路桥	黄岩	温岭	临海	玉环	天台	三门	仙居	中院
2021年诉源治理	32.66	30.76	29.02	34.70	33.85	33.86	27.81	30.28	28.04	30.24
2022年诉源治理	31.62	30.61	30.40	33.94	35.55	32.22	34.03	34.66	30.82	30.86

图9.1　2021年、2022年各法院诉源治理指标测评结果

2022年各法院诉源治理指标得分比2021年上升的法院是天台（22.37%）、三门（14.47%）、仙居（9.9%）、临海（5.03%）、黄岩（4.77%）、中院（2.05%），同比下降的法院是玉环（-4.85%）、椒江（-3.18%）、温岭（-2.18%）、路桥（-0.48%）。纠纷源头预防和纠纷多元化解等工作也逐渐完善。

诉源治理维度下具体指标情况如下：

1. 纠纷源头预防

二级指标纠纷源头预防下共有 6 项三级指标：主要考察与民营经济司法保护有关的白皮书、风险防控指南、典型案例的发布情况，涉及民营经济主体的宣传活动、司法公开日活动的开展情况和纠纷源头预防联动机制的建立运行情况，以评估纠纷源头的预防成效。

2022 年全市法院法治宣传次数较 2021 年总体增多。防控指南和典型案例的发布数量减少明显。开展司法公开日活动次数增加最多，同比增加 80%。可以发现，发布典型案例、举办宣传讲座是目前法院使用最多的宣传形式。全市法院在建立纠纷源头预防联动机制的基础上进一步健全机制。

2. 纠纷多元化解

二级指标纠纷多元化解下共有 7 项三级指标，主要考察诉讼服务在当地矛调中心的应用体现，行业协会参与诉前调解和类型化案件进行诉前调解的情况，以及通过诉前调解成功率、诉前调解用时达标率、涉企案件收案同比下降率，以评估纠纷源头的治理成效。

大部分基层法院在诉讼服务已入驻矛调中心的基础上，对诉讼服务进行优化调整，优化调整措施包括但不限于增加派驻人员、集中归口的案件类型、扩大诉讼业务的服务范围、制定具体的工作要求和诉讼服务规范等。2022 年各基层法院均采取措施推动矛调中心"一窗受理、调解前置"。与 2021 年相比，参与诉前调解的行业协会类型由 14 家增至 2022 年的 16 家，诉前调解案件类型由 16 类增至 2022 年的 17 类，行业协会对案件诉前调解的参与力度大幅度提升。

（三）司法护航指标情况

一级指标司法护航占 0.36 权重，下设 7 个二级指标和 40 个三级指标，侧重评估各级人民法院在不同诉讼阶段的司法服务水平。司法护航聚焦从立案到执行的全流程服务，紧扣"一个纠纷一起诉讼"，把尽量减少衍生案件、最大限度减轻市场主体诉累、最大程度方便企业诉讼作为重要考量。

表 9.3　2022 年度基层法院司法护航指标下三级指标同比情况表

三级指标	三级指标权重	同比情况
立案便利度	0.21	2.78%
退费及时性	0.16	88.68%
当事人诉讼档案查阅便利性	0.16	6.37%
当事人联系畅通度	0.17	5.24%
审判辅助事务集约化	0.16	0.00%
案件程序比	0.14	-44.44%
案件改判发回瑕疵率	0.26	-0.62%
服判息诉率	0.26	0.05%
民事可调撤率	0.24	2.02%
自动履行率	0.24	-69.34%
当庭宣判率	0.17	3.32%
小额诉讼程序使用率	0.17	328.30%
正常审限内结案率	0.20	5.75%
有效保全	0.24	0.00%
及时保全	0.22	0.00%
平均审理天数	0.16	-33.33%

续表

三级指标	三级指标权重	同比情况
委托评估、鉴定平均天数	0.16	38.89%
上诉移送天数	0.15	11.11%
平均执行天数	0.17	-34.42%
执行款发放平均天数	0.18	-20.63%
12个月以上长期未结案件占比	0.18	0.27%
建立涉企刑事案件经济影响判前评估机制	0.20	77.78%
依法处理侵犯民营企业和企业家产权行为	0.20	42.86%
建立解决知识产权保护"举证难、周期长、成本高、赔偿低"问题工作机制	0.24	-42.86%
建立知识产权跨部门多领域协作机制	0.18	-7.69%
建立重点企业、科研院所设立知识产权司法保护调研联系点	0.18	-77.78%
破产案件结案率	0.12	-32.73%
破产案件平均审理天数	0.13	-33.33%
降低破产费用成本	0.13	17.65%
提升债权回收率	0.13	29.87%
提升破产重整率	0.12	51.52%
畅通"执转破"适用	0.12	20.48%
个人债务清理成功率	0.12	-99.59%
破产管理人尽职履责度	0.13	8.43%
有财产可供执行案件法定期限内实际执结率	0.20	2.51%
执行标的到位率	0.19	126.98%
制裁违法率	0.15	33.31%
终本合格率	0.15	0.01%
及时修复企业信用	0.17	0.00%
建立自动履行正向激励机制	0.14	29.63%

从测评结果来看，司法护航指标的平均得分率最低。各法院司法护航指标具体得分情况见图9.2。

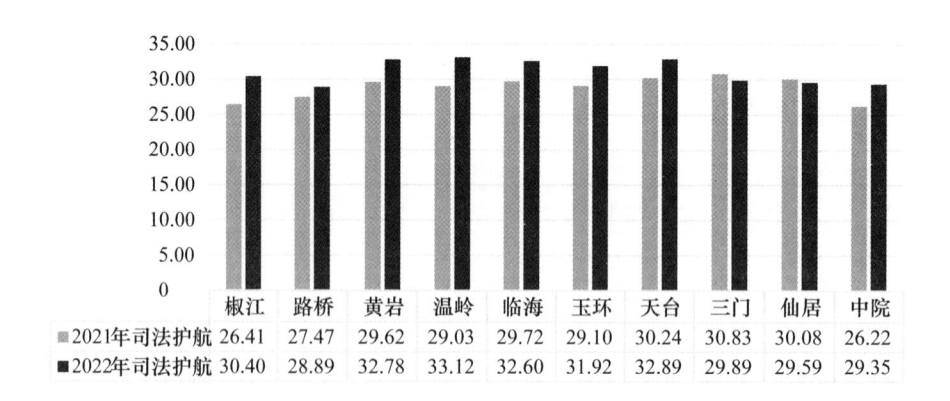

	椒江	路桥	黄岩	温岭	临海	玉环	天台	三门	仙居	中院
2021年司法护航	26.41	27.47	29.62	29.03	29.72	29.10	30.24	30.83	30.08	26.22
2022年司法护航	30.40	28.89	32.78	33.12	32.60	31.92	32.89	29.89	29.59	29.35

图9.2 2021年、2022年各法院司法护航指标测评结果

2022年各法院司法护航指标测评结果同比上升的法院为椒江（15.12%）、温岭（14.08%）、中院（11.94%）、黄岩（10.67%）、玉环（9.69%）、临海（9.68%）、天台（8.77%）、路桥（5.16%），同比下降的法院为三门（-4.82%）、仙居（-1.62%）。

司法护航维度下具体指标情况如下：

1. 诉讼"一件事"

二级指标诉讼"一件事"下设6个三级指标。主要考察当事人对诉前立案便利度、诉中查阅诉讼档案便利性、诉后诉讼费用退还及时性以及诉讼全过程的联系畅通度的评价，以及通过审判辅助事务集约化和案件程序比来评价矛盾纠纷源头解决、实质解决、一次性解决的工作成效。

从测评结果来看，大部分法院立案便利度均同比上升。

2022年全市法院的当事人联系畅通度优于当事人诉讼档案查阅便利性和立案便利度,反映出法院在及时响应当事人需求、了解民营经济主体实际困难的相关工作中持续发力,但在提升立案服务水平、保障民营经济主体诉讼权利保障工作上仍需进一步加强。

2. 涉企案件实体裁判质量

二级指标涉企案件实体裁判质量下设4个三级指标,主要通过诉讼案件的民事可调撤率、服判息诉率、案件改判发回瑕疵率、自动履行率来评估涉企民事裁判的公信力。

2022年全市大部分基层法院案件改判发回瑕疵率对比2021年均有所上升,反映出各基层法院案件审判质量仍需改善提高,需切实发挥好庭长监管、法官会议会诊、类案检索等制度功能,完善法律适用争议解决机制,构建案件质量管控体系。同时,各基层法院自动履行率均有不同程度的降低,自动履行率总体同比下降13.54%。具体案件中涉企申请支付令生效案件量和涉企申请司法确认调解协议案件量均减少,涉企执行案件增加,反映出基层法院应通过加强裁判内容明确性、强化调解协议违约责任等措施在立审执工作中长效发力,敦促涉企案件当事人自动履行,减少程序空转,保护民营经济主体合法权益。

3. 涉企案件诉讼程序质量

二级指标涉企案件诉讼程序质量下设5个三级指标,主要通过当庭宣判率、小额诉讼程序使用率、正常审限内结案率、有效保全和及时保全来评估程序效率。

2022年基层法院当庭宣判率整体呈上升趋势。在涉企案件收案量同比增加的前提下，当庭宣判率整体上升说明案件审理效率逐渐提高，确保法官能够独立裁判，不受其他因素干扰，裁判司法公正。同时，基层法院的小额诉讼程序使用率均实现同比上升，但仍需进一步推进小额诉讼程序适用，提高审判质量与效率，从而有助于减少民营经济主体的诉讼成本。此外，各法院正常审限内结案率均实现同比上升。

4. 涉企案件纠纷解决耗时

二级指标涉企案件纠纷解决耗时下设6个三级指标，主要通过涉企民事案件平均审理天数、委托评估、鉴定平均天数、上诉移送天数、平均执行天数、执行款发放天数、12个月以上长期未结案件占比来评估涉企民事案件从审理阶段到执行阶段的效率。

2022年各基层法院委托评估、鉴定平均天数总体呈下降趋势，同比减少5%；上诉平均移送天数同比总体呈减少趋势，反映出各法院在审判辅助事务中的鉴定及上诉移送集约化程度较高。2022年台州法院平均执行天数同比缩短34.42%，执行款发放平均天数同比缩短28.84%。法院执行质效的提升，得益于法院对执行类案件的办理进行数字赋能，推进执行"一件事"改革，以数字化推动探索智慧执行新模式。

5. 市场主体产权保护

二级指标市场主体产权保护下设5个三级指标，主要通过考察涉企刑事案件经济影响判前评估机制建立运行情况、依法处理侵犯民营企业和企业家产权行为的情况、知识产权保护有关的工作和协作机制的建立运行情况以及知识产权司法保护调研联系点的设立情况，以评估市场主体产权保护的成效。

2022年，台州可审理知识产权案件的法院增至6家，推动基层法院与辖区内各相关单位一同构建知识产权"严保护、大保护、快保护、同保护"体系；能够在一定程度上解决台州地区知识产权案件分布不均衡、案多人少等制约知识产权审判工作发展的瓶颈问题，提升案件审判质量和效率。

6. 市场主体破产保护

二级指标市场主体破产保护下设8个三级指标，主要通过考察是否采取措施降低破产成本、提升债权回收率、提升破产重整率、畅通"执转破"适用，从破产案件结案率、破产案件平均审理天数、个人债务清理成功率、破产管理人尽职履责度，来评价破产案件审理成效。

2022年台州法院通过各项措施降低市场主体破产成本，包括强化执行、破产一体化办理，对拟通过执转破进入破产程序的案件，尽可能在执行阶段处置财产，避免程序空转；加强对重大经费开支等事项全程跟踪监督，将破产资金监管统一纳入纪检组管理，保障破产财产安全；以网络询价、定向询价等方式确定财产处置参考价，减少评估费用；加强对管理人队伍的管理，防止管理人以拖延分配、处置等方式抬高报酬。通过各项措施实现提升债权回收率，包括创新采用以物抵债方式实现债权清偿；提高破产财产曝光率，借助阿里法拍平台定向推送有意向目标客户，提高成交率和溢价率等。通过各项措施实现提升破产重整率，包括举办企业家救助联合会，通过行业内经验丰富资产规模较大的企业向重整企业传授经验，并寻找潜在的重整投资方；加强与税务局、社保局、市场监督管理局等多个部门的协同联动，贯彻落实府院联动常态化机制。通过各项措施实现畅通"执转破"适用,制定一系列"执转破"通用文书模板;主动审查、靠前审查,在执行立案审查期内、执前督促程序中,深化对被执行人履行能力的研判;将"执转破"机制迭代升级为"执破融合"机制,加强破产部门与执行部门的对接,对符合"执转破"条件的案件提前沟通,畅通"执转破"移送渠道。

7. 涉企案件执行效果

二级指标涉企案件执行效果下设6个三级指标,主要通过考察有财产可供执行案件法定期限内实际执结率、执行标的到位率、制裁违法率、终本合格率以及及时修复企业信用和自动履行正向激励机制的建立运行情况,来评估涉企案件执行成效。

大部分法院在已建立自动履行正向激励机制的基础上进一步健全完善该机制。2022年台州全市法院的有财产可供执行案件法定期限内实际执结率、执行标的到位率均同比上升,说明法院在保护民营经济主体合法债权、兑现胜诉权益的实际效果的工作大有成效,印证了建立健全自动履行正向激励机制有助于提升涉企执行案件的执行实效。同时,制裁违法率总体呈上升趋势,同比提高13.34%,法院对被执行人隐匿、转移财产,拖延、逃避执行,阻挠、抗拒执行行为的打击力度不断提高,从而更好保障民营经济主体的债权实现。

(四)综合效能指标情况

一级指标综合效能占0.28权重,下设6个二级指标和19个三级指标,侧重于评估各级人民法院数字化应用程度和社会各界对其涉企司法服务工作的评价，从横向、纵向各方面倒逼形成民营经济司法服务"一盘棋"的大格局。

表9.4　2022年度基层法院综合效能指标下三级指标同比情况表

三级指标	三级指标权重	同比情况
共享法庭应用	0.21	0.89%
"浙江解纷码"应用	0.20	24.22%
电子诉讼应用率	0.22	5.18%
无纸化办案率	0.19	0.07%
数助决策	0.18	-8.92%
行政机关协同度	0.21	13.71%
法律职业共同体协同度	0.21	0.00%
工商联协同度	0.18	7.23%
金融机构协同度	0.19	0.00%
司法建议有效性	0.21	7.38%
人大监督评价	0.34	2%
政协监督评价	0.32	-2.58%
检察院法律监督评价	0.34	-8.92%
审判流程信息有效公开率	0.34	0.89%
庭审直播	0.32	-1.67%
裁判文书上网	0.34	0.00%
服务民营经济理论创新	0.48	-6.90%
服务民营经济经验做法	0.52	-2.99%
市场主体满意度	1	-0.66%

对比两年度数据,综合效能指标平均得分同比降低最多。各法院综合效能指标具体得分情况见图9.3。

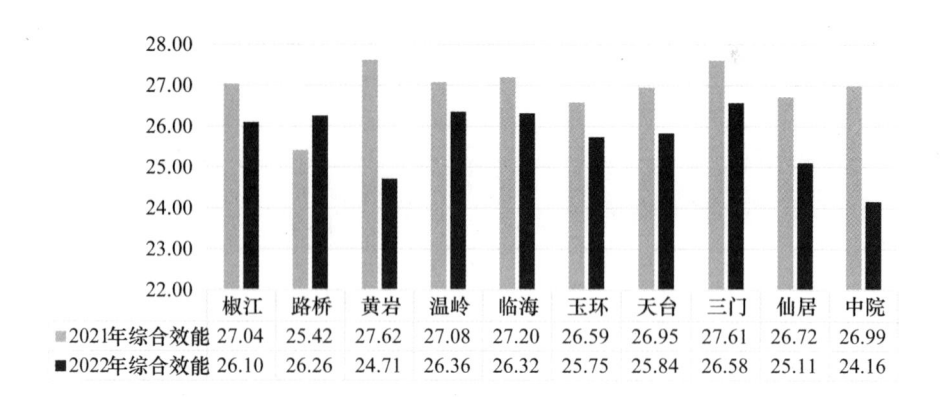

	椒江	路桥	黄岩	温岭	临海	玉环	天台	三门	仙居	中院
2021年综合效能	27.04	25.42	27.62	27.08	27.20	26.59	26.95	27.61	26.72	26.99
2022年综合效能	26.10	26.26	24.71	26.36	26.32	25.75	25.84	26.58	25.11	24.16

图9.3 2021年、2022年综合效能指标测评结果

2022年综合效能指标测评结果同比上升的法院为路桥(3.2%)。同比下降的法院为黄岩(-11.76%)、中院(-11.71%)、仙居(-6.43%)、天台(-4.3%)、三门(-3.89%)、椒江(-3.61%)、临海(-3.34%)、玉环(-3.28%)、温岭(-2.74%)。

综合效能维度下具体指标情况如下:

1. 数字赋能

二级指标数字赋能下共有5项三级指标,主要通过考察共享法庭和浙江解纷码的宣传推广和应用情况,以及数助决策报告研究应用和系统示范应用情况,来评估高效回应民营企业司法需求的数字化能力,通过考察电子诉讼应用率、无纸化办案率来评估数字化应用水平。

通过共享法庭解决的案件由2021年的11871件增至2022

年的35709件，基层法院充分发挥共享法庭调解指导、网上立案、在线诉讼、普法宣传、基层治理等功能，切实为民营经济主体提供便利的纠纷解决服务，减轻纠纷化解成本。

2022年全市法院通过各项措施推广应用浙江解纷码，该应用将线下"碎片化"的解纷流程再造为一套完整的系统化解纷流程，为参与主体提供专业性、线上化、不间断的解纷服务供给新渠道。此外，数助决策成果虽然在数量上有所减少，但专项型决策报告数量明显增加，包括针对上市公司涉诉案件的调研报告、关于加强企业破产中集体土地使用权处置的对策建议、台州市民营企业涉知识产权司法大数据分析报告等，这反映出全市法院加大在涉企业专项热点、痛点上研判分析的力度。

2. 司法协作

二级指标司法协作下共有5项三级指标，主要通过考察行政机关、法律职业共同体、工商联、金融机构与当地人民法院的协同情况，以及法院司法建议有效性，来评估司法保障工作推进力度和效度。

2022年全市法院与行政机关协同度、司法建议有效性测评结果同比均有所提高，与工商联协同度总体测评结果也实现同比上升。这得益于法院通过各类活动开展提高协同频率、拓宽协同范围；法院和政府职能部门、法院和工商联对协同事项的发起主动性、发起频率，以及协同事项对提高民营经济司法服务水平的助力作用等的理解和双方评价基本一致。同时，司法建议有效性测评分值都在90%以上，各法院注重挖掘涉企案件审理过程中暴露的实质问题，及时向相关部门提出司法建议，相关部门也认可司法建议有助于真正解决问题。

3. 司法监督

二级指标司法监督下共有 3 项三级指标，主要通过考察人大、政协、检察院作为监督主体对本级人民法院的涉企司法服务工作的评价，来评估多途径司法监督方式的成效。

结合监督评价问卷来看，检察院对法院民营经济的司法服务水平和审判工作的评价维持了高分评价，人大和政协对法院民营经济的司法服务水平的评价结果维持不变。但检察院、人大、政协均建议意见的反馈方式仍需多样化。

4. 司法服务创新

二级指标司法服务创新下共有 2 项三级指标，主要通过考察服务民营经济理论创新和经验做法，来评估司法服务的创新活力。

2022 年法院服务民营经济理论创新成果同比增加 109%，理论创新主要从三方面进行研究创新；一是立足职能优势，专注司法服务专业化；二是着眼关键领域，专注司法质效品牌化；三是把握数字赋能，专注司法能力现代化。与 2021 年相同，服务民营经济理论创新形式仍是以课题研究、论文发布为主要形式。

5. 司法获得感

二级指标司法获得感下共有 1 项三级指标，主要考察民营经济主体对人民法院涉企司法服务工作的市场主体满意程度，这是整个民营经济司法服务指标体系测评的最核心指标，用以评估民营经济司法服务的成效和总体水平。

该部分数据来源于围绕民营企业展开的问卷调查，为确保问卷调查的精确性和参与企业的代表性、全面性,遂对民营企业进行抽样。抽样工作分为涉案企业抽样和非涉案企业抽样。本次面向民营经济主体的调查问卷累计发出 2768 份,有效回收 1112 份。民营经济主体通过对调查问卷中所列九项工作进行满意程度勾选,从而形成满意度相关结果。通过调查显示涉案民营企业满意度结果如下:

图 9.4 2022 年、2021 年民营经济主体满意度调查结果

2022 年民营经济主体满意度平均值总体呈上升趋势,同比上升 2.07%。在涉案民营企业满意度评价中排名前三的法院工作分别是数字化建设、司法公开、执行工作,其中执行工作满意度同比上升幅度最大,同比提高 13.23%。说明在围绕"执行难"的问题上,各法院持续发力,切实完善执行工作运转体系。在非涉案民营企业满意度评价中排名前三的法院工作分别是数字化建设、廉政建设、硬件建设,其中数字化建设满意度同比上升幅度最大,同比提高 10.57%。台州法院应在此基础上,进一步探索建设全域数字法院,重塑组织架构和管理模式，打造数字时代法院新图景。

二　民营经济司法服务指标体系的运行成效

通过理论与实践相结合，经过反复调研、讨论与修改，台州中院最终形成并发布民营经济司法服务指标体系。该指标体系从各领域、全过程倒逼形成民营经济司法服务"一盘棋"的大格局，是依法治理的有力抓手，是民主治理的重要辅助，是数字治理的创新体现，以期为新时代社会主义法治体系建设贡献力量。

（一）设计考量

台州中院为有力服务保障民营经济高质量发展、大力推动我市共同富裕走深走实，联合浙江大学专家团队，成立课题组，围绕"办案最公，用时最少，老百姓司法获得感最强"这一目标，结合审判执行质效数据、世界银行"10＋N"营商环境考核指标，在充分调研论证的基础上，于2021年12月7日召开新闻发布会，正式创新发布全国首个专门针对法院服务民营经济的民营经济司法服务指标体系。

1. 需求导向

自项目开始以来，课题组开展"点线面"结合的立体调研方式：从"点"上，课题组选取了台州7家富有代表性的民营企业开展逐家深度走访，覆盖了涉诉与未涉诉企业、上市企业与中小企业，采取"友好式洽谈"，和企业深入、真实地探讨市场风险与法律隐患，采集不同市场主体的多元司法需求；从

"线"上，台州中院邀请全市法院及55家上市公司召开"同心共促民营经济高质量发展司法论坛"，共同搭建"台州法企互联平台"，广泛汇集全市民营企业法律精英智力资源；从"面"上，与浙江省高院、浙江省工商联、全市各律师事务所、各基层法院开展密集性调研座谈，听取工商业界、法律职业共同体的几百条意见、建议，多维度获取民营经济司法需求。

2. 问题导向

唯实务实，直面司法服务工作的"痛点""堵点"，积极回应市场主体的关切。部分三级指标直接针对现实中的矛盾和难题，比如在法律没有明确规定的前提下，设定"破产案件平均审理天数"等指标，推动优化市场出清效率；设定多个具体指标聚焦知识产权保护"举证难、周期长、成本高、赔偿低"等问题；针对市场主体反映司法实践中诉讼保全欠到位欠及时的问题，专门设定"保全实效性""保全及时性"指标。

3. 效果导向

体系设计采取定量指标与定性指标相结合的国际通行方式，定性指标45个，占比62.5%，定量指标27个，占比37.5%，着力保障评估民营经济司法服务水平的科学性和有效性；权重设计采取德尔菲专家调查法，确保权重配比的合理性。

（二）社会影响

1. 民营经济司法服务指标体系形成阶段

台州民营经济司法服务指标体系正式发布后，受到《人民法院报》《浙江法制报》《台州日报》《新华网》《中国新闻网》《中国法院网》《凤凰新闻》《澎湃新闻》等权威主流媒体的关注和报道。同时，该项目还入选了浙江省2021年度有辨识度、有影响力法治建设成果，形成良好社会效应。

一是直面市场主体"痛点""堵点"。司法服务好不好，不能由自己说了算，要把评判权交给一线老百姓。借助民营经济司法服务指标体系中的主观性评价指标，畅通市场主体对司法服务的意见表达，聚焦市场主体反映的突出矛盾，以市场主体的获得感作为评价标尺，进一步健全机制、完善举措，促进民营经济司法服务工作良性发展。如在法律没有明确规定的前提下，设定"破产案件平均审理天数"等指标，推动优化市场出清效率。设定多个具体指标聚焦知识产权保护"举证难、周期长、成本高、赔偿低"等问题。针对市场主体反映司法实践中诉讼保全欠到位欠及时的问题，专门设定"保全实效性""保全及时性"指标。

二是推动多方单位"串联""协作"。把"发布民营经济司法保护白皮书"作为通篇第一个三级指标，以"数助决策"挖掘归纳民营经济涉诉情况，助力党委、政府和相关部门精准决策，助力民营企业及时防范化解潜在风险。设置具有显著台州特色的"行政机关协同度""法律职业共同体协同度""金融机构协同度"三级指标，旨在促进机关单位、社会团体在民营经济发展层面的有效沟通。构建民营经济司法服务指标体系是"让数字说话、用指标评估"，使社会治理可视化，积极回应"数字正义"的应有之义、创新之举。

2. 民营经济司法服务指数测评阶段

台州中院委托权威第三方牵头对台州法院民营经济司法服

务水平按年持续跟踪评价，开展指数测评是台州法院助力营商环境优化提升"一号改革工程"，奋力打造民营经济司法服务高地的原创性举措。测评报告显示，通过两年的对企、对公问卷调查发现，台州法院在法治宣传、府院联动、司法建议等方面工作得分偏低，加强典型案例发布、企业普法、促进司法与行政机关有效协作等工作需进一步加强。从关键指标来看，2022年，纠纷源头预防、诉讼"一件事"、市场主体破产保护、涉企案件执行效果、司法协作5个指标提升明显，体现在营商环境核心指标评价上，2022年，台州全域"办理破产"指标全省第一、"解决商业纠纷用时"全省最短。

2023年3月26日，在中国民营经济发展（台州）论坛上正式发布台州民营经济司法服务指数，获得《中国新闻网》《浙江法制报》《浙江天平》《台州日报》等多家主流媒体的报道。台州中院努力将台州民营经济司法服务指标体系打造成具有台州法院辨识度的原创性实践，为新时代中国特色社会主义法治体系建设贡献力量。

三 民营经济司法服务指标体系的再创新

台州民营经济司法服务指标体系作为台州法院推动民营经济司法保护工作良性发展，构建营商环境可量化、可视化的原创性实践，还需要在实践中不断检验、更新、迭代，最终完善成为评价民营经济司法服务水平的浙江地方标准。

（一）优化指标项目设计和测评

1. 聚焦审执关键案型

聚焦考察法院在涉民营经济的重点类型案件中是否依法审理，着力提升法治化营商环境。例如，针对市场主体买卖合同纠纷案件，考察人民法院是否平等保护市场主体合法权益，维护市场秩序；针对涉及民营经济主体的民间借贷、融资租赁等案件，考察人民法院是否支持民营企业利用创新成果和各种财产权益多渠道融资，促进民间资本的市场化有序流动，缓解民营企业融资难、融资贵的问题；针对各类金融案件，考察人民法院是否引导和规范各类金融行为，促进中小微企业增强融资能力，努力优化中小微企业融资环境。民营经济司法服务指标体系优化提升要注意加强各指标间的内在联系，使其成为层次分明、重点突出的严密整体。

2. 强化司法服务实效测评

习近平总书记强调，法治建设既要抓末端、治已病，更要抓前端、治未病。因此，台州民营经济司法服务指标体系要将视野更多地投放至民营经济前端司法服务上来，将社会主义司法制度优势转化为促进社会治理的效能优势，从源头上减少涉民营经济案件的发生。例如，优化司法建议相关指标，提升该项权重，督促人民法院针对民营经济提出必要又可行的司法建议，主动加强与民营企业的沟通交流，促进民营企业法治意识的养成；设置行业合规等方面的指标，考察人民法院是否重视涉案企业合规改革工作，帮助、监督、引导和促使行业规范经营，防控合规风险，达到"办理一案、治理一片"的良好效果。同时，指标的优化提升也要注重前瞻性。民营经济司法服务是一个动态向上发展的过程，要将党委政府中心工作、法院重点工作等阶段性、终局性发展目标融入指标体系，以前瞻视角为民营经济司法服务实践提供指导。

3. 融合对接多项指标体系

为了增强台州民营经济司法服务指标体系的科学性和测评便利度，建议融合对接多项目前已建立的相关平台及指标体系，如营商环境无感监测平台、2023 版人民法院审判质量管理指标体系，对无法精确获取数据的指标予以替换或删减，并进一步精简指标体系，增强可量化性和可得性。同时，在优化体系时可以参考 2023 版人民法院审判质量管理指标体系提出的评价指标、参考指标、中性指标等概念。评价指标是指能客观反映情况的关键指标，发挥"体检表"功能，引导各地人民法院综合运用评价结果找不足，有针对性地改进和加强工作；参考指标是指围绕评价指标设置的辅助指标，用于补充和扩展评价指标的观测视角，深化对整体态势的了解认知；中性指标即突出强调尊重司法规律的鲜明导向。此外，可参考优化指标的评估方式，针对指标分类设定合理区间，使台州民营经济司法服务指标体系的测评更具科学性。

4. 吸引高精团队合作提升

从提升指标科学性角度来说，深化与高校、行业协会、第三方专业机构的交流合作，寻求对于建立指标体系有经验、高水平的外部智力机构的支持，考虑采取深度融合模式，进一步优化指标体系，突出科学性、强化实用性，以求客观、真实、全面地反映台州民营经济司法服务水平。从提升测评精准度的角度来说，要建立法院和测评机构的动态联系机制。建议第三方专业机构提前介入、总体布局，从年度初始就开展数据监测与采集活动，法院端将指标的关联数据信息以月度、季度等频率进行反馈提供，以便及时跟踪定位分析全市法院司法服务工作，实现指数的动态发布；及时共享法院内部信息，如人才队伍建设信息等，以便第三方测评机构更深层次分析指标；源头创作研究有关民营经济司法服务的理论创新和具体做法时即时与测评机构建立、保持联系，以便测评机构全过程跟踪分析理论的指导性意义和具体做法的时效性、可推广性。

（二）强化指标体系实体应用

1. 构建指标反馈、分析、整改、监督的运行闭环

准确把握民营经济司法服务指标体系的定位，进一步形成工作合力，构建指标反馈、分析、整改、监督的运行闭环，切实以量化指标和评价进一步提高涉企案件司法审判工作的科学化、规范化、精细化水平。一要直面现实问题，明确目标。针对目前指标定义不够精准、指标指向不明确的问题，在历年指标和测评结果的基础上进一步深化调研，以问题为导向，优化指标设置。在具体的指标体系建设中，要有清晰的标准基础和定位，有科学合理的指标权重，并连接法院具体工作、相关负责部门和相关审判质效数据，使民营经济司法服务工作有抓手有目标有责任。二要坚持靶向发力，精抓细管。优化指标设置，使指标晾晒可视化、可优化，有针对性。连接法院审判质效数据平台，通过每月指标数据晾晒比拼，以专题部署会、指标分析会等形式，深入查摆问题、分析痛点堵点、及时部署落

实整改。三要聚力成果转化，凝聚资源。针对指标体系发现的问题和难点，通过座谈、研讨会等研究形式及时分析整改，规范涉企案件审理过程中涉及证据认定及举证责任等多方面法律问题，破题解难，并形成业务知识数据资源宝库，有力提升法院涉企案件审判质效，统一类案裁判尺度。

2. 拓展指标数据运用的多维场景

一是强化司法建议，凝聚治理共识。通过挖掘涉企案件审理过程中暴露的实质问题，及时向相关部门提出司法建议，同时充分尊重各部门意见，确保提出的建议务实有效，具备可操作性；相关部门认可司法建议后，形成涉企信息共享集成、涉企工作流程集成，共同直面真问题、寻求真方法、促进真解决。同时，司法建议的质和量要比翼齐飞，在司法建议"质"与"量"的辩证关系上，要开良方，但更要重实效，要从涉企案件办理实践中发现问题，见微知著，从末端、从案件、从外部、从整体上推进法治化营商环境，真正实现"办理典型一案，促进解决一片"的治理效果。二是多元化司法统计分析，为党政决策提供参考。台州民营经济司法服务指标体系应当进一步挖掘指标、拓展数据应用，多元化开展司法统计分析工作，深化数据应用，利用白皮书、司法数据分析、专题调研报告等形式，将指数测评结果服务于党政大局中心工作和政策方针，为党和政府改进提升营商环境工作提供决策依据和参考。三是多部门协作联动，引导行业合规和法治建设。聚焦企业经营风险和司法需求，联动多部门、多产业协会，就司法协作联动达成共识。一方面，主动加强企业连接，通过与民营企业和行业协会的沟通交流，促进民营企业和行业合规经营，也让法官更切实了解现实业态和行规；另一方面，重视借助行业协会、主管机关，甚至人大、政协等机关的力量，与多部门多产业尽可能达成实质性常态化合作机制，在司法服务过程中聚合更多力量，统一行业规范、明确法律适用、统一裁判尺度，减少程序反复，降低企业诉累和后期经营风险，真正把司法服务从权利保障的最后一公里推进到诉讼源头，真正实现源头治理的正向循环。

四　结语

台州作为中国民营经济发祥地，发展并再创民营经济新辉煌是台州的城市机遇和现实使命，保护和促进民营经济发展，是台州法院履行司法职能的题中之义，我们责无旁贷！台州法院必须坚持"营商环境只有更好没有最好"的要求，久久为功，善作善成。扎实发挥台州民营经济司法服务指标体系找问题、聚心气、谋出路的平台作用和实践价值，成为法院工作的"体检表"、民营经济发展的"温度计"、社会治理优化的"意见箱"，成为创新推动台州民营经济高质量发展的司法力量。

附录 2024 法治指数样本县名单

排序	省（市、自治区）	地级市（自治州、盟）	县（市、区、旗）
1	浙江省	绍兴市	嵊州县
2	浙江省	衢州市	江山市
3	重庆市		渝北区
4	四川省	成都市	武侯区
5	浙江省	舟山市	岱山县
6	重庆市		巴南区
7	山东省	泰安市	岱岳区
8	河北省	衡水市	冀州区
9	山东省	潍坊市	青州市
10	四川省	遂宁市	射洪市

后　　记

中国法治指数产生的背景是时任中共浙江省委书记习近平同志主持实施"法治浙江"系统工程。

2006年2月8日，习近平同志专程到杭州市余杭区专题调研"法治浙江"建设工作。之后，在中共余杭区委支持下，钱弘道教授主持启动了量化法治创新实验，发布了中国内地首个法治指数。

2023年，钱弘道教授主持完成了首次全国百个样本县（市、区）法治指数测评，并直接推动了法治指数数字化在中国的场景应用。白皮书《中国法治指数报告2023》的出版引起了国内外读者的广泛兴趣，并形成了良好的影响力。

2024年11月，全国法治指数十个样本县（市、区）测评结果发布。白皮书《中国法治指数报告2024》同时出版。白皮书分析了样本县（市、区）的指标数据，介绍了若干样本县（市、区）的做法，展现了样本县（市、区）法治建设的生动场景。

黄外斌、吴广、卢芳霞、刘静、窦海心、丁超、胡郡玮、徐向易、吴越、郎浚皓、敖璐、林炼鸿、张诚秋、王朝霞等参与了白皮书的撰写工作，曾会健、朱涛、强盛、高斌、郭人菡、刘权、仇晓兴、刘阳、马佳妮等参与了校对工作。

在开展法治指数测评工作过程中，课题组进行了广泛的数据和相关资料收集，并先后赴浙江、重庆、四川等地调研。调研工作得到了来自实务部门和高校科研机构的大力支持和帮助。中共重庆市委政法委、西南政法大学、重庆大学、民建中央法制委、民建四川省委、民建重庆市委以及有关样本县（市、区）政法委、司法局等单位为调研和数据资料收集创造了良好条件。

钱弘道、付子堂、曾令健、朱涛、张静梅、刘宗贤、杨黎明、吴静静、汪鹏、杨鸿飞、蒋言斌、卢芳霞、朱美宁、陈如良、丁超、胡郡玮、徐向易、吴越、郎浚皓、张诚秋等课题组成员参与调研。

金伯中、胡铭、孔祥涛、曹峰、黄兴瑞、钭晓东、蒋国长、卢芳霞、彭巍、王保华等专家学者参与指数和报告评审。

钱弘道教授负责全书修改统稿。

本书的出版得到了中国社会科学出版社的大力支持。在此，我们谨向赵剑英社长、张林编辑以及所有给予帮助和支持的朋友们致以诚挚的谢意。

课题组在法治指数测评和报告撰写过程中碰到了各种困难，各种不足在所难免，有待今后不断优化完善。

中国法治指数课题组

2024 年 10 月